本书由中央高校基本科研业务费专项资金项目（项目编号：2015B04014）资助

国际组织法

The Law of International Organizations

葛勇平 / 编著

知识产权出版社

全国百佳图书出版单位

图书在版编目(CIP)数据

国际组织法 / 葛勇平编著 . —北京：知识产权出版社，2018.8

ISBN 978 - 7 - 5130 - 5704 - 2

Ⅰ. ①国… Ⅱ. ①葛… Ⅲ. ①国际组织—机构组织法—研究 Ⅳ. ①D912.104

中国版本图书馆 CIP 数据核字(2018)第 169698 号

内容介绍

本书系统介绍和研究国际组织法的有关理论、条约、制度和问题。第一编介绍国际组织的产生和参与形式、组织结构、造法能力和权限、经费和特权、表决制度和决议等；第二编探讨国际联盟、联合国、北约、欧共体和欧盟、世贸组织、国际货币基金组织、国际金融公司、国际复兴开发银行、上海合作组织、亚投行和77国集团相关问题。第三编研究(非)政府间国际组织的法律地位和作用、欧盟成员国资格的取得标准与丧失。第四编介绍作者授课中的模拟试题、案例点评、模拟会谈"联合国安理会改革新闻发布会"和模拟谈判"南海六国七方会谈"及学生感想。附录包括联合国历任秘书长、国际组织名称(汉英对照)、中国人在国际组织的任职情况和《联合国宪章》等。

本书兼顾教材、学术研究和实用的要求，为法学专业本科生和研究生参考书，也可供从事该领域研究工作和有关政府职能部门的人员使用。

责任编辑：彭小华 　　　　　　　责任校对：王　岩

封面设计：SUN 工作室 　　　　　责任印制：孙婷婷

国际组织法

葛勇平　编著

出版发行：知识产权出版社 有限责任公司		网　　址：http://www.ipph.cn	
社　　址：北京市海淀区气象路 50 号院		邮　　编：100081	
责编电话：010 - 82000860 转 8115		责编邮箱：huapxh@ sina.com	
发行电话：010 - 82000860 转 8101/8102		发行传真：010 - 82000893/82005070/82000270	
印　　刷：北京虎彩文化传播有限公司		经　　销：各大网上书店、新华书店及相关专业书店	
开　　本：787mm×1092mm　1/16		印　　张：21.5	
版　　次：2018 年 8 月第 1 版		印　　次：2019 年 8 月第 2 次印刷	
字　　数：360 千字		定　　价：68.00 元	
ISBN 978 - 7 - 5130 - 5704 - 2			

前　　言

相对于国际法学近四百年的历史而言，国际组织法是一门相当年轻的学科，在欧美发展很快，在中国起步较慢。而国际组织日新月异，在国际关系中发挥着不可忽视的作用。所以，在这个领域里，无论是教学还是科研方面，都有许多工作要做。为适应社会发展与学生需求，在 10 年讲授《国际组织法》课程的基础上，笔者编著《国际组织法》一书。

一、本领域教材现状

在绝大多数的国际公法教科书中，国际组织法基本上独占一章。关于国际组织法的具有总论性质的教科书主要有梁西独著的《国际组织法（总论）（第 5 版）》（武汉大学出版社 2002 年版；杨泽伟修订的《梁著国际组织法》，武汉大学出版社 2011 年版）和饶戈平主编的《国际组织法》（北京大学出版社 2000 年版）。分论性质的论著逐渐增多，但研究范围较窄、理论探讨太深，不适合作为教材。

二、本书特色

新编的《国际组织法》有如下特色和创新：

第一，内容基础性与体例系统性相结合，更符合教学规律。本书在导论之后，分为总论、分论、其他问题、教学共四编，由总到分，由浅入深，辅以教学实例，方便读者学习和探索，各取所需。

第二，更具趣味性和可读性，适当选取评析与国际组织相关的人物和事例，加大对重要政治、贸易、军事等类国际组织本身的介绍和研究，如联合国、北约、欧共体和欧盟、世贸组织、国际货币基金组织和七十七国集团。附录介绍联合国历任秘书长、中国人在国际组织的任职情况等。

第三，文献更丰富，以中文文献为主，辅以德文和英文文献。

第四，精选新兴国际组织加以介绍和研究，如上海合作组织、亚洲基础设施投资银行。

第五，加强学术性，力争使学术与实践更紧密结合，探讨国际组织法中的重要理论问题和实践问题，如法律人格、争端解决、欧盟成员资格的取得标准与丧失等。英国脱欧正在进行中，笔者2009年的学术预言成真。

三、读者对象

本书兼顾教学、学术研究和实用的需求，为法学专业本科生和研究生参考书，也可供从事该领域研究工作和有关政府职能部门的人员使用。

不足之处，敬请指正。预祝开卷有益。

有任何反馈请联系编著者：geyongping2005@163.com.

葛勇平

河海大学法学院教授

2018年4月于南京

目　　录

第一编　总　论

第二编　分　论

附　录

导　论

经过 17 世纪欧洲的"三十年战争"和《威斯特伐利亚和约》，以及前后持续了一个世纪的"欧洲协作"（1815—1914，The Concert of Europe），国际组织获得长足发展，并为以后国际组织的运作提供了许多有益的借鉴。① 在第二次世界大战后，与政府间国际组织密切相关的法律原则和规范逐渐形成国际法的一个重要分支——国际组织法，极大地推动了国际法的发展。② 在国际法和国际关系的实践中，可以将国际条约法和国际组织法视为国际法对国际现实施加影响的左膀右臂，其重要性可见一斑。

第一节　概　说

一、国际组织的类型

根据一定的分类标准，可以将国际组织划分为各种类型。按照组织的基本性质和职能范围考察，可分为一般综合性的和专门性的两大类：一般综合性的国际组织是以某些领域为中心、并广泛涉及其他多个领域的组织，如联合国和欧洲联盟；专门性的国际组织是以某一专门技术活动为任务的组织，如国际海事组织和非洲邮政联盟。按照组织成员的地域特点考察，可分为世界性的和区域性的两大类：世界性的组织向国际社会所有成员开放，不论地理位置及其他

① 葛勇平编著：《国际关系理论与实践》，哈尔滨工业大学出版社 2014 年版，第 17 页。
② 饶戈平主编：《国际组织法》，北京大学出版社 2000 年版，前言。

因素，如世界卫生组织；区域性的组织由一定地区的国家组成，其职权以该地区为限，如非洲统一组织。按照组织是否向国际社会所有成员开放，可分为封闭性和开放性组织：封闭性的组织是以成员间相同或相近的政治、经济、宗教、文化等特点或利益为纽带而组成的组织，不向国际社会所有成员开放，如北大西洋公约组织；开放性的组织向国际社会所有成员开放，如联合国。①

此外，按照组织是否具有超国家因素，还可分为国家间组织和超国家组织。例如，欧洲共同体和欧洲联盟常被称为超国家组织。事实上，欧洲共同体和欧洲联盟虽然拥有若干超越其成员政府的直接权力（如欧洲联盟的共同安全防卫政策），但从根本上讲，这些权力仍是由成员通过签订条约来授予的。"超国家"涉及的不是完全的主权让渡，而是部分的主权让渡；如果一国将全部主权都让出去，那么它就不再是主权国家了，而是被吞并或成为殖民地。按照国际组织成员的性质，可分为政府间组织和民间组织。从广义上说，国际组织包括政府间组织和民间组织；从狭义上说，国际组织仅指政府间组织。从广义上讲，凡是两个以上的国家、其政府或民间团体、个人基于某种目的，以一定协议形式而创立的各种机构，都可称为国际组织。广义上的国际组织包括：政府间国际组织（Inter-Governmental Organization，IGO）、非政府间国际组织（International Non-Governmental Organization，NGO）和跨国公司（Transnational Corporation 或 Transnational Company）。狭义上的国际组织仅指政府间国际组织，国际法的研究范围主要限于此类国际组织。根据国际组织的连续性，可分为常设的与临时的组织，如国际卫生组织是常设的组织，而21世纪初的几年里为防治禽流感而专门成立的国际联合机构是临时的。②

二、国际组织的基本形态

总的来说，国际组织的类型虽然不同，但拥有一些基本相同的表现形态，包括国际组织的基本文件、成员资格、组织机构和活动程序等。

---

① 梁西：《梁著国际组织法》（第6版），杨泽伟修订，武汉大学出版社2011年版，第26～27页。

② 梁西：《国际组织法（总论）》，武汉大学出版社2002年版，第25～27页；饶戈平主编：《国际组织法》，北京大学出版社2000年版，第49～58页；张贵洪编著：《国际组织与国际关系》，浙江大学出版社2004年版，第13～20页。

（一）基本文件

国际组织的基本文件是其产生、存在和活动的法律基础，它的所有其他有关内部管理和对外关系的法规均不得违背基本文件的宗旨与原则。国际组织的基本文件虽然名称可能各不相同，但都属于国家间的正式协议，其效力和作用无实质差别。

（二）成员资格

真正在国际组织中发挥主导作用的，是国际组织的成员，离开了成员间的合作，国际组织将不能正常运转或存在。

关于成员资格取得的条件，一般来说，政治性较强的组织对成员资格的要求较为严格，如《联合国宪章》要求成员为国家。专门性国际组织为了扩大活动范围，发挥其最大专业功能，在吸收成员的条件上一般比较宽松，参加程序也较为简单，如世界气象组织等。关于国际组织成员的分类，以建立时间为准，可分为创始成员与纳入成员两种。① 这种区分不影响成员的权利和义务。以成员的法律地位及参与程度为准，可分为正式成员与准成员。这种区分影响成员的权益。关于国际组织成员的接纳，一般地说，开放性组织采取普遍原则，而封闭性组织采取限制原则。

按照国际法的一般规定，在一定条件下，成员资格可能丧失。分为下列三种情况：第一，被组织开除。开除是国际组织使其成员丧失成员资格的一种最激烈的方式。例如，1954 年捷克斯洛伐克因拒绝履行财政义务被世界银行除名。第二，被组织中止权利。这种一时失去的权利在一定条件下可以被恢复原状。它与终止权利相区别。第三，主动退出组织。前两种情形都带有惩罚性质，而主动提出退出组织的请求无惩罚性质，但需要经过一定的预告期，如国际劳工组织规定的预告期为 2 年，期满后退籍生效。②

（三）组织机构

依据职能范围，可将国际组织的机关分为审议、执行、秘书和司法/裁判四大机关。国际组织一般都有一个作为决策或最高权力机关的审议机关，由

---

① 中国是联合国的创始国之一。
② 梁西：《国际组织法（总论）》，武汉大学出版社 2002 年版，第 28～30 页。

所有成员派代表参加，一般被称为"大会""代表大会"或"全体会议"。国际组织一般都有一个执行最高权力机关决定的执行机关，一般被称为执行局（Executive Board）、理事会（Council）或委员会（Committee），权力大小不等。多数国际组织设有一个以秘书长或总干事为首的常设机关，一般被称为秘书处。国际组织为保证秘书处的独立性与工作效率，一般要求秘书长和所有工作人员以"国际官员"（即国际公务员）身份为本组织执行职务，只对本组织负责。此外，在现代国际组织中，有极少数设立司法机关，用以处理国际争端，如 1922 年国际联盟设立国际常设法院。

（四）会议和表决制度

国际组织开展工作、进行决策的一种最重要、最常用的方式是召开会议，包括经常会议、定期会议和特别会议等。而表决制度是国际组织决策程序的核心，我们可以将表决程序概括为两个基本问题：第一，投票权的分配问题，这是表决的前提条件，主要包括一国一票制和加权投票制；第二，表决权的集中问题，这是表决的有效结果。表决方法有一致同意制、多数表决制、加权表决制和协商一致 4 种制度。

一致同意制主要在 19 世纪被使用，在一国一票基础上，组织的决议以出席会议并参加投票的会员国一致同意（要投票表决）为通过，其特点是全面体现国家主权平等原则，决议对反对者不发生效力，现在只有少数国际组织采用。多数表决制目前为绝大多数国际组织所采用，依事项的重要性分为简单多数、特定多数和绝对多数（指超过 50%）。加权表决制多为国际经济组织所采用，这一制度给予某些占有优势的大国以较大的投票权。加权的标准通常有成员的人口、综合国力、对组织的出资额或所占股份、在组织内承担的责任等。[①] 第四种制度是协商一致，这是 20 世纪 60 年代在国际组织和国际会议中发展起来的一种新的决策程序，其最大特点是在广泛协商、取得一般

[①] 鉴于加权表决制明显违背国家主权平等原则，该制度的合理性问题倍受关注。有学者认为，它比较真实地反映了国际组织内成员在人口、经济实力、对组织的贡献、责任大小等方面的差异，有助于保障组织的资金来源和组织决议的形成和执行。参见饶戈平主编：《国际组织法》，北京大学出版社 2000 年版，第 210～215 页。还有学者从国内法上的股份公司原理来论证加权表决制的合理性，详见张雪慧："国际组织中的加权表决制浅论"，载《中外法学》1997 年第 1 期。

合意基础上不经表决而通过决议。其优点是避免了硬性表决可能带来的弊端，体现了国家主权平等原则，适应当今社会需要，具有灵活性和使用价值。而缺点是其概念和程序还相当模糊，反复协商耗时长，可能影响国际组织的工作效率。①

综上所述，除了加权表决制以外，其他 3 种均体现平等投票原则。除了协商一致以外，其他 3 种均需要进行表决。

三、国际组织的概念和特征

1969 年《维也纳条约法公约》第 2 条（一）（壬）规定："称'国际组织'者，谓政府间之组织。"即若干国家（政府）为特定目的以条约建立的各种常设机构。饶戈平教授关于国际组织的定义是：由两个以上的国家组成的一种国家联盟或国家联合体，该联盟是由其成员政府通过符合国际法的协议而成立的，并且具有常设体系或一套机构，其宗旨是依靠成员间的合作来谋求符合共同利益的目标。② 吴惠教授认为，国际组织一般是指两个以上的国家的政府、民间团体或个人为特定的国际合作的目的，通过协议形式而创设的常设机构。③ 马呈元教授指出，国际组织指两个以上国家或其政府、人民、民间团体基于特定目的，以一定协议形式而建立的各种机构。④

如前所述，广义上的国际组织包括政府间组织和非政府间组织，狭义上的国际组织仅指政府间组织。既然是政府间组织，则该国际组织必定介于国家之间，而不是凌驾于国家之上。超国家因素只是特例。从上述诸定义可以看出，国际组织的权力来源于组成该组织的成员，最终服务于成员所设定的特定的共同目的。国际组织以基本文件——政府间的协议——作为其存在的法律基础。各种基本文件虽然名称不同，但内容都包含该组织的宗旨原则、

---

① 余民才、程晓霞编著：《国际法教学参考书》，中国人民大学出版社 2002 年版，第 175～176 页。另详见王军敏："国际会议和国际组织的协商一致原则"，载《外国法译评》1998 年第 3 期。

② 饶戈平主编：《国际组织法》，北京大学出版社 2000 年版，第 14 页。

③ 邵津主编：《国际法》，北京大学出版社、高等教育出版社 2000 年版，第 226 页。

④ 马呈元主编：《国际法》（第 3 版），中国人民大学出版社 2012 年版，第 2 页。

组织结构、职权范围和活动程序及成员权利义务等规定。国际组织以其常设机构与一般的国际会议相区别，更具稳定性和连续性。

可见，国际组织在国际法上具有如下特征：

第一，主体：国际组织的主要参加者是国家。

第二，目的：国际组织是国家为实现国际合作而建立的。

第三，法律基础：国际组织依据国家间协议而创立。

第四，机构：国际组织设有常设机构。

第五，法律人格：国际组织具有相对独立的法律人格。①

第二节　国际组织的形成和发展

一、国际组织形成和发展过程中的各种主张

在国际组织的形成阶段，哲学家、社会学家在理论上起到了倡导的作用，表现在主张、倡议和著书立说上；而各国的外交家、政治家则以国家行为/政府行动对国际组织的形成和发展起了推动作用，主要表现在召开和参与国际会议上。如法国人杜布瓦（Pierre Dubois，1250—1320）主张基督教国家应组织到一起，以仲裁解决彼此之间的争端，抑制战争的发生。法国人克律塞（Emeric Cruce，1590—1648）呼吁消除战争，主张超出宗教派别的限制，由所有国家组成一个联盟大会来处理国家间的争端。彭威廉（William Penn，1644—1718）力主欧洲国家联合起来，组成"欧洲议会"，由该议会和平解决国家间的争端，各国按比例委派代表，进行圆桌会议，采用2/3多数决。卢梭（J. J. Rousseau，1712—1778）则建议把欧洲建成一个永久性的欧洲联邦，主张各国都放弃战争权。康德（Immanuel Kant，1724—1804）在1795年出版的《永久和平论》（Perpetual Peace：A Philosophical Sketch）一书中，

---

① 邵津主编：《国际法》，北京大学出版社、高等教育出版社2000年版，第226～227页。

提出议制政府与世界联邦的构想。① 1889 年，英国和平主义者威廉·兰德尔·克里默及法国和平主义者弗雷德里克·帕西成立国联的先驱——各国议会联盟（Inter-Parliamentary Union，简称 IPU，又译"国际国会联盟"）。

二、维也纳和会与"欧洲协作"及其对国际组织的借鉴意义

在 17 和 18 世纪，欧洲各国解决国家间矛盾的主要办法是战争，所以，欧洲从"三十年战争"开始一直到 1814 年拿破仑战争结束，是大小各种战争频繁发生的年代。人们称这个时期是"战争的两个世纪"。在这两百年内，欧洲通过会议形式先后产生两个国际体系，除了上述的威斯特伐利亚体系外，还有 1814 年拿破仑战争后的维也纳体系。② 在长期实践中，政府间的各种国际会议已形成若干带有常规性的习惯程序。

维也纳体系和"欧洲协作"在 19 世纪国际组织形成时期占有重要地位，它对国际组织的形成和发展产生了多方面的影响，并为以后国际组织的运作提供了借鉴。首先，"欧洲协作"规定定期举行会议，使多边外交成为一种较稳定的体制，从而直接孕育了国际组织的发展。其次，"欧洲协作"时期的外交会议的内容逐渐增多，不仅以过去的媾和为限，宗旨诸多。第三，"欧洲协作"使会议程序有所创新，如《维也纳最后议定书》。最后，在维也纳会议上创立的莱茵河委员会在国际组织发展史上具有重要意义。③ 由此可见，维也纳和会与"欧洲协作"为国际组织形成与发展架起了一座通向现代国际组织的桥梁，它们创立的某些制度长时期在起作用，现代国际组织的一些活动程序在许多情况下以此为依据。

三、国际组织发展的几个重要阶段

国家形成以后，世界各国之间的关系长期处于一种相对隔离状态，但是随着社会生产、文化技术特别是交通运输方面的进步，国家之间出现了民间

---

① 梁西：《国际组织法（总论）》，武汉大学出版社 2002 年版，第 16 页。

② 葛勇平编著：《国际关系理论与实践》，哈尔滨工业大学出版社 2014 年版，第 7 页；详见刘德斌主编：《国际关系史》，高等教育出版社 2003 年版，第 44 ~ 70、87 ~ 127 页。

③ 杨泽伟：《宏观国际法史》，武汉大学出版社 2002 年版，第 87 ~ 93 页。

交往。直到 19 世纪初期，民间交往才以民族国家（National States）的体制作为其活动的基础。从这个意义上说，它们才真正带有"国际"的性质。可以说，国际组织的发展经历了民间交往、政府间会议、"欧洲协作"、国际行政联盟、国际联盟、联合国和其他等 6 个重要阶段。

其中，国际行政联盟是在 19 世纪中期各国关于协调交通、电信等行业关系的双边协定向多边协定演进的过程中出现的、国家间为特定目的而建立起来的、以专门性的和行政的及技术性的国际协作为职能的形式稳定的组织机构。例如，1874 年的邮政总联盟、1875 年的国际度量衡组织、1883 年的国际保护工业产权联盟、1886 年的国际保护文化艺术作品联盟和 1886 年的国际铁路货运联盟等。国际行政联盟涉及重大政治问题以外的行政技术事项，开始建立较完善的常设机构，如代表大会、执行机关和国际秘书处分立的体制，改进了各种程序规则，如条约的起草、通过和生效、各机构的投票程序等。可见，这些组织的出现为常设国际组织的发展奠定了基础。[1]

国际联盟是根据 1919 年 4 月 28 日巴黎和会所通过的《国际联盟盟约》成立的，它是人类历史上第一个具有常设机构的全球性的国际组织，具有重大的政治和法律意义。国际联盟成立于"一战"后的 1920 年，它的出现一方面反映了"一战"期间各国和平运动思潮的影响，另一方面表明，国际联盟实质上是英国、法国、美国等战胜国用来推行其战后政策的一个工具，战后政策的核心是维持战胜国的既得利益。例如，和会将德国在中国山东的特权转交给日本。[2]

联合国的成立开创了国际组织发展的崭新阶段。第二次世界大战后成立联合国是为了维护国际和平与安全、发展国家间的友好关系、促进社会进步、提高生活水平和促进人权。各会员国均受《联合国宪章》各项原则的约束，《联合国宪章》是规定各会员国作为这个国际组织成员的权利和义务的国际条约。2000 年 9 月，约 150 个国家总统、总理和其他领导人会聚联合国总部，制订了未来的蓝图，通过了《千年宣言》。

---

① 梁西：《国际组织法（总论）》，武汉大学出版社 2002 年版，第 20 ～ 21 页。
② 张贵洪编著：《国际组织与国际关系》，浙江大学出版社 2004 年版，第 40 ～ 43 页。

第三节　政府间国际组织的法律人格

一、概念

政府间国际组织在维持其内部工作机能和对外开展活动中，需要必要的法律地位，其前提条件是拥有独立于成员的法律人格，包括国内法上的和国际法上的。国际组织的法律人格（即"权利能力"）指它依法独立参与国际法律关系、享受权利和承担义务的一种资格。一般地说，此资格的取得取决于建立该组织的基本文件如何规定。这种"权利能力"是其行为能力的基础。

二、国际组织法律人格的几个问题

国际组织是国家间既相互独立又相互依存的国际体系的产物，包括政府间国际组织和非政府间国际组织。政府间国际组织经成员创立后，具有一定的自主权，其内部形成某种独立的法律秩序，在外部可能得到非成员的承认和尊重。国际组织在国际上一般能独立参与国际关系，享有国际法上的权利并承担相应义务。它们可以成为独立于成员而存在的国际人格，该人格取决于成立条约的规定。关于国际组织法律人格比较集中的至少有 3 个问题：该人格的法律依据和法理基础、内涵和表现形式、法律后果。[①]

关于国际组织法律人格的根据，主要有 3 种学说：第一种是以苏联和东欧学者为代表的"约章授权说"，认为国际组织的法律人格只能来源于并限于组织章程的有关明文规定。由此推论，凡是在组织的基本文件中没有明确规定具有国际法律人格的，均不得享有国际人格，这显然与现实不符。第二种是北欧学者倡导的"客观人格说"或"固有人格说"，他们认为，国际组织国际人格的来源基础不在于基本文件的规定或创立者的思想意图，而在于

---

① 饶戈平："论政府间国际组织的法律人格"，载《中外法学》2003 年第 3 期，第 320 页。

国际组织存在这一客观事实。此观点不仅忽略了国际组织与国家的本质差异，而且过分强调了国际组织的固有权力，难以自圆其说。① 第三种是"隐含权力说"，认为国际组织的法律人格不仅来源于基本文件的明文规定，而且可以来源于国际组织为实现其宗旨所必须具备的权能。这种观点代表了当今学术界的主流看法。

事实上，早在 1949 年，国际法院在对"为联合国服务而受损害的赔偿案"的咨询意见中就认定：离开了主权国家的授权，任何国际组织在法律上的权利能力和行为能力都不可能存在；国际组织的法律人格只能在执行其法定职能及达成其组织宗旨所必须的范围内才能得到承认。可见，国际组织的职能范围是受其基本文件严格规定的。② 梁西先生称之为"职能性原则"，这种法律人格的职能局限性是国际组织法律地位的一个重要特征。而且，由于国际组织不具有国家的属性，所以，相对于国家的国际法主体性而言，国际组织的法律人格是派生的、受限制的。

关于国际组织法律人格的内涵、表现形式和法律后果，概括地说，如果政府间国际组织拥有了这种国际法律人格，它们就有资格在成员领域内订立契约、购置财产、进行诉讼，其会所、成员赴会代表及其机关官员均享有相应的特权和豁免。同时，它们在国际社会领域内表现为有资格派遣和接受使节、缔结国际条约、调解国际争端、召开和主持国际会议、要求国际赔偿、实施职能管辖、承担国际责任及其他权利和义务。

第四节　国际组织对国际法发展的影响

从国际组织的产生、形成和发展历程可以看出，国际法与国际组织之间存在一种互动关系。国际组织的建立离不开成员的协议，国际组织的活动不可能不受国际法的调整。同时，国际组织成立章程是基于一般国际法而缔结

---

① 曾令良、饶戈平主编：《国际法》，法律出版社 2005 年版，第 320～321 页。
② 周忠海等著：《国际法学述评》，法律出版社 2001 年版，第 150～154 页。

的多边条约，在一般国际法范畴内起作用。国际法承认，主权国家有权缔结建立国际组织的条约，而成员的国际法主体资格不因此受限。普遍性国际组织的基本文件本身包含重要的国际法原则和制度，使国际组织在国际法的框架内对国际事务发挥重大作用。

另一方面，国际组织的发展壮大也对国际法产生了影响。由于国际社会的特殊性质，国际法的直接立法和统一立法需要相当长的时间才能出台，而国际组织的兴起及某种程度的造法功能大大促进了国际法编撰工作的开展。在缺乏直接立法功能的国际社会里，利用国际法庭的判例和咨询意见来澄清和证明有关的法律规则，对国际法规范的形成有着重要的影响。事实证明，联合国大会的许多重要决议构成了确定国际法律原则的很有价值的辅助资料。最后，众多国际组织的基本文件与其他许多与国际组织密切相关的条约、协定和行政法规一起，已初步形成一个国际组织的自身的法律体系，由此完善和发展了国际法。

国际组织法的内容大体上分为静态规范和动态规范两大部分，静态规范主要指国际组织的机构法和程序法，动态规范主要指调整国际组织运作过程中的法律关系、操作规则和实施机制的法律规范。国际组织的机构法和程序法主要涉及的内容包括：国际组织的基本文件、国际组织的成员资格与代表权、国际组织的法律地位、国际组织的机构与职能、国际组织的程序规则、国际组织内部的管理规则与制度、国际组织的对外关系。调整国际组织运作过程中的法律关系、操作规则和实施机制的这一部分的法律规范的主要内容包括：国际组织的造法职能、国际组织决策机关职权及程序的合法性、国际组织决议的法律地位和效力、国际组织决议在成员的实施、国际组织的监督实施机制、国际组织的制裁惩罚机制、国际组织的争端解决机制、国际组织自身及其成员的责任。[①]

现代国际组织的发展呈现出三大趋势：第一，国际组织的数量增长使适用国际法的国际社会逐渐由分裂的状态向更多合作的方向过渡；第二，国际组织职能的扩大使早先强调战争法、外交关系法等的国际法迅速向国际经济

[①]　曾令良、饶戈平主编：《国际法》，法律出版社2005年版，第317～319页。

法延伸；此外，国际组织，特别是联合国造法功能的发挥使松散的国际法体系可能进一步加强其有效性。由于国际组织的大量涌现、发展中国家的全面兴起和科学技术的进步，如跨国界的信息输送等，使得现代国际法得以持续深入发展，在更宽广领域内（如极地、深海、外空、网络）和更大程度上促进了国际事务的法治化和规范化。①

第五节　联合国及其专门机构

纵观历史，笔者发现，世界大战之后往往会进行多边会议协商的外交活动或产生巨型的国际组织。17 世纪中叶的威斯特伐利亚和会结束了"三十年战争"，它开创了用国际会议的形式解决国际争端的先河，被公认为欧洲最早的一次国际会议，即所谓"政府间会议"，是国际组织的雏形。1815 年维也纳和会后至 1914 年间的"欧洲协作"与之前的拿破仑战争有着密切的关联。地球上两个最大的世界综合性国际组织是经过人类历史上两次最大的战争后产生的："一战"后的国际联盟和"二战"后的联合国。

世界大战给人类所带来的毁灭性灾难激起了各国人民反战与要求和平的呼声，要求建立一个有能力有效保障国际和平与安全的国际组织；同时，战争中的战胜国面临解决战后问题、保持其既得利益并巩固其世界地位的问题。而联合国（United Nations，UN）是当今世界最有影响的、最大的一个全球性、综合性国际组织，由接受 1945 年签订的《联合国宪章》所载义务的国家所组成，它是在集体安全原则基础上维持国际和平与安全的一般政治性组织，拥有广泛职能，成员遍布全球。

一、关于建立联合国的一系列会议和文件

联合国的建立并非一蹴而就，为了创立一个新的国际安全组织，世界各国经过了一系列的会议和准备工作。包括 1941 年签署的《伦敦宣言》

---

① 梁西：《国际组织法（总论）》，武汉大学出版社 2002 年版，第 13～15 页。

（London Declaration）、罗斯福和丘吉尔 1941 年 8 月在纽芬兰签署的《大西洋宪章》（Atlantic Charter）、1942 年中国、苏联、美国、英国等对轴心国作战的 26 个国家在华盛顿签署的《联合国家宣言》（Declaration by United Nations）、1943 年 10 月中国、苏联、美国、英国在莫斯科共同签发的《普遍安全宣言》（Moscow Declaration on General Security）等，为联合国奠定了所应据以建立的方针和基础。

1943 年 12 月，苏联、美国、英国在德黑兰举行首脑会议，重申了建立这样一个组织的决心。

1944 年 8 到 10 月，中国、苏联、美国、英国四国代表在华盛顿郊区的敦巴顿橡树园召开会议，会议分两个阶段进行，草拟了《关于建立普遍性国际组织的建议案》（简称敦巴顿橡树园建议案，The Dumbarton Oaks Proposals）。建议案的主要内容有：新建立的国际组织的宗旨、原则、会员国资格、机关及其职权等；安理会由 5 个常任理事国（中国、法国、苏联、英国、美国）和 6 个非常任理事国组成，建议该组织名称为"联合国"。建议案未决问题：安理会表决程序、创始会员国的名单、委任统治和托管问题、世界法院。

在 1945 年 2 月 4 日至 11 日的雅尔塔会议上，苏联、美国和英国达成所谓的"雅尔塔方案"（Yalta Formula），决定对非程序事项应以 11 个理事国中的 7 个的可决票包括全体常任理事国的同意票通过；即"五大国一致同意"原则，由此，5 个常任理事国享有"否决权"。1945 年 6 月 25 日，参加旧金山会议①的代表们一致通过了《联合国宪章》，宪章于 1945 年 10 月 24 日开始生效，联合国正式成立。联合国总部设在纽约，在日内瓦和维也纳设有联合国机构的常驻中心。②

二、《联合国宪章》及其解释与修改问题

《联合国宪章》是全世界公认的指导一切国际关系的基本准则，由一个序文和 19 章组成，共 111 条。《国际法院规约》被视其组成部分。《联合

---

①　旧金山会议的正式名称是"联合国家关于国际组织的会议"（United Nations Conference on the International Organization）。

②　马呈元主编：《国际法》，中国人民大学出版社 2003 年版，第 251～261 页。

国宪章》在形式上是一个国际组织成立的章程，在性质上是国际条约。它反映了"二战"末期复杂的国际关系，是各种势力相互妥协的产物；既有符合各国人民愿望的规定，如宗旨和原则，也有不充分反映人民意志的条款，如国际托管制度。

条约的解释主要涉及两个问题：一个是谁有权解释；另一个是依据什么原则解释？条约解释的一般原则是：谁有权立法，谁就有权解释。《维也纳条约法公约》第31～33条体现了四项解释规则：善意、整体、目的和通常意义原则。在宪章解释中，除按字面进行准确解释外，也应借助于历史资料进行解释。多数会员国的实践，对宪章的解释也起相当的作用。宪章的重要宗旨和原则被公认为当今国际社会的强行法，是解释宪章其他条文的重要依据。根据《联合国宪章》，第10条和第92条由联合国大会和国际法院解释。

在《联合国宪章》第十八章中规定了两种修改程序：第一种是联合国大会对宪章的个别修正（Amendments），宪章第108条；第二种是联合国会员国全体会议对宪章的重新审查（General Conference of Members of the United Nations for Purpose of Reviewing the Present Charter），宪章第109条。第一种程序在1963年、1965年和1971年召开的第18、20和26届联合国大会上分别对第23、27、109和61条进行了修正。第二种程序是一种特别程序，由于五大国的否决权和其他种种原因，从未适用过。依据第109条第3款的工作一直在进行，但在宪章的修改上没有多大进展。①

三、联合国的宗旨和原则

联合国的宗旨和原则被规定在《联合国宪章》的序文和第1条及第2条中，其中有些重要原则应被视为《维也纳条约法公约》所规定的国际强行法，对整个国际社会具有"不许损抑"的性质。

（一）联合国的宗旨

联合国的宗旨载于《联合国宪章》的第1条，分为四项：第一，维持国际和平与安全。这是联合国的基本目的。第二，发展各国间的友好关系。发

---

① 梁西：《国际组织法（总论）》，武汉大学出版社2002年版，第67～68页。

展各国间以尊重人民平等权利和自决原则为基础的友好关系。第三，促进国际合作，促进和鼓励对于一切人的人权和基本自由的尊重。第四，协调各国行动。主要在于通过彼此协商，取得有关各国行动的协调，以实现上述有关宗旨。

（二）联合国的原则

《联合国宪章》第 2 条规定了联合国自身及其会员国作为法律义务而应遵守的若干原则，包括会员国主权平等（第 1 项）、善意履行宪章义务（第 2 项）、和平（方法）解决国际争端（第 3 项）、禁止武力威胁或使用武力（第 4 项）、集体协助（第 5 项）、确使非会员国遵守宪章原则（第 6 项）、不干涉内政（第 7 项）等。

四、联合国的主要机关

联合国有 6 个主要机关。其中联合国大会、安全理事会、经济及社会理事会、托管理事会和秘书处五个机关设在纽约联合国总部。第六个主要机关是国际法院，设在荷兰海牙。

联合国大会。联合国所有会员国都派代表出席大会，大会就像一个世界议会，开会审议世界上最紧迫的问题。每一会员国享有一个投票权。"重要问题"，如关于维持国际和平与安全、接纳新会员国、制定联合国预算的建议，是以 2/3 多数决定。大会每年从 9 月至 12 月举行年度常会，必要时举行续会或就特别值得关注的问题举行特别会议或紧急会议。在大会休会期间，大会的工作由 6 个主要委员会、其他附属机关和联合国秘书处进行。

安全理事会。《联合国宪章》赋予安全理事会的主要责任是维持国际和平与安全。安理会有 15 个理事国，其中中国、法国、俄罗斯、英国和美国五国为常任理事国，其他 10 个理事国由大会选举产生，任期两年。近年来，各会员国讨论了改变安理会组成的问题，以反映当今政治经济现实。安理会需要有九票赞成才能作出决定。除关于程序问题的表决外，只要任何一个常任理事国投反对票，安理会就无法作出决定。所有会员国都有义务执行安理会的决定。

经济及社会理事会。经济及社会理事会在大会领导下协调联合国及联合国系统的经济和社会工作。作为讨论国际经济和社会问题以及拟订政策建议的中心论坛，经社理事会在加强国际合作、促进发展方面发挥关键作用。经社理事会还同非政府组织协商，使联合国与民间社会之间保持密切的联系。经社理事会有 54 个成员，由大会选举产生，任期 3 年。经社理事会每年举行为期一个月的会议，轮流在纽约和日内瓦召开。

托管理事会。设立托管理事会是为了对由会员管理的托管领土实行国际监督，并确保采取适当步骤为托管领土的自治或独立做好准备。托管理事会现由安全理事会五个常任理事国组成。截至 1994 年，所有托管领土都已实现自治或独立，托管理事会完成了历史使命。

国际法院。国际法院是联合国的主要司法机关，由经大会和安全理事会选出的 15 名法官组成，负责对国家间争端作出裁决。国家自愿地参与诉讼程序，但一国如果同意参与，就有义务遵守法院的裁决。法院还根据请求向大会和安全理事会提供咨询意见。

秘书处。秘书处根据大会、安全理事会和其他机关的指示，执行联合国实务工作和行政工作。秘书处首长是秘书长。秘书长视需要任命其他人员，并提供行政指导。

五、联合国的专门机构

根据《联合国宪章》的精神，联合国专门机构一般指基于特别协定同联合国建立关系的或根据联合国决定创设的那些对某特定领域负有国际责任的政府间专门性国际组织。[①] 联合国专门机构具有下述特征：是政府间国际组织、在专门领域活动、与联合国建立了法律关系、具有独立的国际法律人格。目前，有许多专门机构与联合国订立了关系协定，如国际电信联盟、世界卫生组织、世界气象组织、国际劳工组织、世界银行、国际海事组织、国际原子能机构等。

---

① 梁西：《国际组织法（总论）》，武汉大学出版社 2002 年版，第 266 页；马呈元主编：《国际法》，中国人民大学出版社 2003 年版，第 267 页。

第六节　区域性国际组织

区域性国际组织古已有之，在第二次世界大战后发展迅猛。它们一般具有以下特征：第一，地域性。其成员一般是特定地区内的一些主权国家。其次，相似性。其成员在历史、语言和文化上往往同根同源，并具有相同的利益和政治背景，国家制度相似。第三，集团性。成立区域性国际组织的最重要目的是通过集团的强大力量参与国际交往、维护本地区的安全和利益。比较重要的区域性国际组织有北大西洋公约组织、欧洲联盟、非洲统一组织、阿拉伯国家联盟和东南亚国家联盟等。

一、北大西洋公约组织

北大西洋公约组织（North Atlantic Treaty Organization，NATO，简称"北约"），是战后美国为了维护其在欧洲的地位而联合西方国家建立的军事政治组织。1949 年 4 月 4 日，美国、加拿大、比利时、法国、卢森堡、荷兰、英国、丹麦、挪威、冰岛、葡萄牙和意大利在华盛顿签署了《北大西洋公约》，决定成立北大西洋公约组织，同年 8 月，各国完成批准手续，该组织正式成立。希腊、土耳其于 1952 年、联邦德国于 1955 年、西班牙于 1982 年正式加入该组织。进入 20 世纪 90 年代，随着华沙条约组织的解散和苏联的解体，欧洲的政治与安全形势发生了巨大变化，北约的职能转变为政治军事组织。截至 2018 年，该组织有 29 个成员。

该组织的宗旨是缔约方实行集体"防御"，任何缔约方同他国发生战争时，必须给予援助，包括使用武力。华沙条约组织解体后，北约谋求扩大其使命，如维持和平和通过对话促进区域稳定等。北约成立以来的主要活动是通过部长理事会和防务计划委员会就国际重大政治问题密切磋商、协调立场；在军事方面研究和制定统一战略和行动计划；每年举行各种军事演习。

二、欧洲联盟

欧洲联盟（European Union，EU，简称"欧盟"）是当今世界一体化程度最高的区域政治、经济集团组织。其前身是欧洲共同体（European Community，EC，简称"欧共体"），即欧洲经济共同体、煤钢共同体和原子能共同体的统称。1993 年 11 月，《欧洲联盟条约》（又称《马斯特里赫特条约》）生效，欧共体演化为欧洲联盟。欧盟的条约经过多次修订，目前依照《里斯本条约》运作。现有 28 个成员，总人口超过 5 亿，总面积超过 430 万平方公里，国内生产总值超过 10 万亿欧元（截至 2018 年 3 月）。

欧盟共有 5 个主要机构，欧洲理事会、欧盟理事会、欧盟委员会、欧洲议会、欧洲法院。其他重要机构还有欧盟审计院、欧洲中央银行、欧洲投资银行、经济和社会委员会和地区委员会等。欧洲理事会和部长理事会是欧盟的政府间机构，其中部长理事会还是欧盟的主要立法机构，主要代表成员的利益；委员会和欧洲议会是欧盟的超国家机构，主要代表欧盟的整体利益。其中委员会是欧盟的行政执行机构，类似于主权国家的政府；欧洲议会拥有部分立法权、预算权以及咨询和监督上的权力；欧洲法院是欧盟的最高法院，主要从司法角度保证欧盟法律的有效贯彻实施。

三、非洲统一组织

1963 年 5 月，31 个非洲独立国家在埃塞俄比亚首都亚的斯亚贝巴举行首脑会议，通过了《非洲统一组织宪章》，宣布成立非洲统一组织（Organization of African Union，OAU）。总部和秘书处设在亚的斯亚贝巴，现有 53 个成员。非洲统一组织的宗旨是促进非洲国家的统一与团结；加强非洲国家在政治、外交、经济、文化、军事、安全等方面的合作；维护非洲国家的主权、领土完整和独立；根除一切形式的殖民主义；促进国际合作。非洲统一组织的主要机构有：国家元首和政府首脑会议，是最高机构，每年开会一次；部长理事会，由成员的外交部部长或其他部长组成，每年开会两次；秘书处，是常设机构，设秘书长和 5 名副秘书长。现有 55 个成员，总人口超过 11 亿，总面积超过 3000 万平方公里，国内生产总值超过 2 万亿美元（截至 2018 年 3 月）。

非洲统一组织于 2001 年 7 月 9 日在卢萨卡召开第 37 届首脑会议，会议讨论正式启动一个新的非洲组织——非洲联盟，以取代原来的非统组织。新联盟的正式启动对 7 亿非洲人民的前途和命运将产生深远的影响。2002 年 7 月 8 日至 10 日，第 38 届非洲统一组织暨首届非洲联盟国家元首和政府首脑会议在南非德班成功举行，成为由非统组织转为非洲联盟的一道分水岭。非洲联盟的正式启动，标志着非洲国家在联合自强和一体化进程中迈出了重要一步，使非盟成为继欧盟之后世界上第二个重要的国家间联盟。

四、阿拉伯国家联盟

阿拉伯国家联盟（League of Arab States，LAS，简称"阿拉伯联盟"或"阿盟"），总部设在开罗，是阿拉伯世界最具代表性和影响力的组织，也是世界上最早成立的地区性组织之一。1945 年 3 月，在埃及倡议下，7 个阿拉伯国家的代表在开罗举行会议，通过了《阿拉伯国家联盟公约》，宣布阿拉伯国家联盟正式成立。其宗旨是：密切各成员之间的关系；协调成员的政策和活动；捍卫阿拉伯国家的独立和主权；全面考虑阿拉伯国家的事务和利益；互相尊重其国家的政治制度，成员之间的争端不得付诸武力解决；各成员在经济、财政、交通、文化、卫生、社会福利、国籍、护照、签证、判决的执行以及引渡等方面进行密切合作。阿盟总人口超过 4 亿人，国内生产总值超过 2.5 万亿美元（截至 2016 年）。曾有 22 个成员，但 2011 年 11 月，阿拉伯国家联盟中止了叙利亚的成员资格。2017 年 6 月 5 日，以沙特为首的阿拉伯联盟发表声明，宣布将卡塔尔排除出该组织。

阿盟的最高权力机构是首脑会议；理事会由全体成员的代表组成，下设政治、经济、文化、交通、社会、法律、阿拉伯石油专家、新闻、卫生、人权、行政和财政事务等 16 个委员会和机构；秘书处负责执行理事会决议。

五、东南亚国家联盟

东南亚国家联盟（Association of Southeast Asian Nations，ASEAN，简称东盟）的前身是由马来西亚、菲律宾和泰国 3 国于 1961 年 7 月 31 日在曼谷成立的东南亚联盟。1967 年 8 月，印度尼西亚、泰国、新加坡、菲律宾 4 国外长和马来西亚副总理在曼谷举行会议，发表了《东南亚国家联盟成立宣言》，即《曼谷宣言》，正式宣告东南亚国家联盟成立。20 世纪 80 年代后，文莱（1984 年）、越南（1995 年）、老挝（1997 年）、缅甸（1997 年）和柬埔寨（1999 年）5 国先后加入该组织，使东盟由最初成立时的 5 个成员发展到目前的 10 个成员。东盟总人口超过 6 亿，总面积超过 440 万平方公里（截至2018 年 3 月）。

东盟的宗旨是以平等和协作精神，共同努力促进本地区经济增长、社会进步和文化发展；遵循正义、国家关系准则和《联合国宪章》，促进本地区的和平与稳定；同国际和地区组织进行紧密和互利的合作。

随着经济实力和政治影响的不断加强，东盟在地区事务中发挥着越来越重要的作用。20 世纪 90 年代初，东盟率先发起东亚区域合作进程，逐步形成了以东盟为中心的一系列区域合作机制。东亚合作的主要渠道：其中，东盟与中日韩（10 +3）、东盟分别与中日韩（三个 10 +1）合作机制已经发展成为东亚合作的主要渠道。建立对话伙伴关系：东盟还与美国、日本、澳大利亚、新西兰、加拿大、欧盟、韩国、中国、俄罗斯和印度 10 个国家与地区成为对话伙伴关系。2003 年，中国与东盟的关系发展到战略协作伙伴关系，中国成为第一个加入《东南亚友好合作条约》的国家。

东盟的主要机构有首脑会议、外长会议、常务委员会、经济部长会议、其他部长会议、秘书处、专门委员会以及民间和半官方机构。其中，首脑会议是东盟最高决策机构，外长会议是制定东盟基本政策的机构，常务委员会主要讨论东盟外交政策。东盟秘书处设在印度尼西亚首都雅加达，出版有《东盟常务委员会报告》《东盟通讯》等刊物。①

---

① 本章部分内容发表于赵海峰、杨惠主编：《国际法学》，科学出版社 2009 年版，第十二章。

第一编

总　论

第一章 国际组织的产生和参与形式

第一节 国际组织的产生

首先，通过一项国际条约可以建立一个国际组织。随着建立国际组织的条约的生效，该国际组织开始具有国际法上及国内法上的权利能力。原则上说，这一权利能力并不需要所有条约草案签字国批准该建立条约。

其次，一个国际组织也可以通过其他形式产生，如批准一项建立国际组织的条约。举例而言，一个国际组织可能基于成员议会的一致同意的决议而成立。1952 年，北欧理事会（Nordic Council，NC）就是这样被创建的。

再次，国际会议的决议也可以产生相同效果。比如经济互助理事会（德语：Rat fuer gegenseitige Wirtschaftshilfe，RGW），它就是在 1949 年 1 月 25 日经由莫斯科国际经济会议的参加国决定成立的；1959 年 12 月 14 日，即 10 年之后，这些国家才签订了有关条约。

复次，一个国际组织也可能并非一次性成立，而是逐步发展而至形成。比荷卢三国经济联盟（德语：Benelux-Wirtschaftsunion）的形成就先后经过 1944 年 9 月 5 日在伦敦缔结的关税条约和后来的多个决议及议定书，直到 1958 年 2 月 3 日，才有一项建立该联盟的条约生效。东南亚国家联盟的最终产生也是分阶段的，最开始是在 1967 年 8 月 8 日，东南亚国家发表了关于在政治和经济领域合作的宣言，然后，通过定期会议逐步建立国际组织。直到 1976 年 2 月 24 日才颁布了章程，并赋予组织法律人格。这些形成时期的文件实际上表达了各有关国家的意志统一，属于最广义上的国际条约。

最后，一个国际组织还可以由国家代表在原有联合体的基础上设立，例如欧洲安全与合作组织（德语：Organisation fuer Sicherheit und Zusammenarbeit in Europa，OSZE）就是从欧洲安全合作会议（德语：Konferenz ueber Sicherheit und Zusammenarbeit in Europa，KSZE）发展而来的。

建立条约可以规定，某国际组织的活动何时开始。出于客观原因，可以约定立即开始组织的工作，也可以约定在所有订立条约的签字国完成各自批准程序的某一时刻开始。为了实现这一目标，可以在签署建立条约的同时签订一项政府间协定，根据该协定设立一个过渡组织，负责组织的有关事务。① 此种过渡组织一般立即开始工作，并在建立条约被各国政府批准后融入该国际组织。由于成立组织的准备工作的必要性，如选举组织的各个机关的成员，通常情况下，一个国际组织的工作在批准建立条约之后的一段时间正式开始。一些客观上的障碍也可能是国际组织较晚开始工作的原因，特别是在建立关税同盟或自由贸易区时，在建立条约的实体规定完全发生效力之前，需要先采取一些国内措施。② 值得注意的是，在过渡阶段，任何成员不得实行可能影响顺利实现建立条约宗旨的措施。③

通常情况下，在建立条约中会明确规定该组织的总部所在地。一般而言，一个国际组织会与希望将组织的总部定在该国的国家签订一份总部定址协议。国际组织常常在多个国家设有代表处。如联合国组织的秘书处在纽约（New York）、日内瓦（Genf）、维也纳（Wien）和内罗毕（Nairobi）设有总部；欧洲联盟的欧洲法院、欧洲投资银行、欧洲统计局等机构分别设在布鲁塞尔（Bruessel）和卢森堡（Luxemburg），欧洲议会设在斯特拉斯堡（Strassburg），欧洲中央银行设在法兰克福（Frankfurt）。

---

① 例如国际难民组织的筹备委员会（Preparatory Commission of the International Refugee Organization，PCIRO）。

② 这里可以参阅《欧洲经济共同体条约》框架内的过渡规定。

③ 即所谓的"保持现状原则"（stand-still-Regel）。可参阅《欧洲经济共同体条约》第 12 条（旧版），《欧洲自由贸易联盟协定》第 8 条和第 10 条。

第二节 国际组织的参与形式

原则上说，各成员及其全部国土都隶属于它们所参加的国际组织。[①] 不过，一直以来，欧洲共同体的疆域仅包括其成员国土的欧洲部分。但是，在《欧洲共同体条约》第 182 条（原《建立欧洲经济共同体条约》第 131 条）中，欧洲共同体的各成员达成一致，使那些处于欧洲之外的、与丹麦、法国、荷兰及英国保持特殊关系的国家和领地与欧洲共同体建立联系。当然，建立联系的目的在于促进各个国家和领地的经济和社会发展，并建立该各个国家和领地与整个欧洲共同体之间的紧密的经济关系。

如果世界上任何一个国家都可以加入某国际组织，则该组织是一个开放性的国际组织。如果成员资格依据一定的客观或主观标准有所限制，则该组织是一个有限的开放性组织。客观标准之一是地理位置，该标准常常不被严格执行。例如，人们常讨论土耳其和俄罗斯能否加入欧洲共同体的问题，而事实上两国的疆域主要在亚洲区域内。希腊虽然并不在大西洋边上，但却是北大西洋公约组织的成员。此外，欧洲议会把地处亚洲的以色列国视为欧洲国家。主观标准之一是热爱和平。如果一个国家想成为联合国的成员，则该国必须热爱和平，承担《联合国宪章》中规定的义务，并且经过联合国审核，认为该国具有履行诸项义务的能力和愿望方可。[②] 如果一个组织不再接受新的成员的话，则该组织是一个封闭性的组织。[③]

即便是针对一个开放性的国际组织，一个国家也不享有取得成员资格的

---

① 但是，这并不是强制性的。如科尼斯堡地区作为俄罗斯的一部分加入欧洲联盟是完全可以想象的。参见 Gilbert Gornig, Das Noerdliche Ostpreussen《北部的东普鲁士》，2. Aufl. 1996, S. 201 ff.；Gilbert Gornig/Jochen Anweiler, Das Noerdliche Ostpreussen und die Europaeische Gemeinschaft《北部的东普鲁士与欧洲共同体》，in：ROW 1994, S. 125 ff.

② 这一规定的目的特别在于阻止一些微型国家加入联合国组织，因为这些国家很可能无力履行参与联合国的强制措施的义务。如摩洛哥、安道尔、列支敦士登、圣马力诺等国。当今已经无人持此观点。

③ 例如，根据《欧洲联盟条约》第 49 条，只有欧洲国家才可申请成为欧洲联盟和欧洲共同体的成员。

要求权和起诉权。原则上说，接受新成员需要所有或多数原有成员的同意。[①]
一般而言，只有主权国家或其他国际法主体才能成为一个国际组织的完全资
格成员。[②] 例外情况下，一个联邦国家的成员也可作为完全资格成员隶属于
某国际组织，例如，苏联的加盟共和国白俄罗斯和乌克兰就是联合国的完全
资格成员，以便借此使苏联在联合国大会中取得更多的票数。

除了完全成员资格之外，还有限制成员资格，在完全成员资格和参与国
际组织的工作资格之间可以找到所有限制成员资格的变化类型。这些类型包
括作为联系成员参加组织、与组织建立某种联系、参加组织的各委员会的机
会以及派遣观察员参与组织活动等。如果完全主权国家原则上有意参与组织
的工作，但却不愿意完全臣服于组织规则之下，这些国家可以作为联系成员
参与组织。例如，由于欧洲经济合作组织[③]仅限于欧洲疆域，欧洲之外的国
家不可能获得完全成员资格，所以，美国和加拿大仅是欧洲经济合作组织的
联系成员。如果出于地理上的原因，一个完全资格成员的国土无法隶属于一
个国际组织，可以通过与组织建立某种联系来参加组织。[④]

同一个既存的国际组织建立联系与联系成员资格是有区别的。通过缔结
国家和国际组织之间的联系协定可以产生新的国际组织，该组织拥有自己的
机关和法律人格。每一项可导致产生独立的组织的联系条约必须拥有至少一
个机关，通常，这一机关会是联系理事会。该新国际组织的成员包括两部分，
受联系条约约束的国家和与其签约的国际组织。[⑤] 由欧洲共同体缔结的条约
要么为一个欧洲国家预备好完全成员资格，并准备好发展协助条款，要么将

---

① 欧洲共同体若欲纳入新成员，必须得到所有现有成员国内议会的同意。在此之前，需要得到
欧洲理事会的一致同意，欧洲议会的同意，然后才是各成员议会批准现有各成员与申请国之间的协
定。参见《欧洲联盟条约》第 49 条第 2 款。

② 可参考诸如罗马教廷在许多国际组织中的成员资格。

③ 欧洲经济合作组织，Organization for European Economic Cooperation，OEEC.

④ 根据《欧洲共同体条约》第 182 条，条约对欧洲共同体的成员的海外属地不具有直接的
效力。

⑤ 欧洲共同体曾分别与其未来的成员方、土耳其（1963 年 9 月 12 日的协定）和非洲、加勒比
和太平洋国家集团签订联系条约。此类联系条约的内容各具特色。可以在其中仅确定协商义务，也可
包括把联系国家类似于完全资格成员对待的各项权利和义务。如《欧洲共同体条约》第 310 条和
《欧洲自由贸易联盟协定》第 41 条第 2 款规定了与第三国签订联系条约的授权规范。

不欲取得完全成员资格的欧洲国家纳入自由贸易区框架，至少涉及欧洲共同市场的某些产品。欧洲共同体与非洲、加勒比和太平洋国家集团（德语：AKP-Staaten）① 的联系通过施行欧共体的发展协助来实现。由于只有欧洲国家才能成为欧洲共同体的成员，所以，在欧洲共同体与非洲、加勒比和太平洋国家集团的联系中并不以未来的完全成员资格为目标。

参加一个国际组织的一种松散形式是参与组织的各个委员会的活动。② 派遣观察员但不享有发言权和投票权是一种参与国际组织工作的效率特别低的形式。③

通常，国际组织的章程中没有关于退出国际组织④的规定。但是，基于一国的国家主权，一国随时可以退出一个国际组织。无法阻止一国退出组织的原因在于，不可违背一国的意志强行将一国留在组织内；同时，拘束一个无意继续作为组织成员的国家也不符合其他成员的利益。只要不存在明确的退出条款，人们将可利用建立条约的例外事项规定为退出国际组织说明理由。⑤ 退出的国家将失去所有由成员资格而来的权利和义务，这些权利和义务的依据是建立条约。建立条约的章程还可规定，除了退出之外，成员可能被中止成员资格或开除。⑥

---

① AKP-Staaten 是 die Gruppe der afrikanischen, karibischen und pazifischen Staaten 的缩写，英文为 Group of African, Caribbean and Pacific States，也可缩写为 ACP countries，指非洲、加勒比和太平洋国家集团。

② 如《经济合作发展组织条约》第 12 条 c 款规定，组织有权按理事会确定的诸项条件邀请非成员的政府或组织参与经济合作发展组织的活动。

③ 联邦德国曾自 1951 年 11 月起在联合国拥有观察员身份。此外，联合国大会也为非政府间国际组织和像巴勒斯坦解放组织（Palestine Liberation Organization, PLO）这样的解放运动的代表提供作为观察员参与联合国大会会议的权利和机会。

④ 参阅《国际联盟章程》第 26 条第 2 款。

⑤ 如情事变更条款（clausula rebus stantibus），德国曾引用该条款，以便在重新统一后能够在可能的情况下退出欧洲共同体。只要一项条约规定了退出权，有关条款必须被遵守。如《联合国粮食及农业组织章程》第 19 条规定了解约期限的遵守问题，《国际货币基金组织章程》第 XXVI 条第 3 款规定了及时履行财政义务问题，退出国际组织的行为可能会受到这些因素的限制。

⑥ 参见《联合国宪章》第 5 条和第 6 条以及《欧洲联盟条约》第 7 条。

第二章　国际组织的组织结构

第一节　概　　说

作为国际法主体，国际组织需要一定的机关来形成区别于成员意志的自己的意志，并把这种意志表达出来，产生影响。这些机关包括代表共同利益的机关、代表一些成员利益的机关、代表成员个别国民团体利益的机关以及审判机关。① 各个国际组织的架构虽然各有区别，但是，在形成意志机关的构建上却展现出一些共同点。时至今日，在该领域中仍然未能发展出习惯国际法，以至于建立条约中的有关条款尚未显得多余。

第二节　代表共同利益的机关

一、秘书处

作为国际组织的先驱，所谓的国际行政联盟形成的通常不是组织自己的意志，而仅仅是在执行一个委员会所决定委托的事项而已。国际行政联盟的这个委员会由所有成员派代表组成，代表们享有平等的权利，所有重要决定必须经过一致同意才能通过。这样的机关通常叫作秘书处。

随着时间的推移，由于国际组织的秘书处参与组织意志形成活动的范围

---

① Vgl. Ignaz Seidl-Hohenveldern/Gerhard Loibl, Das Recht der internationalen Organisationen einschliesslich der supranationalen Gemeinschaften, 7. Aufl. 2000, S. 115 ff. Rdnr. 0909 ff.

越来越广泛，它的地位变得越来越重要。因为代表各成员的委员会无法稳定持续地在组织的总部所在地开会，秘书处必须被赋予独立采取行动的职权，这样的权限也必然超出纯粹行政事务的范畴。在会议闭幕期间，秘书处有权以组织的名义发表宣言和意见说明。事实上，秘书处的成员比各个国家代表更熟悉组织。最后，秘书处被委以组织的公关工作，以至于秘书处对国际组织政策的影响日益增强。国际组织的秘书处获得了越来越多的权限，这一事实促使许多国家试图安排与本国拥有良好关系的人员组成秘书处。如果这样的话，国际组织自身的意志就难以表现出来了。所以，国际组织的公务员严禁听从母国的指令。①

秘书处日益增强的重要性导致许多国际组织把它称作组织的重要机关之一。② 实际上，秘书处并非在所有情况下都被承认拥有机关的位阶。例如，《欧洲理事会章程》（德语：Satzung des Europarates）第10条以及《欧洲自由贸易联盟章程》（德语：EFTA-Satzung）第34 b 条就不把秘书处视为机关，而是说明，秘书处是为机关服务的机构。

二、人员组成

一般而言，秘书长是秘书处的领导人物，由负责维护成员利益的机关选举出来，工作一定任期。③ 联合国组织（UNO）的大会基于安全理事会的建议选举秘书长。欧洲共同体委员会由成员政府根据欧洲议会的投票同意情况任命，任期5年。④ 下一级的人员安排一般由秘书长决定。

国际组织的秘书长应该来自世界上不同的区域，秘书处的高级职员应该来自全世界各个地区，并尽可能具有最高的资质。⑤ 虽然一个国际组织的秘书处必须从其成员借用职员，但是，这些人员只能服从该国际组织的指令和职权分配。

① 参见《联合国宪章》第100条。
② 参见《联合国宪章》第71条。
③ 在联合国组织（UNO），秘书长的一个工作任期是5年。
④ Vgl. Art. 214 Abs. 2 EGV. Sie besteht aus 25 Mitgliedern, vgl. Art. 213 Abs. 1 EGV.
⑤ 《联合国宪章》第101条第3款规定："办事人员之雇用及其服务条件之决定，应以求达效率、才干及忠诚之最高标准为首要考虑。征聘办事人员时，于可能范围内，应充分注意地域上之普及。"

三、职权分配

根据组织的权力范围，国际组织颁布自己的职权分配规范，组织的所有工作人员都必须遵守该规范。通常情况下，国际组织通过签订有限期的或无限期的协议接受员工。一旦被录用，必须遵守组织的相应的职权分配规范。国际组织的职员对组织负有忠诚义务（德语：Treuepflicht），不许接受母国的任何指令。忠诚义务特别强调职务沉默义务（德语：Amtsverschwiegenheit），并且在解除职务关系后仍然适用。

在绝大多数国际组织的人员事务争议中，国际公务员们可以选择走国际行政法院的法律途径。在这种情况下，他们不能再向内国法院寻求法律保护以对抗国际组织的职权规范措施。① 当然，如果国际组织的职员不受组织的特殊职权规范约束的话，如清洁工，那么，他们受工作地的国内劳动法约束。

为了保障国际公务员的独立性，根据一些特别协议的标准，国际公务员享有一定的特权和豁免待遇。国际法院关于联合国官员损害赔偿案的咨询意见②认为，当联合国官员为联合国服务而其权利受到违反国际法的侵害时，联合国有权向侵害国提起国际求偿之诉。由此，为组织宗旨服务的官员可以向侵害国提起损害赔偿之诉，而不论其母国是否准备向侵害国提起损害赔偿之诉。由此可见，国际法院的观点是，保护联合国官员的权利并不完全只属于该官员所属的国家。

四、工作与活动

一个国际组织的秘书处通常有权观察其成员的行为，并将观察报告公开发表。秘书处可以收集关于其成员的材料，不仅可以提交给组织，还可以供其他成员使用。组织的成员可能负有义务，向组织的秘书处提交报告和回答咨询。秘书处可以被授权，起草国际协定。有时候，秘书处还可在其权限范围内对组织施以国际法上的约束。

联合国组织的秘书长有权提请组织的各个机关关注每一个可能危害世界

---

① Vgl. BVerfGE 59, S. 63 ff.（95 ff.）.
② ICJ-Reports, 1949, S. 173 ff.（179 ff.）.

和平与国际安全的事件。① 秘书长的权限和工作包括但不限于如下几项：向各个机关汇报有关情况、制定大会的临时议程、提出预算草案、缔结国际条约。有些国际组织不设秘书处，相应的工作由其他机关或机构承担。根据《联合国教育科学及文化组织法》② 第 6 条第 3 款的规定，联合国教科文组织的总干事（United Nations Educational, Scientific and Cultural Organization, UNESCO）对组织的决定拥有参与权和倡议权。国际货币基金组织（IMF）的总裁③和世界银行（World Bank Group, WBG）的行长肩负各自组织日常业务的领导职责。欧洲货币协定组织的董事会原则上可以做出约束所有缔约方的决定，董事会可以以多数决方式通过这些决定。④ 欧共体委员会⑤是组织的常设执行机构，不仅负责处理欧共体的日常事务、贯彻实施欧共体法，而且直接或间接地参与创制次级共同体法。由此可见，欧洲共同体的委员会并非仅处理行政事务。实际上，委员会还有权针对未履行欧共体义务的成员和理事会提起诉讼、对个人处以强制金和罚金；委员会还编制预算、代表欧共体进行对外联系和贸易等方面的谈判、向共同体提出政策年度总报告。⑥

第三节 代表成员利益的机关

一、理事会

（一）概述

由成员的代表组成的机关，其首要的服务对象是成员的利益，原则上说也

---

① 参见《联合国宪章》第 99 条。

② 原文见 BGBl. 1971 II, S. 473 ff. ; UNTS, Bd. 4, S. 275 ff.

③ 总裁（managing director）是国际货币基金组织的最高行政长官，其下设副总裁协助工作。总裁负责管理国际货币基金组织的日常事务，由执行董事会推选，并兼任执行董事会主席，任期 5 年。

④ 当然，该机构受到经济合作与发展组织（Organisation for Economic Co-operation and Development, OECD）理事会的监管。

⑤ 在欧洲共同体领域中，虽然理事会是影响力更大的机关，但它在绝大多数情况下均基于委员会的建议并依据欧洲议会的共同决定或与欧洲议会的协作行动。

⑥ 经过《里斯本条约》修订的《欧洲联盟条约》第 1 条规定："欧盟应取代并继承欧共体。"该条约已于 2009 年 12 月 1 日生效。有关新内容将在本书的欧洲联盟部分详细提及。

是国际组织的利益，因为国际组织的福祉也是成员的利益所在。结构简单的国际组织一般只拥有这唯一的机关，用来形成以及表达组织的意志。那么，该机关在代表成员利益的同时，也强制性地代表了该国际组织的利益。

为维护成员利益而设立的机关在各种各样的组织里有不同的称谓。例如，大会（General Assembly，联合国）、理事会（经济合作发展组织）、部长委员会（欧洲理事会）、国际劳工大会（国际劳工组织，International Labor Organization，ILO）、大会（General Conference，国际原子能机构，International Atomic Energy Agency，IAEA）或者董事会（世界银行）。

（二）人员组成

代表成员利益的机关通常由各个成员政府的官员代表或部长组成。[1]

（三）会议

国际组织的章程通常规定，由成员代表组成的机关应定期开会。联合国的大会在每年的秋季召开常会。当然，特殊情况下也可召集特别会议。特别会议应由秘书长经安全理事会或联合国会员国过半数之请求召集之。[2]

（四）表决

1. 平等原则

一般而言，所有国际组织都承认国家主权平等原则，其后果是，不论各国的疆域大小、人口多少、政治和军事力量强弱，每一个国家在相应的委员会中拥有一票。这里涉及的是形式上的平等原则（德语：formeller Gleichheitsgrundsatz）。实践中出现许多问题，特别是在联合国组织中，那些政治、军事或经济较弱的国家掌握了 2/3 多数的票数，从而有能力否决那些影响力强大的国家的议案，而恰恰是这些国家承担了联合国的主要经费负担。此现象导致的后果是，部分决议无法执行，或是不现实。出于这一原因，一些国际组织更青睐所谓的实质上的平等原则（德语：materieller Gleichheitsgrundsatz），根据该原则，影响力更大的国家在相应的委员会中享

---

① 国际劳工组织的大会是一个例外。国际劳工大会是国际劳工组织的最高权力机构，每年 6 月在日内瓦举行一次会议，它是联合国下属的具有"三方代表性"的机构，由政府、劳动者、雇主三方组成，其中政府代表两名，劳动者和雇主代表各一名。

② 参见《联合国宪章》第 20 条。

有更多的票数，也即投票权。由此，必须对票数进行权衡和重新分配。问题是，应该按照什么标准来权衡和分配各国所应持有的票数。人口数或者国民收入是可以考虑的标准。这样的问题在以实现有限目标为宗旨的国际组织里比较容易解决，只要以一国对组织成就的贡献大小为标准即可。① 在欧洲共同体理事会里，票数的权衡和分配不仅需要顾及各个国家的人口数目，而且还要考虑到，使欧洲共同体内没有哪个区域的国家或成员家集团能以多数票胜过其他区域的国家或成员家集团。

对于大国和强国，可以通过接受其成员作为组织的独立成员的方式来增强其代表性。② 特别是当有关国际组织的活动涉及一定的专职范围，而根据相关国家的国内宪法，该专职权限属于该国的某个成员时，这种方式值得考虑。③

2. 表决行为

当机关的所有决定或至少是重要的决定要求一致通过时，成员在投票时的影响力显得尤为重大。一致通过意味着，没有哪一项决定能够违背任意一个成员的意志而通过。借此，形式上的所有国家平等原则得到了满足。当今，特别在针对重大事项时，仍然要求一致通过，因为这样就不会限制各个成员的主权。在某些国际组织中存在弃权投票不妨碍一致通过的实践，④ 加强了有关机关乃至其所在组织的运作能力。根据实践经验，弃权被理解为默示同意，弃权投票的国家与赞成的国家一样，受到有关决议的约束。但是，另一种观点得到越来越多的认可，即弃权投票的国家顾及自己的特殊利益，不受决议的约束。⑤ 在欧洲共同体和欧洲原子能共同体里，依据《欧洲共同体条

---

① 在国际能源机构（International Energy Agency，IEA）中，根据《国际能源纲领协议》第 62 条，投票权的依据是各国的石油消费量。在世界银行和国际货币基金组织，投票权的权衡和分配依据是参与财政支持的额度。

② 如在联合国组织中，除了俄罗斯之外，白俄罗斯和乌克兰也拥有完全成员资格。

③ 正是基于这个原因，根据《万国邮政联盟组织法》第 23 条第 5 款，一些殖民地成为万国邮政联盟（Universal Postal Union，UPU）的完全资格成员。

④ 可对比联合国组织中安全理事会的实践情况。

⑤ 参见《经济合作与发展组织协定》第 6 条第 2 款，弃权投票的成员不受由此成立的决议的约束。欧洲理事会中部长委员会的决议原则上也必须一致通过，但如果部长委员会一致许可弃权投票的话，成员代表可以弃权投票。这种情况下，弃权投票的成员不承担任何义务。参见 1951 年 8 月 2 日部长委员会的第 51（62）号法定决议。

约》第 205 条第 3 款和《欧洲原子能共同体条约》第 118 条第 3 款的规定，理事会的决议在出现弃权投票情况时也可获得通过。但弃权投票的国家受所通过的决议的约束。当今，为了便于国际组织的运作，特别是在程序问题①上，人们寻求规避一致通过的必要性。② 根据《欧洲联盟条约》第 23 条第 1 款，在共同外交与安全政策框架内的决议原则上需要一致通过。一个成员可以弃权投票，而且不承担执行该决议的义务。但是，该成员必须承认，该决议对欧洲联盟具有拘束力。

如果机关的决议不是由成员代表一致通过的，《联合国宪章》规定，在宪章中关于某些明确作为重要事项的决议只能通过特定多数通过。③

为了避免进行对抗式投票（德语：Kampfabstimmungen），还可通过共识达成协商一致。如果大会主席在讨论后确定，根据他的理解，大会成员对他所总结的观点达成一致，而且无人反对，则一项决议可以形成。

在投票时采取保留一般不影响结果。④

3. 组织外的决定

由组织框架中的成员代表作出的决议与组织外的有关国家作出的决议是有区别的。此时，成员具有模棱两可的地位：一方面，它们可以作为国际组织中的国家的代表出现，但只能在组织的权限范围内作出决议。另一方面，它们也可以作为成员的代表独立于国际组织的权限限制达成协议。这样的话，涉及的是所谓的政府间协定。如果成员代表作为一个机关的成员在组织的框架内作出一项决议，那么他们所代表的成员并非自动在法律行为上受其拘束。如果要使成员的行为受拘束，该组织必须对一项此类决议的此种拘束效果作明文规定。⑤ 与此相反，政府间协定则自动拘束有关成员。在欧洲共同体法

---

① 可参见《欧洲理事会章程》第 20 条 b 款。

② 如 1966 年 1 月 29 日欧洲经济共同体成员的《卢森堡协定》。文本见 Bull. EWG 1966，Nr. 3；ZaoeRV，Bd. 26（1966），S. 1 ff.

③ 如《联合国宪章》第 18 条第 2 款，该款规定，大会对于重要问题之决议应以到会及投票之会员国 2/3 多数决定。此类问题包括关于维持国际和平及安全的建议、安全理事会非常任理事国的选举以及预算问题等。

④ 参见欧洲法院（EuGH）Rs. 38/69（Kommission v. Italien），Slg. 1970，S. 47ff.（57 f. Rdnr. 12）.

⑤ 参见《欧洲共同体条约》第 300 条第 7 款。

中，国家代表组成的会议作出的决议与成员作出的决议相区别。① 欧洲共同体法区分理事会的决议和理事会中的成员政府代表作出的决议，后者属于一个政府间会议的决议。②

有的国际组织拥有多个由所有成员的国家代表组成的机关，例如，美洲国家组织（Organization of American States，OAS）拥有 3 个这样的机关，即大会、外长协商会议和由各成员大使组成的常设理事会。根据《欧洲共同体条约》第207 条，在欧洲共同体的理事会之下设立一个成员常设代表委员会。

二、非由所有成员代表组成的委员会

由于由全体成员代表组成的一个大会或者一个理事会是一个十分庞大繁杂的机构，人们通常从其中选取中坚力量组成一个核心的督导委员会或指导小组，由其成员筹备大会或理事会的议程和决议。可以想象，国际组织的章程会规定一些此类核心小组，而由所有成员代表组成的委员会将其一些或全部职权转交给该核心小组③。核心委员会或小组也可独立于大会或理事会，设立自己的职权。④ 只要该核心委员会不享有特权，其名称通常叫作"执行委员会"。⑤ 它的任务一般是在其所属机关——如大会或理事会——闭会期间继续推进它的工作，并为其筹备其他事务。

这个核心委员会一般包括组织中影响力最大的一些成员。在联合国安全理事会中，第二次世界大战后最有影响力的五个国家享有常任理事国的待遇，

---

① 例如，欧洲共同体委员会的成员、欧洲法院的法官和总检察长不是由理事会的一致决议被任命，而是由成员的国家和政府首脑一致同意、依据《欧洲共同体条约》第 214 条第 2 款规定的程序任命。根据《欧洲共同体条约》第 289 条，欧洲共同体的总部所在地由成员政府的一致决定确定。也可参见《欧洲共同体条约》第 190 条第 4 款。

② 这个政府间会议作出的主要是关于实现共同市场的决议，即所谓的 1960 年 5 月 12 日和 1962年 5 月 15 日的"加速决议"。《欧洲经济共同体条约》第 8 条第 5 款（《欧洲共同体条约》第 308 条）不涵盖这类决议。条约在此未规定明确的权限。

③ 参见《联合国粮食及农业组织章程》（Food and Agriculture Organization of the United Nations，FAO）第 5 条。

④ 参见联合国安全理事会的职权。根据《联合国宪章》第 7 条，联合国安全理事会被视作联合国的主要机关之一。

⑤ 可比较经济合作与发展组织的执行委员会。

它们是中国、法国、苏联的继承国俄罗斯、英国和美国。① 近年来，随着联合国机构改革的呼声日益高涨，有建议认为，应该考虑赋予德国、日本、巴西和尼日利亚（作为非洲最大的国家）等国此种常任理事国的地位。

在一个委员会中，通常还会赋予某些具有常任席位的国家投票权上的特权。这里指的是否决权或更多的投票票数。通过这种方式，人们试图满足实质上的平等原则。联合国安全理事会大国的否决权不仅关系到狭义上的维和问题，还涉及联合国组织新成员的接纳和秘书长的委任问题。否决权不适用于国际法院法官的选任，也不适用于程序性问题，如安全理事会议事日程事项的采纳和取消。

核心小组的成员一般由委员会的其他成员选举。只要是保留给某个特定区域的席位，只能由该区域的代表通过选举获得有关席位。如果有些席位并非依据章程赋予特定成员，则可通过轮值或者地理情况分配。

如果所有被选成员均可任职相同任期，则委员会工作的连续性可能受到负面影响。因此，任期会被交错开，一般会先选举委员会的一半代表任期一段时间，任期过去一半时间之后，再由委员会的另一半成员任职相同任期。②

三、国家代表的地位

由各个成员派遣的代表一般是国家公务员。各个国家政府可以自主决定选派何人作为代表。③ 当然，国际组织要求代表具有尽可能高的级别，以便他们拥有更大的决定权限。④

在各委员会中的各国代表一般配备有一组工作人员辅助其工作。在国际组织的总部所在地，各成员派驻以外交人员为主的代表处，代表以例如部长的名义代表各国，出席委员会的会议并工作。根据《欧洲共同体条约》第207条，在欧洲共同体框架内设立此类委员会，即各成员的常设代表委员会，由大使及其代理人组成。

---

① 参见《联合国宪章》第23条第1款。
② 参见《联合国宪章》第23条第2款。
③ 世界气象组织（World Meteorological Organization，WMO）是个例外，根据其章程第6条，所派代表必须是该国国家气象机关的领导。
④ 例如，联合国大会每年秋季正式会议的开幕式必须由各成员的外交部部长代表参加。

通常，各委员会中的各国代表由各成员的议会负责监督；如果适用部长负责制，也可由部长负责。如果组织一致通过了某项决议，而某国部长本可以使用否决权阻止该决议的通过，但他没有阻止该决议，则事后他将被问责。

第四节 代表成员国民利益的机关

一、议会

因为理事会中各成员政府代表所代表的利益并非一定与成员国民的利益一致，所以，有必要在国际组织中设立另外一个机关，在那里，成员国民的意志可以得到表达。行政部门与公民之间的利益冲突主要出现在下列情况下：国际组织被赋予某项任务，但该任务在内国法中迄今属于立法机关的权限范围，而不是行政机关的权限范围。风险特别在于，政府通过授权给一个国际组织而采取某种措施，但政府在国内由于可预见的议会的抵抗根本无法实行该措施。也就是说，政府通过授权给一个国际组织而绕过了议会，从而剥夺了议会应有的权力。成员公民代表在国际组织中的参议将使成员公民的意志被倾听和重视。此外，创制议会机关的意义还在于，可以从议员群体中获得国际组织未来行动的有益建议。[1] 最后，此类议会机关还具有监督职能。[2]

---

[1] 欧洲理事会章程创设了一个"咨询会议"（德语：Beratende Versammlung），目的在于从议员们那里获得欧洲理事会未来活动的动议。"咨询会议"今天叫作议会（德语：Parlamentarische Versammlung）。名称虽然改变了，但主要功能依旧是参议、咨询、顾问和协商。根据欧洲理事会章程（文本见 BGBl. 1954 II, S. 1126 ff.；UNTS, Bd. 87, S. 103 ff.；Sartorius II, Nr. XX）第 22 条，议会可以向部长委员会发送建议和推荐。部长委员会则有权决定，以欧洲理事会的名义将这些建议或成员的条约草案继续转交给其他机关，或者不转交。

[2] 该监督职能是欧洲议会的主要任务，它甚至有可能通过投不信任票弹劾整个欧洲共同体委员会。但是，相对于理事会，欧洲议会仅拥有有限的强制手段。作出特定决定前，理事会必须听取议会的意见。无视此义务会导致决定无效。另外，还有一些协作程序（《欧洲共同体条约》第 252 条）和参决程序（《欧洲共同体条约》第 251 条）需要遵守。在协作程序中，即便议会拒绝理事会和委员会的共同立场，理事会仍有可能坚持通过它的观点；但在参决程序框架内，议会获得的地位几乎与理事会的地位同等重要。对于在《欧洲共同体条约》第 300 条第 3 款第 2 句所列的事项，议会的同意必不可少。最后，议会还可在欧洲法院提起诉讼。参见《欧洲共同体条约》第 230 条第 2 句。

二、成员组成

如果国际组织拥有准议会机关，那么，其成员一般是各成员根据国内党派的强弱关系派遣国内议会的成员前往。原则上说，一个成员所拥有的席位数目依据国家的人口数决定。藉此标准，试图满足实质上的平等原则。

此外，国际组织的准议会机关也可通过直接选举的方式选择组成人员。自 1979 年起，根据各成员的国内选举程序规则，欧洲议会选举任期 5 年的议员。未来将对整个欧洲共同体区域确定统一的选举规则。《欧洲共同体条约》第 190 条第 4 款第 1 句委托欧洲议会制定草案，事关依据统一的程序在所有成员内进行普遍的直接的选举。

一般而言，同一政治倾向的议员在准议会机关中处于同一个议会党团，所以，在欧洲议会中的问题决策过程中，政治观点是起决定作用的因素，而不是看来自某一个成员。①

每一名欧洲议会议员拥有一票，自由决定是否投票和如何投票。

三、代表行业利益及其他利益的机关

根据章程的明确规定，一个组织可以设立更多的机关，特别为了咨询的目的。例如，欧洲共同体设有经济和社会委员会②及地区委员会③等辅助机关。对于国际劳工组织的意志形成，国际劳工组织的章程赋予利益代表们参与权。由全体成员代表出席的委员会在国际劳工组织中被称作大会，每个国

---

① 在欧洲层面，关键在于政党的构成和力量对比。

② 《欧洲共同体条约》第 261 条和《欧洲原子能共同体条约》第 169 条规定，在共同的经济和社会委员会框架内，应该为欧洲原子能共同体设立一个特殊的"专业小组"及几个小组委员会。对农业问题和交通问题也设有此类"专业小组"。总委员会在有权针对某些事项提交意见之前，应该首先获取"专业小组"的意见。该小组的投票将与总委员会自己的意见一起被提交。通过这种方式，决策机关可以获知"专业小组"的特别的利益关注点。《欧洲原子能共同体条约》第 134 条为委员会的学术咨询工作创立了一个学术与技术委员会。委员会在此负有咨询义务。参见《欧洲共同体条约》第 161 条。

③ 地区委员会向理事会和委员会提供咨询。在一个成员国内的结构性政策问题上以及根据《欧洲共同体条约》第 161 条关于结构基金和聚合基金的协调等问题上，理事会和委员会应听取地区委员会的意见。

家派遣四名代表，其中两名来自各该国家政府，一名代表雇主联合会，一名代表雇员联合会（《国际劳工组织章程》第3条）。作为国际劳工组织核心委员会的行政理事会也如此组成（章程第7条第1款）。在世界贸易组织中，每个成员拥有一个席位，成员包括对世界贸易组织宗旨感兴趣的非国家实体，但都没有投票权。

最后，一个国际组织还能够根据自己的组织权力设立其他机关。欧洲经济合作组织就为自己设立了一个由雇主和雇员组成的混合咨询委员会。基于赋予部长理事会的极其广泛的权能，欧洲自由贸易联盟（European Free Trade Association，EFTA）组成了一个由成员政府任命的代表经济利益的代表组成的协商委员会。

第五节　司法机关

一、法院

为了处理各种争端，如一个国际组织的各个机关之间的争端、国际组织与其成员之间的争端（宪法上的争议）以及成员国民与国际组织之间的争端（行政法上的争议）等，各国际组织常常会设立司法机关。

一个法院可以拥有各种各样的职能。在处理成员之间的争端或一个成员与组织之间的争端时，国际组织的法院的活动与一个国际仲裁法院的活动相似。如果是处理一个国际组织内的几个机关之间的争端，则更可与国内的宪法法院的司法管辖权相比较。若处理国际组织与成员的公民之间的争端，其发生的原因在于国际组织干涉了个人的某些权利，则该法院的工作与行政法院的司法管辖权具有可比性。此外，国际组织的法院可以通过出具法律意见来解决争议案件。该法律意见有权解释国际组织所拥有的权利；如果存在法律空白，该法律意见有权完善国际组织的权利。

如果一个国际组织的法院不能包括来自所有成员的公民作为法官，则一般而言，要求法官来自尽可能广泛的区域。通过这种方式，可以确保世界上的主要法系都有法官可以代表。审判机关相对于设立它的组织和所在国都是独立的，即不能接受任何指令。在组织与其职务执行人之间发生争端，或组织与成员，或组织与自然人发生争端时，此点更加重要。通常，法官的任期是有限的，但允许多次被选连任。在担任法官的同时，国际法院的法官和欧洲共同体法院的法官不得担任政府官员或从事其他职业。

根据国际法院章程第 31 条第 2 款、第 3 款的规定，国际法院保障每个争端当事国，在负责具体案件的法官中选择到一位本国满意的法官，或者，一个国家可以临时任命一位此类法官。

二、权限

（一）国际组织成员之间的争端

1. 非司法机关

非司法机关可以被用来裁决一个国际组织的成员之间的争端。这些非司法机关可以执行仲裁职能。例如，虽然一个组织的某个机关平时只行使政策的而非司法的职能，但是，一项争议可以被提交给该机关，由它来担任仲裁员。被委任为仲裁员的机关要么是代表该组织利益的机关，[1] 要么是代表成员或成员方利益的机关。[2] 如果代表成员或成员方利益的机关行使仲裁职能，则应考虑到，该机关的成员绝大多数是受国家指令约束的国家代表，那么，他们的中立性将会受到质疑。

如果一个组织的章程有所规定，那么，非司法机关也可行使司法职能。[3] 在非司法机关行使司法职能之前，可由独立的专家委员会先行介入。在联合国《公民权利和政治权利公约》第 41 条里规定了一项选择条款，可以据此提起国家申诉（德语：Staatenbeschwerde）。该国家申诉可被提交给人权委员

---

[1] 根据《万国邮政联盟一般程序规章》第 126 条，万国邮政联盟的国际局执行仲裁员的工作。参见 ILR，1956，S. 596.

[2] 解决摩苏尔争端（德语：Mossul-Streit）的任务被交给了国际联盟行政院。

[3] 根据《国际货币基金组织章程》第ⅩⅩⅨ条，只有其执行董事会和理事会被委托裁决成员之间的争端，裁决条约的解释问题。世界贸易组织解决争端适用专家组程序，该程序源于关贸总协定第ⅩⅢ和ⅩⅩⅣ条。在关贸总协定框架内，大会委托缔约方组成一个投诉委员会，由成员方的代表组成，起草争端的解决建议案，该建议案一般会被大会同意。

会的专家小组。如果人权委员会无法协调争端，可在争端双方同意的情况下，将国家申诉提交给一个临时调解委员会，但它的决议报告对争端双方不具有拘束力。1966 年 12 月 19 日的一份选择备忘录（德语：Fakultativprotokoll）①中规定了在人权委员会提起个人申诉的机会。根据备忘录第 5 条第 4 款，该人权委员会会向当事的缔约方和个人通报其观点。在 1965 年 12 月 21 日联合国第 2106A 号决议通过的《消除一切形式种族歧视国际公约》② 框架内，也可提起国家申诉。如果根据另一个缔约方的观点，一个缔约方没能执行上述公约的规定，该国可以将此情况告知一个委员会③。④

针对两个或多个成员对《消除一切形式种族歧视国际公约》的解释和适用方面的意见分歧，即便只有争议中的一方提出申请，⑤ 国际法院作为终审法院拥有决定权。由《欧洲人权公约》创设的欧洲人权委员会也由独立的不受指令约束的人士组成。欧洲人权委员会被委任进行调查，看提出申诉的国家或有权申诉的个人提出的主张是否属实，即一个成员是否干涉了《欧洲人权公约》所保障的权利。如果进行友好调解（《欧洲人权公约》第 28 条，旧版）的努力以失败告终，欧洲人权委员会的报告要么将被转交给欧洲理事会的部长委员会，由部长委员会以 2/3 多数作出决议，不受报告的影响；要么被提交给欧洲人权法院（德语：Europaeischer Gerichtshof fuer Menschenrechte，EGMR）。根据《欧洲自由贸易联盟条约》第 31 条第 2 款的规定，在欧洲自由贸易联盟内也安排了类似程序。欧洲自由贸易联盟的部长理事会可以将成员之间的争端交给一个审核委员会，该委员会由不受任何指令约束的成员组成。即便只有争端一方希望将争端提交给审核委员会，部长理事会也必须将争端交给该委员会。然后，审核委员会向理事会出具一份报告，说明是否争端一方违反了《欧洲自由贸易联盟条约》。部长理事会不受该报告的束缚，它通过多数表决来独立地判断违约事宜。在国际劳工组织框架内，如果一个成员

---

① 文本见 BGBl. 1992 II，S. 1247 ff.
② 文本见 BGBl. 1969 II，S. 962 ff.；UNTS，Bd. 660，S. 195 ff.
③ 参见《消除一切形式种族歧视国际公约》第 8 条。
④ 参见《消除一切形式种族歧视国际公约》第 11 和 12 条。
⑤ 参见《消除一切形式种族歧视国际公约》第 22 条。

声称，另一个成员违反了《国际劳工组织协定》，行政理事会可以组成一个由独立人士组成的调查委员会，由它来出具调查报告。该报告将被公开发表。如果某个成员拒绝接受调查委员会的意见和建议，行政理事会可以建议大会对该成员采取措施。根据《国际劳工组织章程》第 29 条和第 31 条的规定，参与争端的任何一个国家都可以将争端提交给国际法院。

2. 司法机关

实际上，国家不仅可以委托非司法机关解决争端，也可以向司法机关或一个国际法庭寻求裁决。国家可以将争端交给一个仲裁机关，如海牙常设仲裁法院或者国际法院。但是，在所有案件中，必须争端双方同意才可提交。该同意可事先提出，适用所有未来争端；也可在争端发生后提出。[①] 为行使国际司法管辖权而设立的机构有：常设国际仲裁法院、常设国际法院（1920—1946）、中美洲法院（1907—1918）、国际投资争端解决中心（ICSID）和国际法院。在实践中，为了解决争端，还可以通过多边条约创设仲裁庭。

一个国际组织可以建立自己的司法机构。在这种情况下，一般而言，成员只能将它们之间的争端提交给该法院。[②]《欧洲共同体条约》第 292 条和《国际货币基金组织章程》第ⅩⅨ条 a 款规定了此类法院的垄断性质。

（二）国际组织与其一个成员之间的争端

在没有国际组织明确同意的情况下，由于国际组织所拥有的特权和豁免权，一个国际组织和它的一个成员之间的争端不能被提交给一个成员的法院。因此，不仅一个成员对国际组织提起的诉讼，而且国际组织对该成员提起的诉讼都由国际组织的法院管辖。[③]

---

① 《西欧联盟章程》（德语：WEU-Satzung）第Ⅹ款要求其成员，原则上，应将所有它们之间的法律争端提交给国际法院。《西欧联盟章程》文本见 BGBl. 1955 II，S. 283 ff；UNTS，Bd. 19，S. 51 ff. i. V. m. Bd. 211，S. 342 ff.

② 国际法院虽然是联合国组织的主要司法机构，但不具有司法垄断性质。这一结论可以从国际海事法院的存在得出。一些联合国下属国际组织在其章程中特别规定，其成员之间关于组织章程的解释或适用的争议属于国际法院的强制管辖权范围。参见《联合国教科文组织章程》（UNESCO 章程）第 14 条第 2 款；《联合国粮食及农业组织章程》（FAO 章程）第 17 条第 1 款；《国际劳工组织章程》（ILO 章程）第 37 条；《世界卫生组织章程》（WHO 章程）第 75 条；《国际民用航空组织章程》（ICAO 章程）第 84 条。

③ 参见《欧洲共同体条约》第 230 条和第 232 条。

由于国际法院不向国际组织开放，联合国安全理事会和大会会就有关事项请求国际法院出具不具有法律拘束力的法律意见。如果联合国组织的其他机关或下属国际组织要求的话，联合国大会也可将此请求国际法院出具法律意见的权利赋予它们。①

在欧洲共同体框架内，如果委员会认为其一个成员违反了《欧洲共同体条约》，委员会可在欧洲法院对其提起诉讼。当然，在此之前，应适用一个预备程序。如果欧洲法院认定，一个成员违反了《欧洲共同体条约》所规定的义务，该成员必须采取欧洲法院判决中的措施予以补救（《欧洲共同体条约》第226条）。欧洲法院无权违反条约规定，取消一个成员的国内法律。根据《欧洲共同体条约》第230条，欧洲法院对一个成员针对欧洲共同体提起的诉讼也拥有管辖权。

（三）国际组织内部机关之间的争端

显而易见，一个国际组织内部机关之间的争端不由国内法院管辖。如果联合国的各机关和下属组织能够取得国际法院出具的法律意见，一个组织内的各机关之间的争端可通过确认此类法律意见的拘束力而得到解决。在欧洲共同体内，如果其他机关认定一个机关违反了《欧洲共同体条约》，为了保障本机关的权利，理事会、委员会或欧洲议会（《欧洲共同体条约》第230条第2段），或审计院及欧洲中央银行（《欧洲共同体条约》第230条第3段）均可请求欧洲法院裁决。

（四）个人与国际组织之间的争端

由于国际组织享有一定的特权和豁免权，它们不受成员国内法院的管辖，所以，与成员一样，针对国际组织的行为，个人也无法从国内法院获得权利保护。在一个国际组织的工作人员与该国际组织发生争端时，工作人员可以向一个申诉委员会或行政法院寻求帮助。如经济合作发展组织及欧洲理事会的申诉委员会，或者联合国组织的行政法院。有些国际组织，如国际劳工组织和欧洲理事会的人员规章规定，工作人员在提起法律诉讼

① 绝大多数联合国下属国际组织获此权利的限制条件是，不得请求关于它们与联合国关系或与其他联合国下属组织的关系的法律意见。

之前，应该先向一个由双方、三方或四方人员平分席位组成的机构申请解决。

对于一个国际组织和其工作人员之间由于违反纪律所引起的争端，通常由一个由组织的代表和公务员协会代表共同组成的纪律理事会裁决，或由该组织所委任的机关在听取纪律理事会的汇报后裁决。当事方若对此类裁决有异议，可以选择法律途径，向行政法院起诉。①

与国际组织发生联系的人员若在工作中遭受损失，一般无法求助于法院。② 当然，一个国际组织越能干预个人的权利，越有必要建立一个权利保护机制。此点特别适用于欧洲共同体，因为它能够通过条例和决定直接影响自然人和法人的权利。所以，每一个欧洲共同体决定的承受者，以及每一个被一个非以他为接受人的决定或被欧洲共同体或欧洲原子能共同体的条例直接影响的个人，都可通过提起诉讼，要求认定该决定或条例无效，来获得欧洲共同体法院的法律保护。除了该无效之诉（德语：Nichtigkeitsklage）之外，如果欧洲共同体的机关有义务对个人有所作为，但在接到要求两个月后仍不作为，个人还可提起不作为之诉（德语：Untaetigkeitsklage）。此外，个人可以提起官方责任之诉（德语：Amtshaftungsklage），要求官方对其公务员失职承担应负的责任。

---

① 此类争端在欧洲共同体由欧洲法院的初审法院负责。由于对于小型组织而言，不值得设立自己的行政法院，那些将总部所在地设在欧洲的联合国专门机构和其他组织均将此类人员争议交给国际劳工组织的行政法院管辖。

② 国际劳工组织的行政法院是一个例外，根据其行政法院的规章第Ⅳ条第4款，它也对私法合同纠纷拥有管辖权。

第三章 国际组织的造法能力和权限

第一节 法律制定

一、派生性的共同体法

只要在章程中被授权，国际组织便有能力自行制定法律。相对于创设国际组织的基础性的共同体法——亦称首级法，由国际组织自行制定的法律被称为派生性的共同体法——亦称次级法。这里，"共同体"一词不应被理解为欧洲共同体，并联想到欧洲共同体的法律；事实上，该词更指那些联合起来形成一个国际组织的多个国家。由于这种派生性共同体法的生效基础来源于基础性的共同体法，它们属于国际法，所以，派生性共同体法也同样属于国际法。两种情形均为特别的国际法（德语：partikulaeres Voelkerrecht）。

一个国际组织的基础性的和派生性的共同体法组成一个完整的法律体系，对国际组织及其机关——也包括组织的成员——具有法律拘束力。一个国际组织的整个法律体系被称作内部共同体法（德语：internes Gemeinschaftsrecht）。在一个国际组织的框架内还可以发展出习惯法，但是，目前，此种习惯法仅仅在国际组织的特权和豁免领域内尚存些许。

如果国际组织颁布的规范向各个成员发出，则这些规范也间接地适用于成员国家权力之下的个人。另一种可能性是，国际组织颁布的规范具有直接效力，直接赋予成员国民权利、使其承担义务。① 各个国际组织的建立条约中包含颁布派生性法律的授权规范（德语：Ermaechtigungsnormen）。在成员关于制定法律及其权限尚未达成一致决定时，此类授权也可以是对组织内各个机关的预设授权。一项基于建立条约的授权而颁布的规范本身可以包含一项颁布规范的授权。

此外，国际组织还可根据自身的"隐含权力"（Implied powers）和实际效果（effet utile）原则说明其颁布派生性法律的依据。根据"隐含权力"规则，即便不存在关于权限分配的明文规定，一个国际组织也可被赋予完成组织任务所必需的权限。如果诉诸实际效果原则，可以允许对条约的规定作出尽量宽泛的解释，以便缔约方能够真正实现其所追求的目标。

最后，依据国际组织的组织权力（德语：Organisationsgewalt），国际组织也可以颁布派生性法律。组织权力意味着，每一个组织自然地拥有自行组织其内部运作的权利、颁布议事规则的权利和向下属机构分配公务的权利。组织权力不得违背该国际组织章程的各项规定，也不得违背其派生性法律的各项规定。

辅助性原则（德语：Subsidiaritaetsprinzip）应该受到国际组织的重视。根据辅助性原则，只有在为了实现组织宗旨绝对必要时，国际组织才可干涉成员的主权。也就是说，只有当国际组织的目标在成员层面不能如同在组织层面一样得以圆满实现时，国际组织才应采取行动。

如果一个国际组织越权颁布规范，即则该法律无效。

如果一个国际组织在没有授权的情况下干涉各国的国内管辖权，此种干涉无效。某些案情专属于各国的国内管辖范畴，这一点值得尊重。②

二、服从于国际法

作为国际法主体，国际组织受到国际法的规制，也就是说，国际组织应该服从它们所签署的国际条约、适用的国际习惯法和一般法律原则。约束国

---

① 欧洲共同体的条例和决定就属于这种情形。
② 参见《联合国宪章》第 2 条第 7 项。根据《欧洲联盟条约》第 6 条第 3 款，联盟尊重其成员的国家身份。

际组织的国际法与共同体的内部法之间的关系类似于约束国家的国际法与国内法之间的关系。通常，在一个国际组织内部，国际组织的建立条约作为特别法优先于一般国际习惯法。但在这里，国际条约也可被国际习惯法微调。①

如果一个国际组织越权签订一项国际条约，根据信任保护原则，该国际组织仍受该条约的约束，除非条约缔结的越权特征对其他缔约方而言是显而易见的（德语：Evidenztheorie，显见理论）。

国际组织的所有机关都可受命解释国际组织的法律，首要的当然是司法机关。当国际组织的法律与各个国家的法律发生联系时，国家级的司法机关也必须解释国际组织的法律。对于派生性共同体法规范，应根据基础性法律——即组织的章程和一般国际法——进行解释。在欧洲共同体法中，先行裁决（德语：Vorabentscheidung）可避免国家级司法机关对欧洲法的相互矛盾的解释。

第二节　权　　限

国际组织的权限通常发生地理上的重叠，也有事实上的交叉。因此，有的国际组织的章程包含一些规定，对服务于同一对象或同一区域的国内组织进行工作分工。有些国际组织具有全方位的目标，比较困难的是区分其中在世界范围内发挥影响的国际组织与在区域范围内发挥作用的国际组织。另外，区分具有全方位目标的组织与执行具体职能任务的组织也比较困难。在后者中，还需区分具有不同职能任务的国际组织。

权限划分可以依据辅助性原则，即各种职能首先应该由小一些的或者专业一些的国际组织来执行。只有当那些小一些的或者专业一些的组织无法实现目标时，才由大一些的或者非专门组织来接受任务。辅助性原则也适用于

① 例如，在《联合国宪章》第 27 条第 3 句范围内，国际习惯法上的实践是，一个常任理事国弃权投票不被视为行使否决权。

一个国际组织和它的成员之间的关系。只有当国际组织比其成员更有能力完成好某些任务时，才将那些任务交给国际组织。

举例而言，联合国与各个区域组织，如欧洲理事会、美洲国家组织、阿拉伯国家联盟和非洲统一组织。这并不是一个简单的分类，原因在于，所有这些组织在其区域内所追求的目标都与联合国的目标一样广泛。

关于建立国际组织的条约常含有与其他国际组织合作的义务。① 此合作可以限于大使领事类人员、观察员和各种报告的交流，也可导致国际组织之间签订国际条约。特别在联合国的专门组织中还可建立联合委员会，在该委员会中，代表们可就各个组织的活动相互协调。② 此类共同机关还可发挥补缺的作用。例如，国际劳工组织的行政法院在负责处理本组织的法律事务的同时，也负责30多个政府间组织的公务员的相关事务，包括欧洲核研究组织、联合国粮农组织、国际原子能机构、国际农业发展基金会、国际电信联盟、联合国教科文组织、万国邮政联盟、世界卫生组织、世界知识产权组织、世界气象组织和世界贸易组织等。

国际组织也可以是其他国际组织的成员。例如，一个国际组织可以与另一个国际组织联合，由此成立一个新的国际组织。一个国际组织还可以作为完全资格成员加入一个业已成立的国际组织，当然，这种情况较少出现。由于意欲加入其他组织的组织及其成员不能同时在另一个国际组织中主张权利，则其成员届时必须放弃各自的席位。如果没有特别安排的话，欧洲共同体当年加入世界贸易组织将导致欧洲共同体成员在世界贸易组织中不是拥有25个席位，而仅仅是一个席位。在世界贸易组织中进行投票时，根据《世界贸易组织协定》第Ⅸ条第1款第3句，欧洲共同体拥有的票数与加入世界贸易组织的欧洲共同体成员数量一致。可见，欧洲共同体

---

① 参见《欧洲共同体条约》第303条："共同体与欧洲理事会进行各种适当的合作"；第304条："共同体与经济合作发展组织进行紧密的合作；……"

② 参见《世界卫生组织章程》第40条。文本见 Franz Knipping/Hans von Mangoldt/Volker Rittberger, Das System der Vereinten Nationen und seine Vorlaeufer. Bd. 1：Das System der Vereinten Nationen. Bd. 1/1：Sonderorganisationen und andere Institutionen, 1995, Nr. 116.

成员可以保留自己的投票权，并在投票时相互协调或寻求特别安排，这对这些成员无疑是更加有利的。

国际组织可以设立附属的非独立的组织和组织性下属机构。一方面，一个组织的下属机构与该组织的联系有时极其密切，以至于使人质疑，该下属机构是否仍然作为独立的法律人格存在。另一方面，下属机构也可能独立行事，给人一种它是一个独立的国际组织的印象。

第四章　国际组织的经费和特权

第一节　国际组织的经费

一般而言，国际组织的成员共同筹措组织所必需的经费。对此，多数国际组织在章程中规定各个成员的年度会费数目。虽然国际组织通常在形式上平等对待其成员，但各个成员的会费额度按各成员的经济支付能力确定。例如，可以根据各国的国民收入确定。但是，一般会规定最低交款额和最高交款额。会费交款用可兑换货币支付。具有较强交款能力的国家通常会要求在组织中拥有更多的政治影响力。

国际组织也可向成员或在金融市场上筹措贷款，此种贷款通常用于正常预算难以满足的长期项目。[①] 国际组织的成员不对组织的贷款承担责任，除非贷款条件中规定了成员的责任。国际组织每年拨专款支付利息和偿付贷款。

国际组织还可拥有自己的收入。欧洲共同体就使用自己的资金支付预算，该收入来自于外部关税、各个成员增值税收入的部分比例和欧洲共同体"国民生产总值"的部分比例。出售组织的出版物、出售圣诞卡[②]和出租会议场地的所得也属于国际组织的自有财源。

在由成员会费来支付预算的国际组织里，绝大多数的章程都不包含对成员拒绝缴费情形的特别规定，只有《联合国宪章》第 19 条对拒交会费规定了丧失其在大会的投票权的处罚内容。

---

① 基于这个原因，联合国教科文组织为拯救阿布辛贝（Abu Simbel）的寺庙进行了贷款。

② 这部分收入占联合国儿童基金会（UNICEF）总收入的 7% 。

第二节 国际组织的特权和豁免

一、国际组织的各种特权和豁免

国际组织的特权和豁免与国家的特权和豁免类似，当然，国际组织特权和豁免的适用范围要广于国家特权和豁免的范围。通常，国际组织的章程会含有一些条款，规定国际组织的特权和豁免；这些特权和豁免也可被具体规定在一个特别协定中。联合国为它所有的专门组织起草了一份共同的特权和豁免协定，绝大多数联合国的成员及其专门组织签署了该协定。①

一个国际组织的重要特权是免受成员国内的司法管辖和强制执行，免受其他国际组织的司法管辖。当然，国际组织可以全面地或者有选择地放弃这些特权。就参与国际经济交往的国际组织而言，适当履行义务和完成任务要求限制国际组织的豁免权。

国际组织的建筑物和档案不受侵犯。国际组织的建筑物像外国的使馆建筑物一样在域外受到保护。国际组织的建筑物处于客居国的领土内，属于该国法律制度的管辖范围，但不受所在国的强制执行。但是，国际组织不享有难民权。

国际组织欢迎的私人应可自由进入其建筑物，并应被允许随时离开。

为了使国际组织完成任务，国际组织总部所在地国必须保证国际组织与其成员和非成员能够自由交往，并免受任何检查的干扰。国际组织的金融交易不得被国内货币保障规定影响。

为了使国际组织总部所在地国不取得相对于其他成员的任何优势，通常，对国际组织的财产免于征收直接或间接的税款。由此，国际组织免纳关税，而且，国际组织执行公务所必需的物品不受输入和输出的禁止或限制。

---

① 文本见德国 BGBl. 1954 II，S. 639 ff.，und 1964 II，S. 187 ff.；奥地利 BGBl. 1950/248.

二、国际组织机关的各种特权和豁免

根据特别协定，国际组织的一些领袖人物，诸如联合国秘书长、各个国际法庭的法官，享有特权和豁免。与此相反，在该特别协定中，下属职员以及地方招募的职员部分地或完全地不享有赋予国际公务员的权利。

国际公务员像外交官一样享有豁免权，由此，他们才能够不受阻碍地行使其国际法上的职能。外交官在接受国享有公务上的以及部分私人行为的豁免权，但在自己国家必须如其他公民一样服从国内法的管辖。国际公务员却不同，即使相对于本国，他们仍然享有豁免权。原因在于，如果国际公务员顾虑其可能由于在国际组织执行公务时的决定而被本国法院追诉，那么，他的自由决定权将受到损害。所以，国际公务员在本国无论是在执行公务中，还是在公务结束后，都必须享有豁免权。当然，国际组织将其公务员的豁免权限制在组织的公务行为之内，并且，这种豁免不包括任何进一步的权利诉求。

如果对一项国际组织行动的公务性质存在疑问，决定应将该具体行为视为公务行为还是私人行为的决定权不属于国内法院，确切地说，地方法院受到相关国际组织最高机关的有关解释的约束。法院所在地国对国际组织行动性质的怀疑仅应由一个国际仲裁法庭来解决。①

由于国际公务员的豁免权不是个人的特权，而是出于国际组织的利益而赋予，所以，为了公平正义，国际组织也可以违背国际公务员的意志放弃他的豁免权。如果国际组织不解除其公务员的豁免权，受害者则通常得不到法律保护。然而，在欧洲共同体框架内，根据《欧洲共同体条约》第 288 条第 2 款，该公务员可以针对共同体向欧洲共同体法院提起一项官方责任之诉。

国际公务员享受自由迁徙权，当然，他们应该尊重现存关于入境和出境签证的规章制度。在发生战争的情况下，国际公务员有权自由地返回自己的家乡。

一个国家不应由于国际组织在其领土内设立总部而得到好处，该事实导

---

① 在欧洲共同体框架内，此类问题由欧洲法院决定。参见 EuGH, Rs. 5/68, Slg. 16, S. 590.

致国际公务员在税法领域享有特权。这就是说，国际公务员不受所在地国税法的管辖。如果将国际公务员的收入置于其各自国籍国的税法体系之下，会导致在一个组织内相同工作成果获得不同报酬的后果。有鉴于此，国际组织职员的职务收入不纳税。①

参与国际组织的国家代表、准议会机关的成员②、参与国际组织个案的专家、某国际组织统辖之下的武装部队成员③均享有类似于国际公务员所享有的特权。当然，这种特权不是持续性的，而仅适用于为国际组织服务期间。

特权与豁免争议的解决依据《联合国特权和豁免公约》与《联合国专门机构特权和豁免公约》的规定。有关组织可以要求国际法院出具法律意见书，该法律意见书对有关成员和国际组织具有法律拘束力。总部协定也可规定争议交仲裁庭解决。

---

① 与此相反，基于国内税务公平利益的考虑，美国不赋予在国际组织工作的美国公民税务豁免。

② 这里指的是欧洲理事会的议事大会的成员、欧洲议会的成员、欧洲共同体经济和社会委员会的成员等。

③ 联合国的武装部队也属于这种武装部队。

第五章　国际组织的表决制度

在国际会议和国际组织中，表决制度是一个十分重要且敏感的问题，它是国际会议中公约草案或国际组织决议和建议产生效力必经的法律程序。现代国际组织的表决制度源于近代国际会议的表决制度，但随着科学技术的进步和国际关系的发展，表决权和表决形式都与传统的表决制度有所不同。

一、国际组织的现有表决制度

在国际会议或者国际组织中，由专门的表决规则监管规范文件的通过。遵守表决规则是这些规范性文件生效的根本条件。国际会议和国际组织间的表决规则具有多样性。表决制度更是国际组织在决策过程中的一项重要制度，直接影响着组织的运转方式以及作用的发挥。表决程序是通过特定方式、规则来决定国际组织的某项决议草案能否得到通过和实施的程序。

表决权的分配原则可分为平权表决原则、加权表决原则和重复表决原则。表决权的集中制度分为全体一致原则、多数表决原则和协商一致原则。表决制度最重要的发展，就是更科学、更合理地让国际组织进行决议。

（一）一致表决制

在政治性的国际组织中，很早就形成了一致表决制度。一致表决制度要求决议必须经过到会全体人员的一致通过。这个原则的理论依据是国家主权平等原则。第一次世界大战以前，诸多国际会议上盛行全体一致的表决方式。历史上一些重要的国际会议在议事规则上都采取全体一致同意通过的表决方式。如 1815 年的维也纳和会、1856 年的巴黎和会、1897 年和 1907 的两次海牙和平会议等。①

当今国际社会采用一致同意原则的国际组织数量较少，但它仍是一个重要的表决方式，适用于一些区域性的国际组织就重要问题的表决。对于一些封闭性的国际组织来说，它是维持自身存在的重要保障，其存在有着客观必然性及现实意义。北大西洋公约组织理事会、华沙条约组织政治咨询委员会、欧洲理事会均采用全体一致同意规则通过决议的表决方式。

一致表决制度充分体现了国家主权的平等，充分尊重了各国的民主和主权，使其通过的决议具有普遍的效力。但它有一个缺点：一致表决会导致一个或几个国家可以否决绝大多数国家意见的现象出现。若国际组织的决议与某些国家利益取向相反，必然导致这些国家的不同意或不赞成，从而使它无法产生效力，这样就会降低工作效率，不利于国际组织行动的有效开展和扩大，甚至损害其他国家或整个世界的利益。

（二）多数表决制

最早采用多数表决方法的是司法系统的国际组织。到了 19 世纪，一些行政性的、事务性的、技术性的国际组织也采用了多数表决这种方式。而长期以来一直以全体一致通过规则进行决议的政治性国际组织也开始寻求各种缓和措施，如国际联盟。

区域性国际组织一般都采用一致表决。为了打破传统表决程序的局限性，加强其组织的作用与运作能力，对某些非政治性事项和程序性事项的决议逐渐采用简单多数或特定多数表决程序，这是国际议事规则中一项意义重大的发展。

多数表决制度按表决事项的重要程度和表决机关的性质，可分为以下两种表决方式。第一种，简单多数表决。决议只要超过所投票数的一半即可通过。此种方式大多为国际组织的大会所采用，如《国际民用航空公约》第 48 条规定，"大会会议应以所投票数的过半数票通过"。第二种，特别多数表决。此种形式主要是为了避免多数一方强行通过决议，要求一定比例的多数。

---

① 黄惠康："现代国际组织的表决制度"，载《社会科学》1984 年第 6 期，第 49 页。

大多用于接纳会员国，通过预算和条约、选举、修改公约等方面。常见的特定多数有 2/3，如《联合国宪章》第 18 条第 2 款规定的关于联合国大会重要事项的表决；3/4，如《世界知识产权机构章程》第 6 条第 3 款关于承认国际协定管理措施条款的规定；4/5，如《国际民用航空组织章程》第 93 条关于接纳原敌国入会的规定。

多数投票规则比较真实地反映了国际组织成员之间在综合国力、贡献大小等方面的不同，它是现代国际关系中各国实力较量的结果，并且，将各成员的权利同它们对组织的贡献与责任结合起来，有利于增强组织的能力，保障组织决议的形成与实施。多数投票规则克服传统表决程序的局限性，加强其组织的作用与运作能力，提高工作效率。

然而，这个原则有一个弊端，它可能造成多数不顾少数的反对意见而强行通过一个公约或决议，如果这个少数的力量颇大，就可能出现少数拒不执行，从而使国际会议或国际组织的决议成为一纸空文。

（三）协商一致原则

协商一致原则是国际会议议定约文或国际组织通过决议的一种新的程序性规则。由于投票表决制度采用的是生硬的投票方式，容易在国际会议上或是国际组织内产生对抗。20 世纪 60 年代以来，国际会议或国际组织逐渐形成了一种新的决策制度即协商一致。最先规定协商一致原则的是 1961 年联合国和平利用外层空间委员会的一次委员会会议上。1982 年联合国第三次海洋法会议进一步倾向于把协商一致原则制度化，这次会议自始至终适用该原则，而不是全体一致或多数表决原则。[①]

协商一致原则有如下四种适用范围。其一，国际组织讨论事项涉及重大国际政治、经济或其他政策性问题和国际法的原则问题。其二，联合国下属的小组委员会和特设委员会。其三，以召开定期国际会议为特征的国际组织。其四，联合国和一些其他国际组织主持召开的制定多边国际公约的国际会议。[②]

---

① 万鄂湘："海洋法公约与条约制度的新发展"，载《武汉大学学报（社会科学版）》1990 年第 1 期，第 64 页。

② 王正超："论'协商一致同意'制度"，载《政治与法律》1988 年第 6 期，第 42～43 页。

协商一致原则是国际组织表决制度的新发展，体现了国家主权平等原则，适应了当今国际社会的需要，在现代多边外交活动中得到了广泛的应用。协商一致程序减弱了投票表决中的对抗性，确保公约草案或大会决议得到最广泛的接受，有较大灵活性和实用性。但是，由于它允许各国对决议提出保留或发表自行解释的声明，从而影响决议的全面实施。同时，协商一致还存在着概念模糊、耗时较长的缺点，有待在实践中进一步完善。[①]

（四）加权表决制

为了使国际组织更有效地开展工作，一些国际组织以缴纳会费、承担责任能力等为标准，实行投票权重差别化的加权表决方式。实践中，早在 1905 年，国际农业协会根据出资金额，采取了五个等级的投票方式。此后，国际货币基金组织和国际复兴开发银行按照出资金额和股票分摊数决定票数。此外，联合国安理会的"五大国一致原则"指安理会关于实质性问题的决定需要 15 个理事国的 9 票通过，其中要包括中国、法国、苏联、英国、美国 5 个常任理事国的同意票。

加权表决制度是国际经济组织特有的表决制度，它不按传统表决制度的一国一票，而是以特定成员的责任、贡献、利害关系等为标准，赋予各成员不同权重的投票制度。享有加权投票权的成员所投的一票并不代表一票，而是数票；或是这一票的效力与其他普通成员的效力不同。[②] 国际经济组织采用多数表决程序规则能有效地发挥国际组织的功能，广泛深入地进行国际合作。

二、国际组织理想表决制度的选择

对于上述各种制度，如特定多数、加权表决，在执行机关的组成中赋予大国的特殊地位，许多国家特别是第三世界国家日益表示不满，它们认为，那样会造成大国对国际组织的垄断，也就不能真正实现国家在国际组织中的

---

① 王军敏："国际会议和国际组织的协商一致原则"，载《外国法译评》1998 年第 3 期，第 93~96 页。

② 黄惠康："国际经济组织表决制刍议"，载《法学评论》1987 年第 3 期，第 32~33 页。

平等权利。第二次世界大战以后，国际组织迅猛扩大，新成立的国际组织基本上都放弃了一致表决制，而采用了某种多数表决制度。

随着国际交往的扩大、国际合作的加深以及政治经济的全球化，要求国际会议和国际组织的表决制度更加高效、更加民主，这种要求开始对传统表决制度的缺陷造成冲击。主要体现在两个方面：

一方面，冲击了全体一致同意表决方式。全体一致规则可能久议不决，主要原因是其决策制度缺乏效率而且隐藏了一个固有的缺点：一个或几个很少数的国家可以否决绝大多数国家的意见。此外，完全采用全体一致原则既会降低工作效率，也会影响国际组织的作用及其运行能力。因此，采用低于百分之百同意率的决策规则有其必然性。多数表决制度的出现和发展及其多样性和协商一致规则的出现和发展是历史发展的必然结果。

另一方面，冲击了平等投票权。国家在法律地位上是平等的，这就要求国际组织投票权分配采取同权分配制度，但是各国在领土、人口、资源、经济发展程度、能力、贡献等方面是不同的，各个国家的利益必然存在差异。因此，为了实现实质上的平等，国际组织应在投票权分配上采用加权表决制度。

此外，在现实中，一个组织的宪法性文件提供简单多数或特定多数两种投票方法，根据问题的类型决定适用哪一种投票方法。这样才能达到理想效果。

第二编

分　论

第一章　国际联盟

国际联盟（League of Nations，简称国联），是《凡尔赛条约》签订后组成的国际组织。成立于1920年1月，解散于1946年4月。

国联的宗旨是减少武器数量、平息国际纠纷、提高民众生活水平以及促进国际合作和国际贸易。在其存在的26年中，国联曾协助调解国际争端和处理国际问题。不过，国联缺乏军队武装，所以要依赖大国援助，尤其是在制裁某些国家的时候。然而，国联缺乏执行决议的强制力，未能发挥其应有的作用，其国际制裁亦影响同样施行制裁的国联会员。第二次世界大战结束后，国际联盟被联合国取代。

第一节　历史起源

20世纪初，德国、奥匈组成同盟国，而英国、法国、俄国和意大利组成协约国阵营。欧洲从此分为两大阵营，后来演变为第一次世界大战。这是第一次工业国家之间的战争及工业化带来的"工业战争"，造成巨大死伤及经济损失，严重冲击及影响了全欧洲的社会、政治和经济系统。有识之士希望建立一个国际组织，以国际合作的形式，共同处理纠纷。

早在"一战"进行期间，一些政府和小组已开始发展改变国际关系的计划，避免世界大战再度发生。英国外交大臣爱德华·格雷（Edward Grey）被公认为是第一个最先提出建立国联的人。美国总统伍德罗·威尔逊（Woodrow Wilson）和其顾问爱德华·豪斯（Edward M. House）上校对这个建议很感兴趣，认为可以避免战争，不至于重蹈"一战"的覆辙。关于国联的构思亦源于威尔逊的《十四点和平原则》的最后一点："必须根据旨在不分大小国家的政治独立和领土完整提供相互保证的专门盟约。"①

"一战"完结后，在 1919 年 1 月 28 日的巴黎和会中，通过建立国际联盟的草拟法案，并在英法两国的操纵下，派一个以威尔逊为首的起草委员会来草拟《国际联盟盟约》（Covenant of the League of Nations），准备筹组国联。1919 年 4 月 28 日，44 个国家签订盟约。

第二节　国际联盟的成立和解散

1920 年 1 月 10 日，国际联盟宣告正式成立。凡是在大战中对同盟国宣战的国家和新成立的国家都是国际联盟的创始会员国，这样，国联共有 44 个会员国，后来逐渐增加到 63 个国家。由于威尔逊与英、法争夺领导权失败，美国最终未加入国联。1920 年 1 月 19 日，美国参议院拒绝批准《凡尔赛条约》及《国际联盟盟约》，并否决加入国联。

国联第一次议会会议于 1920 年 1 月 16 日在巴黎举行。同年 11 月，国联总部迁至日内瓦威尔逊宫。中国于 1920 年 6 月 29 日加入国际联盟。20 世纪 20 年代，国联曾成功地解决一些小纷争。但对于较大的冲突及第二次世界大战，国联则力不从心。1946 年 4 月 18 日，国联宣告解散，财产和档案全部移交给联合国。

国际联盟的主要机构有大会、行政院、秘书处，并附设国际法庭、国际劳工局等，其中最主要机构是行政院。《国际联盟盟约》规定，美国、英国、法国、意大利、日本 5 国为常任理事国，另外还有 4 个非常任理事国。美国虽然是倡议国之一，但因与英、法争夺领导权失败而未参加，因此，1926 年德国加入国际联盟之前只有 4 个常任理事国。国际联盟主要受英法两国操纵。

---

① 葛勇平编著：《国际关系理论与实践》，哈尔滨工业大学出版社 2014 年版，第 38 页。

国际联盟虽然是各国为防止武装冲突、加强普遍和平与安全而建立国际机构的第一次尝试，但在实践中并没有起到维护和平的作用。该盟约规定将德国领地交由国际联盟实行委任统治，事实上等于把这些领地交由英法日等国实行统治，它的作用只是帮助大国重新划分势力范围，巩固了战后世界体系。第二次世界大战结束以后，随着国际矛盾的发展和激化，国际联盟不可避免地走向破产的境地。

第三节 国际联盟盟约的主要内容

《国际联盟盟约》是《凡尔赛和约》的第一部分，是专为建立国际联盟而制定的规则。它经过 26 次修改之后，于 1919 年 4 月 28 日在巴黎和会上通过，于 1920 年 1 月 10 日正式生效，确定了国际联盟的组织机构、职能、原则和会员国的义务。

《国际联盟盟约》包括序言和 26 个条文。第 1 条规定，签署《凡尔赛和约》的 32 个协约国或自治领及 13 个被邀加入的国家为创始成员，其他国家可经大会 2/3 多数的同意而加入；第 2 ~ 7 条规定国联大会和行政院的组成、职能以及秘书处的设置；第 8 ~ 9 条是关于缩减军备问题；第 10 条规定保障成员的领土完整和政治独立问题；第 11 条规定防止战争的行动；第 12 ~ 15 条规定了和平解决争端问题；第 16 条规定成员有义务对任何违反盟约进行战争的成员采取行动，直至使用军事力量，并赋予行政院以开除这种成员的权力。第 17 条规定对非成员适用盟约的和平解决争端程序。第 18 条以后各条规定盟约优于其他条约的地位，委任统治制度，各种国际公益事业的处理与合作，以及各种国际事务机构的管理问题；最后一条规定了修改盟约的程序。①

---

① 中文本见饶戈平主编：《国际组织法》，北京大学出版社 2000 年版，第 372 ~ 380 页。

第四节　国际联盟的职能和成员

国际联盟以保障国际和平与促进国际合作为宗旨。盟约规定通过集体安全、裁军、和平解决国际争端等措施，以保障会员国的领土完整和政治独立，并规定对违背者实行经济制裁。

在 20 世纪 20 年代和 30 年代初，国联主要致力于解决一些有关领土的争端，例如，瑞典和芬兰有关奥兰群岛之争、立陶宛和波兰有关维尔纽斯之争、土耳其和伊拉克有关摩苏尔之争，此外还在玻利维亚和巴拉圭之间斡旋，为结束旷日持久的查科战争做了大量工作。为防止战争，国联还组织日内瓦裁军会议，并具体安排"委任统治"。

此外，国际联盟还关注并协助处理国际范围内的卫生、知识产权交流、奴隶贸易、鸦片贸易、难民及妇女权利等问题。如 1922 年，国际联盟签发南森护照给予无国籍难民，并得到 52 个国家的承认。

国联拥有 42 个创始成员，其中 24 个国家（包括自由法国）留在国联直至国联解散。1920 年国联创立之初有 6 个国家加入，其中只有 2 个国家留在国联至国联解散。随后，共有 21 个非创始成员先后加入国联。1934 年 9 月至 1935 年 2 月处于高峰时期，国联曾拥有 58 个成员。

第五节　国际联盟的机构

国联的主要机构有大会、行政院和秘书处，另有国际常设法院和其他附属机构。

国联大会由全体会员国组成，凡国联成员都有权派遣最多 3 名代表出席大会，每个国家都有一票表决权。大会的决议，除盟约特别规定者外，均需全体一致通过。大会有权处理"属于联盟行动范围以内或联系世界和平之任何事件"。

行政院是国际联盟最重要的机关。最初由 5 个常任理事国和 4 个非常任理事国的代表组成。1920 年成立行政院时,英国、法国、意大利、日本 4 国为常任理事国,美国因未批准条约,其常任理事国的席位一直空缺。德国于 1926 年,苏联于 1934 年,先后成为常任理事国。而德、日于 1933 年,意大利于 1937 年,又先后退出了常任理事国的席位。苏联于 1939 年被开除。因此到 1939 年,常任理事国只剩下英、法两国。非常任理事国于 1922 年增加到 6 个,1926 年增加到 9 个,1939 年增加到 11 个。行政院的决议除盟约特别规定者外,均需一致通过。弃权票和争端当事国的票都不计算在内。行政院的职权还有开除国联会员国、分配委任统治地、在发生侵略时就采取集体军事行动向各成员提出建议、任命秘书长等权力。

秘书处是国联的常设事务机关。在秘书长的领导下,由约 400 名工作人员组成。秘书长由行政院经国联大会同意后任命。

国际常设法院又称国际常设裁判法庭,其职权在于审理各国提出的一切案件,并可就行政院或大会提出的事项发表咨询意见。法院设在荷兰的海牙,由 11 名(后来增加为 15 名)法官和 4 名后备法官组成。法官由国联大会和行政院分别投票选举,在两机关均获多数票者当选。

国际联盟的其他附属机构有国际劳工组织(International Labour Organization)、世界卫生组织(Health Organization)、知识产权合作委员会(Committee on Intellectual Cooperation)、难民委员会(Commission for Refugees)等。

第六节 国际联盟的历史意义和教训

国际联盟的重要历史意义首先体现在,它是世界上第一个全球性的一般性国际政治组织。其次,它所依据的法律原则、概念和制度,是同前一个世纪甚至几个世纪国际交往的经验相联系的。再次,在组织形式和某些程序规则上,它吸取了过去国际组织活动的重要经验并有所发展。

同时,国际联盟带来深刻的历史教训。第一,在成员上,它是战胜国的联盟,《国际联盟盟约》的作用是帮助帝国主义重新划分势力范围,巩固战后帝国主义体系，而战后力量对比不断发生变化，不断形成新的矛盾，无法消除。第二，在组织上，美国没有加入国际联盟，缺乏一个世界性组织所要求的普遍性，使它丧失了重要的支持力量，因此不能阻止国际纠纷、法西斯的侵略行为及第二次世界大战的爆发。第三，大会与行政院的职权区分不够明确，决议的通过采用一致表决制度，降低了组织工作的效率和灵活性。最后，由于它长期在英、法控制之下，违背了世界广大中小国家的意愿，以致不可能发挥一个世界性组织应有的作用。

第二章 联合国

第一节 联合国的产生

第二次世界大战爆发以来，人们普遍认为，国际联盟已经失败，因此，不应该在既存方式下继续维持国际联盟的存在。问题仅在于，是应该改革国际联盟，还是创建一个新的全球性的国际组织。由于美国从未加入国际联盟，而苏联曾被国际联盟开除，可见，创建一个新的组织更适当。在 1943 年的莫斯科会议上，来自英国、美国、苏联和中国的代表宣布，在成员主权平等的基础上，为了保障和平，要联合所有热爱和平的国家。在 1944 年秋季敦巴顿橡胶园（Dumbarton Oaks）四强筹备会议之后，1945 年 4 在旧金山（San Francisco）召开了"联合国家会议"[①]，该会议于 1945 年 6 月 25 日一致通过了《联合国宪章》。[②] 根据宪章第 110 条，在中国、法国、苏联、英国、美国及其他签字国的过半数交存批准书后，《联合国宪章》于 1945 年 10 月 24 日生效。大会于 1946 年 2 月 14 日决定，将联合国的总部设在纽约（New York）。

从历史角度看，国际联盟是联合国的前身，但是，就法律性质而言，联合国绝不是国际联盟的法律继承者。毕竟，联合国于 1946 年 2 月 12 日和 12 月 14 日宣布，愿意承担国际联盟的技术的和非政治性的职能，并且，在可能的情况下，考虑是否承担政治功能。同样，各方达成了接受国际联盟财产的协定。[③]

---

① "联合国家"（United Nations）曾是"二战"中反轴心国战争中的战争联盟的称呼，参见 1942 年 1 月 1 日关于"联合国家"的声明。

② 各种条约文本和官方德文译本见 BGBl. 1973 II, S. 431 ff.

③ 具体细节参见 Myers, Denys, Liquidation of League of Nations Functions, in：AJIL, Bd. 42 (1948), S. 320 ff.

第二节　联合国的宪章

《联合国宪章》是联合国创始国之间签订的条约，之后，世界上绝大多数其他国家都逐步加入进来。根据《联合国宪章》第 4 条第 1 款的规定，不允许对宪章中包含的义务提出保留。鉴于该以宪章为内容的条约使成员在特别重要的关系中承担义务，并且，该条约具有准宪法的特征，《联合国宪章》第 103 条规定，成员承担的出于宪章的义务高于其他国际法义务。宪章义务优先原则完全适用于成员之间的条约。

从一开始，宪章便被视为需要修订；《联合国宪章》第 109 条第 3 款①规定，在便利的条件下，10 年后举行修订大会。根据《联合国宪章》第 109 条第 2 款，宪章的修改需要大会 2/3 的多数票，并且该修改得到 2/3 成员包括所有安全理事国的常任理事国的批准。这意味着，每个安全理事国的常任理事国都有能力阻止宪章的修改。其他联合国的成员若想阻止宪章的修订，必须形成占全体成员至少 1/3 的多数。但是，每个不愿意接受修改后的宪章的成员都可以退出联合国。对修改宪章提出反对票的成员若不退出联合国，则它受到修改后的宪章的约束。除了这种明示修改之外，宪章也可通过习惯法的途径被默示地修改。对《联合国宪章》不适用类似德国《基本法》第 79 条第 1 款规定的禁止规范。在未对宪章进行明示地正式修改的情况下，一系列的修改已经通过习惯法的途径默示地发生，特别是各个机关之间的权重分配。

第三节　联合国的成员资格

维护世界和平是联合国的主要任务。虽然该任务只有在全球所有国家都

---

① 该条款被 1965 年 12 月 20 日的联合国大会决议第 GA（XX）号修改，1968 年 6 月 12 日生效。

加入联合国这一和平组织时才能被全面贯彻实施，但是，《联合国宪章》并未因此而规定全球各国可以自动加入联合国。会员资格必须通过正式的申请程序来获得，在特定情况下，也可能被取消。① 联合国在成立之初，只由参加对抗轴心国战争的联盟国家组成，如今，地球上几乎所有国家都是联合国的成员，由此可见，联合国拥有了极大的普遍性。与此相反，总是至少有两个大国不参加国际联盟。截至 2018 年 4 月，联合国由 193 个主权国家组成。瑞士（2002 年）、东帝汶（2002 年）、黑山共和国（2006 年）和南苏丹共和国（2011 年）是联合国最新会员国。②

由于保持持续中立可能违反联合国章程而导致制裁，瑞士长时间未作决定，直至 2002 年 9 月 10 日。在 1991 年 9 月 17 日之前，朝鲜和韩国不是联合国的会员国。成员资格比较复杂的还有两个德意志国家③。在 1945 年创建联合国后，"中华民国"一直代表中国，但是在 1971 年 10 月 25 日，中华人民共和国取代"中华民国"在联合国中的席位，成为中国的唯一合法代表。

联合国所有会员国都是联合国大会的会员。原则上，只有主权国家可以成为联合国会员国，今日联合国所有 193 个会员国全部是主权独立的国家。不过，在联合国初创时，菲律宾、印度这两个创始会员国尚未从他们的殖民母国独立，白俄罗斯和乌克兰为苏联加盟共和国。再者，由于所有欲申请成为会员的国家必须通过安全理事会和大会的批准，一部分依照《蒙得维的亚条约》可视为主权国家的政治实体，因为联合国不承认他们的主权、缺乏国际普遍承认，或是遭受特定会员国的反对，导致这些国家没有办法成为联合国的会员国。

根据《联合国宪章》第 4 条第 1 款，联合国的会员资格向所有热爱和平的国家开放，并且，这些国家必须接受宪章规定的义务，经联合国认为确能并愿意履行这些义务。被接受的实体虽然必须是国家，但不必一定是主权国家，如 1945 年的白俄罗斯和乌克兰及印度、菲律宾和叙利亚。由于新被接受

① 见《联合国宪章》第二章。
② 联合国官网 http：//www. un. org/zh/about-un/index. html，2018 – 04 – 07 最后访问。
③ 德意志联邦共和国和德意志民主共和国于 1973 年 9 月 18 日被联合国接纳为成员。

的国家必须有能力履行出于宪章的各项义务，曾有意见要求，不应允许微型国家成为联合国的会员。① 但是，鉴于原子弹的存在，在参与制裁时，军事力量薄弱的小国与微型国家的区别仅仅在于数量上，而不在于质量上。所以，一些欧洲微型国家还是相继加入联合国，如列支敦士登（Liechtenstein，1990年9月18日）、圣马力诺（San Marino，1992年3月2日）、摩纳哥（Monaco，1993年5月28日）和安道尔（Andorra，1993年7月28日）。

接纳新会员国有如下四个步骤：申请国向联合国秘书长提出申请；申请交由安全理事会"接纳新会员国委员会"审查并提出审查报告；经安全理事会审议与推荐；由大会审议并作出决议。安全理事会的推荐需经至少九票包括所有常务理事国的同意，之后，联合国大会在至少2/3会员赞成的前提下作出接纳决定。可见，上述两个机关的决定是必不可少的，而且，联大作出决议的前提是安全理事会提交的积极的决定。安理会和联大依据忠实义务判断合乎宪章的前提条件是否存在和满足。国际法院在1948年的一项法律意见书②中确认，参与纳新投票的会员无权对其赞成票附带任何宪章第4条第1款未明示的条件。

在联合国中的会员资格可以通过被开除或者自愿退出而终止。一个会员国可能因持续违反宪章的基本原则而被开除。这就是说，仅有一次违反宪章的基本原则不能导致被开除；同样，一次违反宪章中不具有原则意义的规定也不至于被开除。开除的程序与接纳新会员的程序一样，即在安理会建议的基础上，由联合国大会作出决议。鉴于安理会的决议需要包括所有常任理事国在内的至少9票赞成方为有效，一个常任理事国在涉及本国的事务上也拥有否决权，所以，即便存在非常严重的违背宪章行为，在违背其意志的情况下，一个常任理事国也无法被开除。

根据《联合国宪章》第5条，一个被联合国制裁的会员国将被暂停行使其会员权利。暂停程序与开除程序相同；同样，针对安理会常任成员的暂停

---

① 例如，出于这个原因，国际联盟拒绝接受列支敦士登和圣马力诺成为会员。
② ICJ Reports 1948，S. 57 ff.（Article4 of the Charter of the United Nations）.

决定在违背其意志的情况下无效。与此不同，取消暂停行使会员权利的决定由安理会作出即可，不需要大会参与。

削弱会员权利的另一种情形是自动丧失投票权，它对会员权利的削弱效果弱于暂停行使会员权利。根据《联合国宪章》第 19 条，凡拖欠联合国财政款项的会员国，其拖欠数目如果等于或超过前两年所应缴纳的数目时，即丧失其在大会的投票权。当然，如果大会认定，该会员国拖欠原因确实出于其无法控制的情形，得准许该会员国投票。

宪章没有明确规定一个会员自愿退出联合国的情形。但是，这并不意味着条约不可解除；解除条约的意思表示必须明确表达出来。由于退出并非解约，根据由一般国际法认可的、在条约中未明示的原因，应该适用一般性的终止理由。属于此类终止理由的包括：由于国家危难情况而解除条约，或者，由于情势的本质性的变更。对于一个由于特殊情形被迫退出的成员，不应强迫它继续合作。[1]

根据宪章，联合国会员国的权利原则上是平等的；[2] 特别是，宪章并不区分创始会员国和纳入会员国的法律地位。但是，宪章第 23 条坚决地打破了该项主权平等原则。该条规定了 5 个大国，即中国、法国、苏联、英国和美国的特权地位，它们是安理会的 5 个常任理事国，常常可以行使否决权，[3] 因此无法被推翻。没有它们的同意，宪章不能被成功修改。安理会五常的特权地位所产生的影响与起初的期望相悖。当初设想，鉴于五大国政治目标的不一致，它们无法形成集体霸权，这将对联合国的活动带来良好的作用。而现实却是，安理会五常的特权地位仅仅保证了自己的投票不被其他会员国推翻。如今，已经不存在对五常特权地位的更高明的辩护理由，特别是五国的政治立场已经明显不同了。

对平等原则的其他损害可在《联合国宪章》第 107 条和第 53 条找到，根

---

① 参见 Hans Kelsen, The Law of the United Nations, 1951, S. 122 ff.
② 参见《联合国宪章》第 2 条第 1 款。
③ 参见《联合国宪章》第 27 条第 3 款中的各种例外情形。

据这两条规定，第二次世界大战的被战胜国在成为联合国会员后，[①] 宪章第2条第4款的禁止使用武力原则仅应很有限地适用。[②]《联合国宪章》第53条和第107条涉及在第二次世界大战中与《联合国宪章》签字国为敌的国家，主要是德国和日本。如果德国和日本再次奉行侵略政策，可在没有联合国安理会授权的情况下采取强制措施。但是，在1995年12月11日，联合国大会颁布了一项关于宪章问题的决议（Res. 50/52），在该决议中，敌国条款被视为已经过时。德国外交部的观点是，《联合国宪章》第53条和第107条被称为过时的，因为几个联盟国家在"2+4条约"中已经宣布放弃继续行使其占领权。德意志联邦共和国多次成为联合国安理会的理事国，并担任联合国大会主席，这些事实促使德国联邦总理府在1994年3月18日的一封信中表明，德意志联邦共和国行使了一个平等主权国家的所有权利。这些恰都发生在两德统一及英法美苏四强责任在德国终结之后。所以，敌国条款最晚在两个德国加入联合国时已经过时。[③]

由于并非所有地球上的国家都自动属于联合国，又由于存在退出联合国的退出权，再由于可能总有不愿意加入联合国的国家存在，所以，在法律上，成员和非成员的界定仍然具有十分重要的意义。当然，条约仅在缔约方之间创制权利与义务且既不应利于也不应不利于第三国的一般国际法原则也适用于联合国的宪章。但是，根据《联合国宪章》第2条第6款，联合国应该确保非成员按照宪章第2条第1至5项原则的规定行动，以维

---

① 德国政府的法律意见一直与此不同，该法律意见特别以《联合国宪章》第4条第1款以及作为当今国际习惯法强制规则的一般禁止使用武力原则为依据。其中，根据宪章第4条第1款可以认为，被承认为热爱和平的国家可获得联合国安理会的推荐，这些可以导致撤销敌国身份。参见德国联邦议会国务秘书 Moersch1973 年 2 月 16 日在德国联邦议会上的讲话，Verhandlungen des Deutschen Bundestages（《德国联邦议院协商谈判》），Stenographische Berichte（《速记报告》）I 第 81 卷，第 682 页及以下和外交委员会报告人 Corterier 博士 1973 年 5 月 9 日的讲话，《德国联邦议院协商谈判》，《速记报告》I 第 82 卷，第 1438 页。

② 在 1967 年到 1973 年间的德文文献中，关于敌国条款问题的学术争论也达到了极其深入的程度。详见 Wilhelm A. Kewenig, Probleme einer Deutschen Mitgliedschaft in den Vereinten Nationen（《德国在联合国中的成员资格问题》），in：Ulrich Scheuner/Beate Lindemann（Hrsg.），Die Vereinten Nationen und die Mitarbeit der Bundesrepublik Deutschland（《联合国及德意志联邦德国的协作》），1973，第 307 页和第 308 页脚注 1。

③ Dieter Blumenwitz, Feindstaatenklauseln（《敌国条款》），in：Ruediger Wolfrum（Hrsg.），Handbuch Vereinte Nationen（《联合国手册》），2. Aufl. 1991，S. 143 ff.

护国际和平与安全必要为限。如果这些原则与一般国际法的所有适用规则
一致，则不产生问题。如果与此相反，例如《联合国宪章》第 2 条第 5 项
所要求的对联合国强制措施的协助原则，则联合国的保障措施尝试可能导
致一种违法的干涉，这种行为当然将使国际组织本身负罪。通常或在具体
情况下，仅当一个非成员负有遵守原则的义务时，才有例外，例如，德意
志联邦德国早在 1952/1954 年的《德国条约》第 3 条第 1 款中所做的，以
及鉴于各项原则、宗旨所做的，并未由此从宪章中取得自然权利。与此相
反，宪章一般性地赋予了非成员一些权利，例如《联合国宪章》第 32、35
和 50 条的规定。

第四节　联合国的宗旨和原则

　　《联合国宪章》的序言首先包括一段关于动机和理想的一般性叙述，
这些动机和理想导致了联合国的建立，并且，这些动机和理想应该激励成
员在联合国的活动。特别是：不再允许在未来发生战争的决心；基本人权，
人格尊严与价值，以及男女与大小各国平等权利之信念；创造适当环境，
维持正义，尊重源于条约与国际法其他渊源的各项义务；促成更大自由之
中的社会进步和更高的民众生活水平；力行容恕，彼此以善邻之道，和睦
相处；非为公共利益，不得使用武力。序言的这些确认作为解释标准适用
于联合国的所有决定和行动；同时，作为法律政策导向，序言服务于联合
国的未来政策。

　　联合国的宗旨在《联合国宪章》第 1 条中被以具有法律约束力的形式一
一列举：一、维持国际和平与安全；并为此目的，采取有效的集体方法，以
防止和消除对于和平的威胁，制止侵略行为或其他对和平的破坏；并以和平
方法且依正义及国际法原则，调整或解决足以破坏和平的国际争端或情势。
二、发展国际以尊重人民平等权利及自决原则为根据的友好关系，并采取其
他适当办法，增强普遍和平。三、促成国际合作，以便解决国际经济、社会、
文化及人类福利性质的国际问题，并且，不分种族、性别、语言或宗教，增

进并激励对于全体人类的人权及基本自由的尊重。四、构成一个协调各国行动的中心，以便达成上述共同目的。

根据宪章第 2 条，为实现上述宗旨，下列原则对联合国本身及其各个成员均应具有法律拘束力：一、所有会员国主权平等原则。二、各会员国应依诚实信用，履行其依本宪章所担负的义务，以保证全体会员国因加入本组织而产生的权益。三、各会员国应以和平方法解决其国际争端，避免危及国际和平、安全及正义。四、各会员国在其国际关系上不得使用威胁或武力，或以与联合国宗旨不相符合的任何其他方法，侵害任何会员国或国家的领土完整或政治独立。五、各会员国对于联合国依本宪章规定而采取的行动，应尽力协助，联合国对于任何国家正在采取防止或执行行动时，各会员国对该国不得给予协助。六、联合国在维持国际和平及安全的必要范围内，应保证非联合国会员国遵行上述原则。七、联合国无权干涉在本质上属于任何国家国内管辖的事件，且并不要求会员国将该项事件依本宪章提请解决；但此项原则不妨碍第七章内执行措施的适用。

《联合国宪章》第 2 条第 7 款曾经常被作为反对联合国机关某个行动的根据。① 在《联合国宪章》中，虽然内部事务保留被做了比《国际联盟盟约》第 15 条第 3 款的规定更广泛的解释，却被联合国的实践尽可能地作了狭义的解释。当某项事务被一般国际法、一项国际条约或者《联合国宪章》所规制，则它不属于国内管辖事项，即联合国机关的行动将被视为是可以接受的。宪章的规制范围特别是指人权事务、非自治领土、人民的自决权和维护国际和平。即便涉及国内管辖事项的一个问题，当这个问题被提上议事日程并进行讨论，或者至少宣布一项一般性的建议，或者设立一个调查委员会时，也不应被评价为不可接受的干涉行为。

在《联合国宪章》第 2 条中所表达的原则不是对未来法律执行的计划，而是能够立即适用的法律规范。

---

① 各种证据和事例参见 Repertory of Practice of United Nations Organs, Bd. 1, 1955, S. 55 ff. ; Supplement No. 1, Bd. 1, 1958, S. 25 ff.

第五节　联合国的预算

　　联合国作为一个非营利性国际组织，其各项费用完全依赖会员国所缴纳的会费。联合国会费主要由经常性预算、维和费用和国际刑事法庭费用三部分组成，由联合国按照"能力支付"原则实行分摊。自 2001 年起，新的会费标准开始生效。以各会员国最近六年国民生产总值作为核算义务缴费额基准的原则不变。联合国大会第五委员会（行政及预算）和会费委员会每三年进行一次核查和调整，会费定有上限和下限，现行的上限为 22%，下限为 0.01%。即最富国家的会费额度不得超过联合国总预算收入的 22%，最穷国家的比例不得低于总预算收入的 0.01%。支付能力的计算方法是某个国家的国民生产总值除以联合国所有成员的国民生产总值之和（约 20 万亿美元）。假如某个国家的国民生产总值为 2 万亿美元，然后用这个数字除以 20 万亿美元，便等于 0.1，即 10%，这就是该国应交纳的会费份额。美国、日本和德国是缴费最多的国家。①

　　1997 年金融危机爆发后，截至 2000 年 5 月，美国拖欠的联合国会费近 18 亿美元，占会员国拖欠会费总额 29 亿美元的近 2/3。美国拖欠的会费中包括 4.6 亿美元的联合国经常性预算分摊款和 13 亿美元的用于维和行动及国际刑事法庭的费用。美国长期拖欠联合国会费，致使联合国陷入严重的财政危机之中。联合国只得经常从维和经费中借调资金，以维持联合国系统的正常运转。这严重影响了联合国在世界各地区顺利开展维和行动。美国长期拖欠联合

---

　　① 在联合国 2005 年近 20 亿美元的总预算中，美国占 22%，日本占 19.5%，德国 8.7%，英国 6.1%，法国 6%，意大利 4.9%，加拿大 2.8%，西班牙 2.5%，中国 2.1%，墨西哥 1.9%。来源：联合国官方网站。据俄《国际文传电讯社》2008 年 10 月 29 日报道，截至 10 月 24 日，140 个成员按数缴纳联合国预算费，剩下的 52 个国家共拖欠联合国 7.5 亿美元，美国拖欠 7.1 亿美元，占到 94%。这是 10 月 29 日联合国负责管理事务的副秘书长凯恩（Angela Kane）女士在纽约做出的声明。凯恩女士说，如果华盛顿年底不缴纳拖欠费用，那么联合国不得不动用自己储备账户 1.48 亿美元。她同时表示，截至 10 月 24 日联合国成员拖欠维和行动费用共计 29 亿美元，其中日本和美国拖欠最多，达 18 亿美元，占总数的 62%。

国会费的行为多次遭到广大会员国的强烈批评，它们强烈要求美国按照《联合国宪章》履行其义务，及时、全额和无条件地补缴联合国会费。

联合国 2006 年至 2007 年两年期财政预算为 38 亿美元，这比上一个预算周期增加了近两亿美元。

实践中，中国的会费比额已从 2000 年以前的 0.995% 上升到 2001 至 2003 年的 1.54%，2004 至 2006 年的 2.053%，2007 至 2009 年的 2.667%。仅仅 7 年时间里，中国的会费翻了近三番。根据会费委员会提供的按照现行比额表计算方法计算出的数据，中国 2010 至 2012 年会费比额将增至 3.189%，较 2007 至 2009 年上涨 0.522 个百分点，增长近 20%。2013 年，联合国使用了新的常规预算分摊比例。美国依旧是缴纳联合国会费最多的国家，其 22% 的预算分摊比例维持不变。日本位居第二位，不过缴纳比例从之前的 13.5% 降至 10.8%。中国从之前的 3.19% 大幅增至 5.15%（总额约 1.3 亿美元），超过意大利和加拿大，一跃成为联合国第六大会费支付国。排在第 3 到第 5 的分别是德国 7.141%、法国 5.593% 和英国 5.179%。2015 年 12 月 23 日，联合国大会通过了各国 2016—2018 年联合国会费与维和摊款的分摊比额。据此，在未来三年，中国将承担 7.921% 的联合国会费、10.2% 的维和摊款。这是近年来中国分摊的联合国会费和维和摊款第二次大幅增加。[①] 中国发展经济、消除贫困、实现现代化的进程依然任重道远，看待中国的支付能力不应脱离中国的国情。

用于维和行动的义务缴费额度也按类似的标准征收，当然，安理会五个常任理事国多缴一些，而贫穷国家少缴些。维和费用近年来急剧增长，从 2005 年 7 月到 2006 年 6 月的预算年度需用约 36 亿美元，几乎相当于联合国年度经常性预算的两倍。此外，各个国际刑事法庭需要费用支持，例如卢旺达国际刑事法庭、前南国际刑事法庭、柬埔寨国际刑事法庭等。事实上，联合国所有行动支出的一半以上需要由会员国资源承担。不胜枚举的联合国专门机构和基金会一般单独为具体事宜筹措资金。

---

① http://news.ifeng.com/a/20151224/46819102_ 0.shtml#_ zbs_ baidu_ bk，"联合国通过各国会费分摊比额 中国大幅增加"，2018 - 04 - 07 最后访问。

第六节 联合国的机关

一、概说

根据《联合国宪章》第 7 条第 1 款，联合国设立如下几个主要机关：大会（General Assembly，GA；德语：die Generalversammlung）、安全理事会（Security Council；德语：der Sicherheitsrat）、经济及社会理事会（Economic and Social Council，ECOSOC）；德语：der Wirtschafts-und Sozialrat）、托管理事会（Trusteeship Council；德语：der Treuhandrat）、国际法院（International Court of Justice，ICJ；德语：der Internationale Gerichtshof）及秘书处（Secretariat；德语：das Sekretariat）。根据宪章第 7 条第 1 款，联合国可依本宪章设立认为必需的辅助机关，根据宪章第 22 条由大会设立，[1] 根据宪章第 29 条由安全理事会设立，此外，不可否认的，还可由其他主要机关根据其自身的组织法设立。在多个机关之间发生权限冲突时，宪章未规定最终由哪个机关决定；[2] 只能认为，原则上每一个机关自己决定自己的管辖范围，由此，多个机关的决定之间可能相互矛盾。

二、大会

（一）概述

由于所有联合国成员都是大会的成员，并且，每个成员拥有一票和不少于 5 个代表，所以，大会是联合国的中心机关。大会的权限非常广泛，涉及宪章框架内的所有事务或与任何一个机关的管辖权和职能相关的事务。但是，大会不是国内法意义上的议会，没有立法权，无权监督其他机关，大会仅可

---

① 例如，根据 1964 年 12 月 30 日的联合国大会决议设立世界贸易大会（UNCTAD），根据大会 1965 年 12 月 20 日的决议设立联合国工业发展组织（UNIDO）。

② See Morton A. Kaplan/Nicholas Katzenbach, The Political Foundations of International Law, 1961, S. 306.

讨论和建议。大会的建议不具有法律拘束力，但拥有极高的权威，能够在存疑的法律情况下澄清争议，成员根据大会建议进行的行动被视为合法。

特别在预防战争领域，联合国大会有权进行讨论和提出建议。但是，除非安全理事会提出明确的要求，否则，只要安全理事会尚在处理一项争端，大会就不能对该争端作出任何建议。① 但是，当发生战争威胁、破坏和平或者军事进攻等情况时，如果安全理事会由于缺乏常务理事国的一致同意而不能承担起其维护和平的首要责任，则大会有权基于名为"团结起来为和平"（"Uniting for Peace"）的决议②对成员提出集体执行措施的建议。根据《联合国宪章》第 14 条，大会特别可以在和平协调领域提出建议措施。与此相关，大会曾在非殖民化领域作出了卓越的贡献。③

除了这些一般性的讨论和建议权限之外，宪章还赋予大会一系列其他权限，特别是关于成员资格和参与建立联合国其他机关的工作。安全理事会和秘书长每年需向大会提交报告，经济及社会理事会及托管理事会位于大会的权威之下，大会提出预算草案，并将各项支出摊派给各个会员国，等等。

在大会中，每个成员拥有一票。对于重大问题，大会的决议需要出席会议和投票的国家代表的 2/3 多数才能通过，其他问题需要过半数决定。《联合国宪章》第 18 条第 2 款对"重要的"决议进行了举例说明（非穷尽列举）：涉及国际和平与安全的建议，安全理事会和经济及社会理事会非常任理事国的选举，托管理事会理事国的选举，对于新会员国加入联合国的准许，会员国权利及特权的停止，会员国的除名，关于施行托管制度的问题，以及预算问题。关于其他问题的决议，包括另有何种事项应以 2/3 多数决定的问题，应以到会及投票的会员国过半数决定。

（二）辅助机关

大会下设一些辅助机关，目的在于减轻大会的工作压力，其职能在于为

---

① 《联合国宪章》第 12 条第 1 款。

② 文本见 Sohn, Basic Documents of the UN, 1956, S. 95 ff.

③ 参见 1960 年 12 月 14 日《关于给予殖民地国家和人民以独立的宣言》，GA Res. A 1514（XV）。

大会的活动提供准备和施行等方面的协助。特别是一些委员会，有由所有成员派代表组成的，也有由部分成员派代表组成的，例如：

——裁军审议委员会（Disarmament Commission, GA Resolution 502［VI］），

——国际公务员制度委员会（International Civil Service Commission, GA Resolution 3357［XXIX］），

——国际法委员会（International Law Commission, GA Resolution 174［II］），

——联合国国际贸易法委员会（United Nations Commission on International Trade Law, UNCITRAL, GA Resolution 2205［XXI］），

——联合国巴勒斯坦和解委员会（United Nations Conciliation Commission for Palestine, GA Resolution 194［III］），

——对巴勒斯坦在近东难民的联合国救济和工程处咨询委员会（Advisory Commission on the United Nations Relief And Works Agency for Palestine Refugees in the Near East, GA Resolution 302［IV］），

——行使巴勒斯坦人民不可剥夺权利委员会（Committee on the Exercise of the Inalienable Rights of the Palestinian People, GA Resolution 3376［XXX］）。

其他委员会诸如

——联合国人口奖委员会（Committee for the United Nations Population Award, GA Resolution 36/201），

——会费委员会（Committee on Contributions, GA Resolution 14［I］A），

——禁止酷刑委员会（Committee against Torture, GA Resolution 39/46 A），

——方案与协调委员会（Committee for Programme and Coordination, GA Resolution 31/93 and ECOSOC Resolution 2008［LX］），

——会议委员会（Committee on Conferences, GA Resolution 43/222 B），

——信息委员会（Committee on Information, GA Resolution 33/115 C），

——与东道国关系委员会（Committee on Relations with the Host Country, GA Resolution 2819［XXVI］），

——消除妇女歧视委员会（Committee on the Elimination of Discrimination against Women，GA Resolution 34/180 and 51/68），

——消除种族歧视委员会（Committee on the Elimination of Racial Discrimination，GA Resolution 2106 A ［XX］），

——儿童权利委员会（Committee on the Rights of the Child，GA Resolution 44/25，47/112 and 49/211），

——联合国妇女发展基金咨询委员会（Consultative Committee on the United Nations Development Fund for Women，GA Resolution 31/133 and 39/125），

——人权委员会（Human Rights Committee，GA Resolution 2200 A ［XXI］），

——和平利用外层空间委员会（Committee on the Peaceful Uses of Outer Space，COPUOS，GA Resolution 1472 A ［XIV］），

——联合国原子辐射效应科学委员会（United Nations Scientific Committee on the Effects of Atomic Radiation，UNSCEAR，GA Resolution 913 ［X］）。

此外，联合国还设立了若干临时委员会（Ad hoc Committees）①、咨询委员会（Advisory Committees）②、一个执行委员会（Executive Committee）③、一个高级委员会（High-level Committee）④ 和一些特别委员会（Special Committees）⑤。

---

① For examples：Ad Hoc Committee of the General Assembly for the Announcement of Voluntary Contributions to the Programme of the United Nations High Commissioner for Refugees，GA Resolution 1729 （XVI）；Ad Hoc Committee on a Comprehensive and Integral International Convention on Protection and Promotion of the Rights and Dignity of Persons with Disabilities，GA Resolution 56/168；Ad Hoc Committee on the Elaboration of a Convention Against Corruption，GA Resolution 55/61.

② For examples：Advisory Committee on Administrative and Budgetary Questions，GA Resolution 173 ［II］；Advisory Committee on the United Nations Programme of Assistance in the Teaching，Study，Dissemination and Wider Appreciation of International Law，GA Resolution 2099 ［XX］.

③ Executive Committee of the Programme of the United Nations High Commissioner for Refugees，GA Resolution 1166 ［XII］.

④ High-level Committee on the Review of Technical Cooperation among Developing Countries，GA Resolution 33/134.

⑤ For examples：Special Committee on Peace-keeping Operations，GA Resolution 2006 ［XIX］；Special Committee on the Charter of the United Nations and on the Strengthening of the Role of the Organization，GA Resolution 3349 ［XXIX］.

三、安全理事会

（一）安全理事会的任务

联合国安全理事会的首要任务是确保国际安全，这就是说，它的任务特别专注于争端的解决、战争的防止和措施的执行。但是，它还有其他任务，尤其是成员的接纳、成员权利的中止和成员的开除。毕竟，安全理事会的职权范围小于大会广泛的管辖权范围，但同时却更深入：安全理事会不仅能够讨论、调查、推荐，根据《联合国宪章》第41、42条关于执行措施的规定，还能够作出决定；根据《联合国宪章》第25条，成员有义务同意接受安全理事会的决议，并根据宪章的规定予以执行。

（二）安全理事会的成员

为了保证安全理事会能够迅速和有效地行动，它的机构明显小于大会。根据最初的《联合国宪章》第23条，安全理事会由11个成员组成，为了加强亚非国家的代表性，这一数字被1963年12月17日的大会决议提高到15个。当《联合国宪章》第108条规定的前提条件满足之后，该自联合国建立以来首次对宪章进行的修改于1965年8月31日生效。

从整体而言，安全理事会中的理事国并不体现基于选举的所有理事国的平等代表权，而是分成常任理事国和非常任理事国，其中，根据宪章第23条，五个常任理事国是中国、法国、苏联、英国和美国。常任理事国不是被选举出来的，而是根据宪章的明文规定被指定的，而且，其任期不是暂时的，而是长期的。10个非常任理事国由大会选举产生，任期两年，其对世界和平与安全的贡献及其他联合国目标的实现具有重要意义。非常任理事国的选择应特别考虑公平的地理分布，这一规则体现了形式平等原则。虽然，安全理事会的5个常任理事国都是核大国，从军事力量考量，从而考察它们影响和平或者对和平破坏者的制裁能力，它们与其他绝大多数国家有别。但是，如今，基于自身的实力和在世界上的影响力，安全理事会的五个常任理事国已经不再属于同一个级别。此外，巴西、德国、日本、印度和尼日利亚希望成为安全理事会的常任理事国。

（三）否决权问题

在表决中，常任理事国的投票权得到更多更大的权重。《联合国宪章》第 27 条确定，安全理事会的每个成员拥有一票，关于程序问题的决议需要 9 票多数才能通过（任意 7 票可以阻止决议的通过，即便五个常任理事国全部赞同，也可以被推翻）；关于非程序问题的决议需要九票同意，包括全部常任理事国的赞同票（在全部五个常任理事国都赞同的情况下，决议无法被推翻；任一常任理事国可行使否决权，一票否决）。虽然从词义上讲，程序问题仅指涉及安全理事会程序的问题①，但是，在个案中也可能出现存在疑义的情况，需要首先确定某问题究竟属于程序问题还是其他问题。此时需要决定，应该使用何种安全理事会的多数决来通过对这个先决问题的决定。虽然这个问题明显具有程序法的特征，在安全理事会一贯的实践中，需要包括全部常任理事国在内的加权多数票通过（所谓的"双重否决权"）：即一个常任理事国能够对非程序性问题行使否决权，也对某一事项是否属于程序性事项这一先决问题拥有否决权。这就是说，一个常任理事国能够通过对先决问题的表态，迫使对该问题的决议只能通过加权多数得到最终决定，而不管该问题所具有的真正性质。为了缓解由（双重）否决权带来的严苛和麻烦，限制双重否决权的适用，虽然与《联合国宪章》第 27 条第 3 款严重不符，但在安全理事会的实践中通常认为，仅当一个或多个常任理事国投票反对某提案时，才会阻止该提案的通过；若一个常任理事国弃权或者缺席则不导致此后果。②

否决权多次导致安全理事会活动的瘫痪，招来多方抱怨。但是，由于没有哪个世界强国愿意在关键性政治问题上被敌对国家及其友国在投票过程中占先，所以，只要世界各国分属敌对阵营的形势仍然持续，尚无法找到解决否决权问题的良方。

根据《联合国宪章》第 27 条第 3 款后半句，对某些事项的决议，例如

---

① See Repertory of Practice of United Organs, Bd. 2, 1955, S. 63 ff.

② 缺席的后果特别表现在 1950 年 6 月和 7 月安全理事会关于在朝鲜战争问题进行表决时，因为苏联代表从 1950 年 1 月 17 日到 7 月 31 日没有参加安全理事会的各次会议。

宪章第6章（和平解决争端）和宪章第52条第3款所列事项，争端当事方不得参加投票。但是，这个规定不适用于根据宪章第7章（对于和平之威胁、和平之破坏及侵略行为之应付办法）所做的决议。换言之，在宪章第7章范围内，一个常任理事国能够通过使用否决权，阻止联合国对它采取强制措施。

四、经济及社会理事会

宪章第9章列出了国际经济和社会合作的综合计划，尤其涉及：更高的生活水平、全民就业、经济与社会进步的标准、解决国际经济、社会和健康问题、文化和教育领域的合作、对人权和基本自由的尊重。

根据《联合国宪章》第60条，完成上述任务的首要责任由大会承担；在大会的权威之下，由经济及社会理事会具体负责，其组织和权限被规定在宪章第10章中。可见，经济及社会理事会是联合国负责经济、社会和发展政策问题的中心机关。除此之外，该理事会还承担由其负责的与大会建议的执行工作有关的所有任务。

经济及社会理事会由54① 个成员组成，成员由大会选举产生；每个成员拥有一票；决议获得简单多数即可通过。经济及社会理事会一般每年七月召开一次会议，轮流在纽约和日内瓦举行。非经济及社会理事会成员的联合国成员有权参加经济及社会理事会的公开会议，但无投票权。

所谓的部长一级的"高级别会议"每年致力于一个当前的主题（2000年：信息和通信技术；2001年：非洲的发展；2002年："人力资源开发"；2003年：促进农业综合发展，消除贫困，实现可持续发展；2004年：最不发达国家的境状、资源调动和为消除贫困营造有利环境的问题；2005年：实现《联合国千年宣言》的进展情况；2006年：充分的生产性就业和体面工作问题）。

经济及社会理事会在2007年7月成功地举办了它的第一次年度部长级审

---

① 经济及社会理事会最初有18个席位，根据1963年12月17日的大会决议，GA Res. 1991 B（XVIII），及宪章第61条的修改，增加到了27个。根据宪章第108条，宪章的修改在1965年3月31日生效。1971年12月20日，大会通过第2847 A（XXVI）号决议，通过再次修改宪章第61条，将经济及社会理事会的席位翻倍，增加到54个。该修改于1973年9月24日生效。

查，审查的重点是消除贫穷和饥饿。2008 年的特别活动主题为"实现千年发展目标，应对气候变化挑战"。2009 年审查的主题是"落实公共卫生方面国际商定的目标和承诺"。

2008 年 6 月 30 日至 7 月 1 日，首次两年一度的发展合作论坛在纽约联合国总部举行。论坛的目标是为联合国经济及社会理事会定位，使之成为就国际发展合作的效力和一致性开展全球对话和政策审查的一个主要论坛。

首先，在大会委托负责的广泛领域内，经济及社会理事会有权做成或发动关于国际经济、社会、文化、教育、卫生及其他有关事项的研究及报告；并应向大会、联合国会员国及有关专门机关提出关于此种事项的建议案。其次，理事会为增进全体人类的人权及基本自由的尊重及维护起见，应做成建议案。再次，理事会得拟具关于其职权范围内事项的协约草案，提交大会。最后，理事会可依联合国所定的规则召集本理事会职务范围以内事项的国际会议。(《联合国宪章》第 62 条)

联合国开发计划署（UNDP）、联合国人口基金（UNFPA）、联合国难民事务高级专员（UNHCR）和联合国儿童基金（UNICEF，原名：联合国国际儿童紧急救助基金会）等组织向联合国大会汇报经济及社会理事会的工作。

经济及社会理事会的职能包括负责协调各个专门机构和各种委员会的工作，负责选择人权法委员会的成员，并与所谓的特别机构（specialized agencies）协调合作。例如，经济及社会理事会负责协调联合国 14 个专门机构、10 个职能委员会和 5 个区域性委员会的工作；它有权要求这些机构、委员会及成员提交报告。大会和经济及社会理事会为解决经济和社会领域中各种各样的问题而成立了许多委员会和组织机构，尤其重要的是如下几个经济及社会理事会的附属机构：

职能活动覆盖全球的委员会①：

---

① ECOSOC Functional Commissions: Statistical Commission; Commission on Population and Development; Commission for Social Development; Commission on Human Rights; Commission on the Status of Women; Commission on Narcotic Drugs; Commission on Crime Prevention and Criminal Justice; Commission on Science and Technology for Development; Commission on Sustainable Development; United Nations Forum on Forests.

——统计,

——人口与发展,

——社会发展,

——人权(附设一个下属委员会及若干临时委员会来处理特别课题),

——妇女的法律地位,

——麻醉药品,

——防止犯罪和刑事管辖权(CCPCJ),

——促进科学与技术发展,

——可持续发展,

——联合国森林论坛。

五个区域性经济委员会的任务是促进本区域的经济发展①:

——非洲经济委员会(ECA),在亚的斯亚贝巴(Addis Abeba),

——亚洲及太平洋经济社会委员会(ESCAP),在曼谷(Bangkok),

——欧洲经济委员会(ECE),在日内瓦(Geneva),

——拉丁美洲和加勒比经济委员会(ECLAC),在智利的圣地亚哥(Santiago de Chile),

——西亚经济和社会委员会(ESCWA),在贝鲁特(Beirut)。

常设委员会②:

——方案和协调常设委员会(CPC),

——人类居住常设委员会(联合国人居中心,HABITAT)

——非政府组织及与政府间机构谈判。

经济及社会理事会也与非政府组织合作(《联合国宪章》第 63、64、70、71 条);至少 2300 个非政府组织在经济及社会理事会中拥有咨商地位。经过

---

① ECOSOC Regional Commissions: Economic Commission for Africa (ECA); Economic and Social Commission for Asia and the Pacific (ESCAP); Economic Commission for Europe (ECE); Economic Commission for Latin America and the Caribbean (ECLAC); Economic and Social Commission for Western Asia (ESCWA).

② ECOSOC Standing Committees: Committee for Programme and Coordination; Commission on Human Settlements; Committee on Non-Governmental Organizations; Committee on Negotiations with Intergovernmental Agencies.

认可的非政府组织可以向经济及社会理事会提交关于本工作领域的推荐报告，通过这种方式，非政府组织可以提供专业知识和咨询，以便对理事会的决策产生一定的影响力。

鉴于不断扩大的南北经济差距、工业国家与发展中国家之间的差距和发展中国家在经济及社会理事会中的强势代表性（35 个席位），可以理解，"国际合作"一词被特别理解为"扶持第三世界"，并且，这一主题逐渐成为联合国——特别是经济及社会理事会——的主要议题。

五、托管理事会

根据《联合国宪章》第 83 条，宪章第 82 条意义上的战略防区由安全理事会负责管理，除此之外，联合国对托管地区的监管任务由大会和其权力之下的托管理事会负责（《联合国宪章》第 87 条）。托管理事会由三类成员组成：管理托管地区的成员、未管理托管地区的安全理事会常任理事国、由联合国大会选举必要数额的任期 3 年的其他非管理国的会员国，以使托管理事会的全体成员中管理托管地区的成员和未管理托管地区的成员各占一半。可见，随着托管地区的独立以及新托管地区的形成，托管理事会的成员数目在不断变化（《联合国宪章》第 86 条）。在托管理事会中，每个成员拥有一票，决定获得简单多数可以通过。

1994 年 11 月 1 日，随着联合国最后一个托管地区贝劳（Palau）的独立，国际托管制度完成了历史使命，托管理事会终止了自己的活动。

六、秘书处

秘书处的首脑是秘书长（Secretary-General），由大会根据安全理事会的推荐进行选举，以简单多数通过。宪章未对秘书长的任职期限作明确规定，但是，一般持续 5 年，并可延长。为了高效完成联合国的众多任务，秘书处的工作人员多达万名。公务员和职员的聘任依据经过多次修订的 1952 年 2 月 2 日版《员工条例》①，根据该条例，秘书处成员属于国际公务员；他们仅承

---

① Staff Regulations of the United Nations：GA Res. 590 VI.

担国际责任，不承担任何国内责任。涉及出于聘任合同的公务员权利争议由一个行政法院解决。①

根据《联合国宪章》第 98 条，秘书长应向大会提交关于联合国活动的年度报告。秘书长被赋予了重要的政治任务，包括根据宪章第 99 条，当他认为某事件可能危及国际和平与安全时，他有权提请安全理事会关注。基于秘书处工作的连续性，秘书长实际上已经成为联合国的核心人物，他有权独立决定诸多事务，② 有义务完成众多的政治任务，承担政治责任。

七、国际法院

根据《联合国宪章》第 7 条，国际法院是联合国的一个主要机关。《国际法院规约》第 22 条第 1 款规定，国际法院设在海牙，但法院如果认为合宜时，可在他处开庭及行使职务。国际法院由 15 位法官组成，他们必须来自不同的国家；如果某人被视为拥有一个以上国籍，应认为属于其通常行使公民及政治极利的国家的国民。（《国际法院规约》第 3 条）。国际法院的机关是院长、副院长、全体大会、分庭和书记员。

法官从品格高尚者中选出，而不论其国籍；候选人必须要么具备本国最高司法职位的任命资格，要么是被公认为具有国际声望的国际法学家（《国际法院规约》第 2 条）；此外，并应注意使法官全体确能代表世界各大文化及各主要法系（《国际法院规约》第 9 条）。国际法院的法官不是其本国的代表，所以，处理法官国籍国是争端当事方的案件时，法官仍然保有其席位和投票权。法官是独立的，不受任何指令的约束，包括来自其国籍国或祖国的指令；法官除由其余法官一致认为不复适合必要条件外，不得免职（《国际法院规约》第 18 条）；不因其在国际法院的法官工作而被追究。根据《国际法院规约》第 19 条，法官在执行法院职务时，应享有完全的外交特权及豁免权。

---

① 联合国行政法庭（United Nations Administrative Tribunal）基于 1949 年 11 月 24 日的第 351 A（IV）号联大决议建立。文本见：http：//untreaty. un. org/UNAT/Statute. htm。

② 参见例如安全理事会 1960 年 7 月关于刚果危机的决议，原文为："2. Decides to authorize the Secretary-General to take the necessary steps, in consultation with the Government of the Repulbic of the Congo, to provide the Government with such military assistance, as may be necessary …", vgl. Miller, E. M., Legal Aspects of the United Nations Action in the Congo, in：AJIL, Bd. 55（1961），S. 1 ff.

《国际法院规约》第 34 条第 1 款规定,只有国家有权成为当事国,参与诉讼程序。

在一些具有国际刑法背景的案件中,国际法院被证明软弱无能,例如国际法院对波斯尼亚-黑塞哥维纳诉南斯拉夫其余部分(塞尔维亚和黑山)案作出的临时安排。1993 年 4 月 8 日,波斯尼亚-黑塞哥维纳向国际法院对南斯拉夫其余部分提起诉讼。波斯尼亚-黑塞哥维纳认为,自己的国家主权受到南斯拉夫其余部分的侵犯,其行为违背一系列人道主义国际法的条约和原则,要求法院确认,波斯尼亚-黑塞哥维纳拥有个别的和集体自卫的权利。此外,波斯尼亚-黑塞哥维纳申请法院根据《国际法院规约》第 41 条第 1 款作出临时安排,判令南斯拉夫其余部分在未来避免所有种族灭绝行为,既放弃实行针对波斯尼亚-黑塞哥维纳的军事或准军事行动,又不得支持特定族群的此类行动。① 国际法院要求南斯拉夫其余部分保证,所有受其支配和影响的军事、准军事及其他单位和组织不再进行灭绝种族的行动,也不再呼吁他们进行类似行动。此外,波斯尼亚-黑塞哥维纳和南斯拉夫其余部分必须承诺,放弃任何可能激化冲突或给解决争端制造麻烦的行动。② 尽管国际法院的临时安排具体明确,但是,争端各方无一遵守国际法院的决定。自那时起,侵犯国际人道法的行动有增无减。

八、无法律独立性的辅助组织

(一) 概述

除了宪章规定的主要机关之外,在联合国的核心领域内,另有一些组织得以建立,其中部分组织取得了一定的独立性,同时在关键问题上依附于联合国,不享有国际法主体资格。这些组织虽然拥有自己的成员和决策机关,但是,其国际法律人格只能从联合国派生出来。另外,它们的预算完全依赖于联合国,其人员编制属于联合国秘书处的范畴。这些机构基于联合国的组

---

① 参见 Karin Oellers-Frahm, Anmerkungen zur einstweiligen Anordnung des Internationalen Gerichtshofs im Fall Bosnien-Herzegowina gegen Jugoslawien (Serbien und Montenegro) vom 8. April 1993 (评国际法院对 1993 年 4 月 8 日波斯尼亚-黑塞哥维纳诉南斯拉夫【塞尔维亚和黑山】案的临时安排), in: ZaoeRV, Bd. 53 (1993), S. 638 ff.

② ICJ Reports 1993, S. 3 ff.

织权力而设立，五个区域经济委员会——欧洲经济委员会（ECE）①、非洲经济委员会（ECA）②、拉丁美洲和加勒比经济委员会（ECLAC）③、亚洲及太平洋经济社会委员会（ESCAP）④、西亚经济和社会委员会（ESCWA）⑤——属于此类非独立的组织，此外，主要还有联合国贸易和发展会议（UNCTAD）和以前的工业发展组织（UNIDO）。虽然工业发展组织的建立决议〔Resolution Nr. 2152（XXI）〕将其描述为联合国组织体系内的自治组织，但是，它和世界贸易大会在形式上仅仅曾是联合国大会下属的委员会。因此，这两个组织以前和如今都比一个专门组织更加依附于联合国。1985 年，工业发展组织获得了联合国专门组织的地位。值得一提的还有联合国训练研究所（United Nations Institute for Training and Research，UNITAR）、联合国难民高级专员、联合国近东巴勒斯坦难民救济和工程处（UNRWA）、联合国儿童基金会（UNICEF）和毒品管制委员会，以及海底管理局。

此外，特别组织或者联合国专门机构与联合国不拥有国际法主体资格的相对独立的部门及联合国各个计划署相区别。

---

① 欧洲经济委员会于 1947 年 3 月由联合国经济及社会理事会（ECOSOC）设立，目的在于促进成员之间的经济合作，加大欧洲经济活动的力度，维持和加强欧洲国家之间以及同世界其他国家的经济关系。北美洲的加拿大和美国及几个中亚国家也是该委员会的成员。欧洲经济委员会的总部设在瑞士的日内瓦。详见 http：//www.unece.org。

② 非洲经济委员会（非洲经委会）成立于 1958 年，是联合国总部行政领导下的五个区域委员会之一。作为联合国负责非洲经济社会事务的一个区域性职能部门，非洲经委会的任务是资助联合国的 53 个非洲成员的经济和社会发展，推动区域一体化，促进国际合作以寻求非洲的发展。非洲经济委员会隶属于联合国经济及社会理事会。联合国非洲经济委员会下设 6 个实务项目司，它们分别是：发展政策和管理司、经济和社会政策司、性别与发展司、信息促进发展司、可持续发展司及贸易和区域一体化司。另外，非洲经委会还设有 5 个亚区域办事处，它们帮助非洲经委会从亚区域的视角落实工作项目和开展支助外展工作。参见 http：//www.un.org/chinese/partners/business/results/eca.htm。

③ 联合国拉丁美洲和加勒比经济委员会（简称"拉美经委会"，Economic Commission for Latin America and Caribbean，ECLAC；德文：Wirtschaftskommission fuer Lateinamerika und die Karibik）成立于 1948 年，当时称拉丁美洲经济委员会，1984 年改为现名。拉美经委会是联合国经济及社会理事会下属五个区域性分支机构之一，其主要职能是促进拉美和加勒比国家经济与社会的发展，推动本地区各国之间的经济合作。总部设在智利首都圣地亚哥。至 2010 年，该委员会共有成员 44 个，准成员 9 个。参见联合国官方网站。

④ 亚洲及太平洋经济社会委员会（United Nations Economic and Social Commission for Asia and the Pacific，ESCAP or UNESCAP）总部设在曼谷，主要任务是促进成员之间的经济和社会发展互助。详见 http：//www.unescap.org/。

⑤ 西亚经济及社会理事会履行类似的职能。

（二）联合国贸易和发展会议

由于发展中国家的强烈要求，根据联合国大会 1965 年 1 月 8 日的第 1995（XIX）号决议，联合国贸易和发展会议成为联合国的一个常设机构，总部设在日内瓦。联合国贸易和发展会议的成员是联合国、其特别机构或国际原子能机构的成员，分成四个区域集团（亚非发展中国家；西方工业国家；拉丁美洲发展中国家；社会主义国家）。其中，亚非发展中国家和拉丁美洲发展中国家在七十七国集团中紧密合作。联合国贸易和发展会议的成员超过 140 个，具有广泛的代表性，此点与关贸总协定（GATT）不同，[①] 但是，两者之间存在许多重叠的任务领域。

联合国贸易和发展会议的机关包括每 4 年举行一届的全体大会、贸易和发展理事会（Trade and Development Board）作为常设机关，下设各种委员会，及总秘书处。联合国贸易和发展会议是一个制定决议的主要会议，隶属于联合国的大会。在各界大会之间的时间里，联合国贸易和发展会议的日常政策由贸易和发展理事会组织，每年在日内瓦召开会议。联合国贸易和发展会议的秘书处由秘书长领导，协助各个委员会工作的合作和协调，处理各种促进经济发展的问题。

根据建立决议的规定，联合国贸易和发展会议的最重要任务是促进国际贸易，以便加速成员的经济发展，在贸易领域协调联合国各其他机构的活动，及作为职能中心协调各国政府和区域经济集团的贸易发展政策。联合国贸易

---

① 由于 1948 年 3 月 24 日的《哈瓦那宪章》未被成功批准，由《哈瓦那宪章》规定的国际贸易组织（International Trade Organization，ITO）没能成立。作为过渡措施，各国于 1947 年 10 月 30 日在日内瓦签署了一项一般性的关税和贸易协定《关税和贸易总协定》（General Agreement on Tariffs and Trade，GATT），该协定重申了部分《哈瓦那宪章》的内容，但不包括计划中的国际贸易组织和其他包含众多目标的部分，尤其是涉及最惠国待遇（第 2 条）、过境自由（第 5 条）、倾销禁止（第 6 条）、海关估价（第 7 条）、非歧视原则（第 13 条及以下）等等的内容。但是，与未被建立的国际贸易组织一样，关税和贸易总协定并不是联合国的一个特别组织。从名称上看，关税和贸易总协定只是一项"协定"，但它实际上等于是一个"组织"。这个在总协定基础上形成的国际组织，其最高决策机构是缔约方大会（通常每年举行一次），其常设机构是由缔约方常任代表组成的理事会（一般每两个月开例会一次），其常设秘书处设在日内瓦。此外，关贸总协定下还设有 20 个机构，例如贸易与发展委员会、国际收支限制委员会、关税减让委员会、反倾销委员会、纺织品委员会等，分别负责各种专门问题事务。关税和贸易总协定实现目标的主要手段是签订彼此消减关税、消除其他贸易壁垒及国际贸易上的歧视待遇等的协定。

和发展会议的主要目标是帮助发展中国家增强国家能力，最大限度地获取贸易和投资机会，加速发展进程，并协助它们应付全球化带来的挑战和在公平的基础上融入世界经济。在此框架内，联合国贸易和发展会议有权制定基本原则和指令，起草适用建议。它通过研究和政策分析、政府间审议、技术合作以及与非政府机构企业部门的合作实现其目标。

联合国贸易和发展会议的重要性体现在它对联合国及其成员发展政策的重大影响上。[①] 1972 年，联合国贸易和发展会议在圣地亚哥提出有利于世界上 25 个最欠发展国家的特别措施；在 1974 年石油危机后，联合国贸易和发展会议建立了总额达 30 亿美元的联合国基金。一方面，这两个措施被视为联合国贸易和发展会议成功的和被普遍认可的倡议。另一方面，有些项目导致了发展中国家和西方工业国家之间的激烈冲突，诸如《国家经济权利和义务宪章草案》[②]、在国际商品政策领域的"综合方案"要求[③]等。

联合国贸易和发展会议成为南北讨论的重要论坛，工业国家与发展中国家之间的分歧和争论要求在激化矛盾和加强合作之间作出选择。联合国贸易和发展会议试图通过有利于发展中国家的对具有市场经济特征的世界经济体系进行改造，目的在于平衡贫富差距。尚未可知的是，对整个体系的革新化改善是否可能？或者，发展中国家占多数的状况继续存在，其激进集权式倾向是否会导致旧体制的解体，并形成平行存在的几个经济集团？

九、附属辅助机关

（一）联合国各规划署

最后，联合国还设有一些规划署，它们借助于各个国家的特别捐资和设备提供，协调联合国大家庭中不同组织相互重叠的权限职能，服务于具体目

---

① 例如 1970 年报告《对第二个发展十年的国际战略》《对发展援助（1964—1972）的目标和条件的制定和解读》《商品贸易（1968）行动计划》及《关于促进从发展中国家出口半成品和成品的关税优惠的建议》中的措辞。

② 该草案于 1974 年 12 月 12 日作为第 3281（XXIX）号决议在联合国第 29 次大会上通过，它与 1974 年 5 月 1 日由第 6 次特别大会通过的第 3201/02（S–Ⅵ）号决议《建立新国际经济秩序的行动计划》联系密切。

③ 综合方案和债务问题成为 1976 年 5 月内罗毕第四届联合国贸易和发展会议的中心议题。

标的实现，例如发展援助、环境保护、粮食援助等。联合国开发计划署和联合国环境规划署是根据《联合国宪章》第 7 条第 2 款和第 22 条作为联合国的附属机构设立的，分别通过大会第 2029〔XX〕和 2688〔XXVI〕号决议及第 2997〔XXVII〕号决议建立。各个规划署设有一名行政或执行长官，作为各自独立秘书处的领导，但这些秘书处同时是联合国秘书处的组成部分；另设有行政理事会，由一些由经济及社会理事会或联合国大会选举的成员的代表组成；及一个协调委员会作为咨询机关，协调联合国组织、其专门机构及下属机构的有关规划。① 联合国开发计划署的协调委员会叫机构间协调委员会（Inter Agency Coordination Board），联合国环境规划署的协调委员会叫环境协调委员会（Environment Coordination Board）。

来自成员的自愿捐款或者部分私人捐资负担联合国各规划署的行政费用和业务活动的支出，各规划署包括包括联合国开发计划署、联合国儿童基金会、联合国粮食计划署、联合国人口基金等。

（二）联合国开发计划署

联合国开发计划署（United Nations Development Program，UNDP）是联合国技术援助计划的管理机构，1965 年 11 月依据联合国大会决议②成立，其前身是 1949 年设立的"技术援助扩大方案"（Expanded Program for Technical Assistance，EPTA）和 1958 年设立的"特别基金"（United Nations Special Fund，SF）。总部设在纽约，另有四个区域局和设在发展中国家的 100 多个办事处。这些在驻地代表领导下的办事处在当地与受援国接洽，协调主管技术的联合国专门机构的工作，例如联合国粮食及农业组织（FAO），世界卫生组织（WHO），联合国教育、科学及文化组织（UNESCO）等，这些组织负责执行联合国开发计划署资助的各种技术援助项目。

使用由自愿捐款构成的年度预算，联合国开发计划署资助世界上所有发展中国家和各种非独立地区的项目，属于世界上最大规模的技术援助计划。技术

---

① Vgl. Ignaz Seidl-Hohenveldern/Gerhard Loibl, Das Recht der Internationalen Organisationen（国际组织法），7. Aufl. 2000，S. 105 f.，Rdnr. 0814 b ff.

② 1965 年 11 月 22 日第 2029（XX）号决议。

援助的目的是转让技术，通过培训当地的技术人员并提供咨询、出具鉴定和研究报告、建设和扩展讲习班及培训中心、在各个专业领域提供培训计划等方式。

联合国开发计划署的最高机关是管理委员会（Governing Council），由经济及社会理事会选举 48 人组成，席位按地区分配，任期 3 年。① 管理委员会决定政策上的基本问题、国家规划和个别项目。联合国开发计划署实行署长负责制，但与主管技术援助执行的联合国特殊组织的协调工作由机构间协调委员会负责。除了管理委员会之外，在组织结构上，联合国开发计划署还拥有执行局和秘书处。执行局是政策决策机构，由 36 个成员组成，其中，亚洲 7 个、非洲 8 个、东欧 4 个、拉美 5 个、西欧和其他国家 12 个。执行局成员由经社理事会按地区分配原则和主要捐助国及受援国的代表性原则选举产生，任期三年，执行局每年举行三次常会，一次年会。秘书处按照执行局制定的政策在署长领导下处理具体事务，在 134 个国家设有驻地代表处。派出的驻地代表主要负责当地的发展政策咨询和项目管理，借助于这些代表处和代办机构的工作，联合国开发计划署将其技术援助计划拓展到全球超过 170 个国家和地区。

联合国开发计划署的工作涉及发展援助和合作，通过资金转移、技术转让或人力资源的交流，力图在更多领域为实现发展和进步作出贡献。由此，联合国开发计划署成为联合国多边技术合作的核心支柱和协调机构。联合国开发计划署的援助项目是无偿的，由联合国技术合作部、贸易和发展会议等 30 多个机构承办和具体实施。计划署本身不负责承办援助项目或具体将其付诸实施，它主要是派出专家进行发展项目的可行性考察，担任技术指导或顾问。印度、孟加拉国和中国曾是开发署的几个主要受援国。通过加强发展合作，援助共同体和开发署对具有强烈责任意识的政府领导给予奖赏；而对由于地方精英的缘故造成失败的援助项目则采取减少或暂停的措施。这些现象和案例表明，援助共同体的促进意愿的目的在于实现所提供资源的可持续发展和充分利用。

---

① 与联合国大会的体系一样，在联合国开发计划署的管理委员会中，每个国家拥有 1 票，而在来自 48 个国家各 1 名代表中，发展中国家占 27 席，所以占有多数。

（三）联合国环境规划署

联合国环境规划署（United Nations Environment Programme，UNEP）[①] 1972 年成立，总部设在肯尼亚的内罗毕，是第一个将总部设在发展中国家的联合国机构。联合国环境规划署的资金来源于由成员自愿捐资的环境基金。

联合国环境规划署的主要组织机构包括理事会、环境基金、秘书处和协调委员会等。[②]

联合国环境规划署与不同的伙伴进行合作，其中包括其他的联合国机构和国际组织、各国政府、非政府组织、企业及民间团体。联合国环境规划署的首要任务是充当联合国环境活动的催化剂。该规划署的宗旨是促进环境领域内的国际合作，并提出政策建议；在联合国系统内提供指导和协调环境规划总政策，并审查规划的定期报告；审查世界环境状况，以确保正在出现的、具有国际广泛影响的环境问题得到各国政府的适当关注；经常审查国家与国际环境政策和措施对发展中国家带来的影响和费用增加的问题；促进环境知识的取得和情报的交流。

该规划署每两年出版关于世界环境状况的报告，说明各种环境破坏问题和环境保护的发展情况。该规划署关注的重点对象是气候变化问题、大气污染、饮用水安全、沿海地区和海洋环境的损害、土地质量恶化和荒漠化、物种灭绝、危险废物和有毒化学品问题等。在联合国环境规划署的工作范围内，当今绝大多数有效的多边环境保护协定得以发展和签订。

（四）联合国儿童基金会

联合国儿童基金会（United Nations International Children's Emergency Fund，UNICEF）是联合国的儿童援助机构，建立于 1946 年 12 月 11 日。

联合国儿童基金会最初的任务曾是帮助受到第二次世界大战严重伤害的儿

[①]　Vgl. Steiner, Achim, Zukunftsaufgabe globaler Umweltschutz. Das UNEP vor neuen Herausforderungen（全球环境保护的未来任务。联合国环境规划署面临新挑战），in：VN 2006, S. 226 ff.

[②]　理事会由 58 个成员组成，任期四年，可以连任。理事会席位按区域分配如下：亚洲 13 个，非洲 16 个，东欧 6 个，拉美 10 个，西欧及其他国家 13 个。每年改选理事会成员中的半数。中国自 1973 年以来一直是环境署理事会成员。详见 http：//www. unep. org/chinese/about_ unep/about_ unep. asp。

童。之后，联合国儿童基金会主要在发展中国家展开工作，在健康、家庭计划、卫生、营养和教育等领域协助至少 160 个国家的儿童和母亲，并在紧急情况下提供即时援助。此外，联合国儿童基金会在国际政治层面致力于反对儿童兵和难民保护工作。当然，联合国儿童基金会也因销售圣诞贺卡而闻名。

第七节 联合国的法律地位

根据《联合国宪章》第 104 条，在任何一个成员领土内，联合国都享有对其执行职务和达成宗旨所必需的法律权利能力。当然，该能力不涉及联合国在国际法上的法律地位，而是涉及在各该成员的国内法律上的法律地位。

但是，毫无疑问地，联合国在国际法上也享有（有限的）法律权利能力。联合国是一个具有长期目标的国家联合体，拥有自己的机关、意志、任务和宗旨，与组成它的各个国家的机关存在法律上的区别。这一点在 1949 年 4 月 11 日国际法院发表的"关于为联合国服务而受损害的赔偿案的咨询意见"[①] 中已被清楚地表明：根据国际法院的意见，联合国只有在拥有相当程度的国际人格和能力的基础上，以便在国际层面行动时，它才能够真正地行使职能和享有有关的权利。如果缺乏这种法律人格，联合国就无法进行有效的活动及履行其职能。所以，国际法院得出结论，联合国具有国际法律人格。但是，这与国家的法律人格是不同的，因为联合国不是一个国家，联合国的法律人格、权利和义务与国家的法律人格、权利和义务不同。这意味着，联合国是一个国际法主体，拥有享有权利和承担义务的能力。

一个国家具有被国际法承认的所有权利和义务，相比之下，一个国际组织的权利和义务的范围取决于其目的和职能，一如在其建立文件中所具体规定的，或者隐含，或者在实践中发展出来。所以，联合国是一个国际法律人格，受限于其目的和任务，其范围不如独立国家的权利义务一样广泛。联合

---

① Reports 1949，S. 179.

国有权与国家或者其他国际组织签订国际条约,[1] 享有履行组织职务所必要的特权和豁免,且该特权和豁免同样适用于联合国成员的代表和秘书处的职员（《联合国宪章》第 105 条)。[2] 另外,联合国还拥有强制权,即在极端情况下超越一般国家权利之外的发动战争权。

第八节　对联合国的评价

联合国的主要目标是阻止战争和预防及解决国际争端,而事实上,这一领域被超级大国美国和几个主要大国及其拥趸主导着,留给联合国及其主管机关安全理事会的运作空间相对有限。联合国采取强制措施的情形成为例外情况,保障和平的行动常常由于缺乏参与各方必要的协调一致而失败。联合国一般只能满足于不同程度的配套行动。

在《联合国宪章》第 7 章规定的制裁体系逐步发展成一个灵活的机制,通过观察、调解和谈判以及投入维持和平部队（peace-keeping-forces）来结束武力冲突,例如在塞浦路斯、中东（1956 年、1967 年和 1973 年）的冲突或者 1971 年 12 月的印巴冲突。

另外,联合国的一个趋势值得关注,即在若干地区,联合国放弃行使维持和平的职能,转而赋予一些区域组织采取集体安全措施的权限,例如美洲国家组织,或者非洲统一组织。

在国际合作领域,即《联合国宪章》第 1 条第 3 项所列的 3 个主要任务领域中的第二个,"以解决国际属于经济、社会、文化及人类福利性质之国际问题",联合国借助于其自身广泛的普遍性,取得了极大的成就。看起来,联合国在其主要任务领域发生了可能是最重要的重心转变,在维和功能的重要性有所下降的同时,在合作功能领域的重要性得到加强。此合作活动主要指向经济和社会方面。该合作发源于欠发达国家对援助的日益强烈的要求,

---

① 参见《联合国宪章》第 43、63 和 70 条。

② 特别参见 1946 年 2 月 13 日的《联合国特权及豁免公约》和 1947 年 6 月 26 日联合国与美国签署的总部协议。

但目的却在于大幅度缩小至今一直在扩大的南北半球之间的贫富差距。如果发展中国家借助其席位的绝对多数，坚持将联合国扩建成完全为其利益服务的工具，则多数工业国家将加强对联合国之外的一些国际组织的改造，例如世界贸易组织（WTO）、经济合作发展组织（OECD）、欧洲联盟（EU）等，使它们成为完全为工业国家之间相互合作服务的工具。

在殖民地和托管领土的工作中，联合国成为非殖民化的先驱，并使这些地区免于陷入无政府状态。在联合国中，以前的殖民地人民成为与其旧主国地位平等的伙伴，并在那里发挥越来越大的影响，这是一个独特的奇观。然而，这种影响并非完全没有风险。目前，在联合国中，中型、小型和最小型国家主导着投票结果。在第 29 届联合国大会上，美国代表已经提出了联合国作为世界组织的运作能力问题，特别是当持续出现多数票否决少数票的情况出现时，联合国将被从一个谈判和调解的论坛变成一个角斗场，胜负取决于多数决这种武器。对"表决胜利"和"表决暴政"的批评与西方大国退出联合国的威胁密切相连，真切地提出了联合国的意义和续存的问题。

联合国在国际法律编撰领域做了很多具有学术价值的工作。

通过联合国实现国际关系真正一体化的最大阻碍是缺乏意识形态上的同质性（ideological homogeneity）。尽管西方阵营内部的意识形态分歧几乎已经成为过去，但是，西方国家与亚洲和北非文化国家之间的意识形态分歧仍然存在，并有蔓延的趋势，例如欧盟和美国与俄罗斯之间的紧张局势①、美国和中国之间的大国角力②。由此产生的问题远远超出国际法规制的范畴。联合国是主权国家的联合体，这一目前松散的组织形式在近期将无法被强化和深化。联合国当前的法律结构虽然有许多缺陷，但基于现实的条件，已然最大限度地实现了其目标。这就是说，下一个转型步骤不在法律领域，而在现实领域，尤其是意识形态领域。

---

① 实例不胜枚举，例如持续多年的叙利亚战争、2013 年乌克兰危机、2018 年因间谍受害案互相驱逐外交官等。

② 2018 年 3 月，美国发起对中国的所谓"301 条款"调查，并发动贸易战，涉及对上千亿美元的商品增加关税。

第三章　北大西洋公约组织

北大西洋公约组织（North Atlantic Treaty Organization，NATO，简称北约组织或北约），是美国与西欧、北美主要发达国家为实现防卫协作而建立的一个国际军事集团组织。它既是当今世界独一无二的国际政治军事集团组织，也是资本主义国家在军事上实现战略同盟的标志。其宗旨是成员在集体防务和维持和平与安全方面共同努力，促进北大西洋地区的稳定和福利。北约自1949年成立至今，历经半个多世纪，在国际外交、军事舞台上扮演了重要角色，对欧洲的军事政治乃至整个世界的形势都产生了极大的影响。

一、北大西洋公约组织的诞生

第二次世界大战刚刚结束，冷战就又开始了，国际政治局势出现了新一轮大分化，分别形成了以美国为首的西方阵营和以苏联为首的东方阵营。这两大阵营在政治、经济、军事和文化等诸多方面展开了长期对抗，在军事方面形成各自的军事集团，即北大西洋公约组织（以下简称北约）和华沙条约组织（Warsaw Pact 或 Warsaw Treaty Organization，以下简称华约）。随着冷战的开始，美、苏在欧洲激烈争夺，从一系列冷战危机中逐渐产生两大军事集团。北约组织最先形成，它是美国对苏联"冷战"的产物。[①]

1949年4月4日，美国与加拿大、英国、法国、德国、比利时、荷兰、卢森堡、丹麦、挪威、冰岛、葡萄牙、意大利共12国在华盛顿签订了《北大西洋公约》（以下简称《公约》），标志着北大西洋公约组织（以下简称北

---

① 龚维新："北大西洋公约组织的建立"，载《国际问题资料》1984年第19期，第29页。

约）正式成立。北约的总部设在比利时的布鲁塞尔，宗旨是成员在集体防务和维持和平与安全方面共同努力，促进北大西洋地区的稳定和福利。《公约》于1949年8月24日生效。北约成立的目的是与以苏联为首的东欧集团国成员相抗衡，若某成员一旦受到攻击，其他成员可以及时作出反应、联合进行反击。但这一条款在"2001年9·11"事件之前，一直未曾付诸实施。及至苏联解体，华沙公约组织宣告解散，北约遂成为一个地区性防卫协作组织。

二、北大西洋公约组织的成员

北约成立之初只有12个成员，包括美国、比利时、加拿大、丹麦、法国、冰岛、意大利、卢森堡、挪威、荷兰、葡萄牙和英国。后来北约经过6次扩大，成员逐渐达到28个：1952年2月，土耳其和希腊加入；1955年5月，联邦德国加入；1982年5月，西班牙加入；1999年3月，波兰、匈牙利和捷克加入；2004年3月，爱沙尼亚、拉脱维亚、立陶宛、斯洛伐克、斯洛文尼亚、罗马尼亚和保加利亚加入；2009年4月，阿尔巴尼亚和克罗地亚加入；2017年6月，黑山成为北约第29个成员。

其中最有发言权的是美国、英国、法国、加拿大。美国是北约的领头羊，而英国是美国最可靠盟友，欧洲两个综合实力最强的大国之一，也是联合国五个常任理事国之一。同英国一样，法国也是欧洲两个综合实力最强的大国之一，也是联合国常任理事国。加拿大是跨大西洋重要国家之一，美国的邻居，领土面积仅次于俄罗斯，也是世界经济强国之一。

三、北大西洋公约组织的组织机构与运作

（一）北大西洋理事会

北大西洋理事会（North Atlantic Council，亦称北约理事会），即部长理事会，最高决策机构。由成员外长组成，必要时国防部长、财长甚至政府首脑也可与会。每年两次例会。在部长理事会休会期间，各成员大使级常驻代表负责理事会日常工作。

（二）防务计划委员会

防务计划委员会（Defence Planning Committee），由参加北约防务一体化

指挥系统的成员国防部长组成，每年开会两次，负责审议北约防务政策和军事计划。1966 年北约又设立专门负责核防务政策的核计划小组（Nuclear Planning Group）。

（三）国际秘书处

国际秘书处（International Secretariat）负责北约会议的筹备。秘书长除领导秘书处外，也是部长理事会、防务计划委员会、核防务委员会和核计划小组的主席。

（四）军事委员会

军事委员会（Military Committee）是北约最高军事指挥机构，由参加军事一体化指挥系统的成员总参谋长组成。每年约开会三次，负责就北约防务问题向部长理事会和防务计划委员会提出建议，并对下属各主要战区司令部实施领导。军委会主席由军委会成员推选，任期 3 年。其日常事务由各国总参谋长任命的常驻军事代表组成军事代表委员会负责办理。

（五）北大西洋议会

北大西洋议会（NATO Parliamentary Assembly）是北约 29 个成员及 17 个联系国议会间组织，议员由各国议会指定，名额按国家人口比例分配。议会宗旨是鼓励各国议会间的合作，密切各国议会与北约机构的联系，推动实现北大西洋公约的目标。

四、北大西洋公约组织的相关文件

（一）《北大西洋公约》的主要内容

《北大西洋公约》（The North Atlantic Treaty）由序言和 14 条正文组成。主要内容有：缔约方实行"集体防御"；保持并加强单独及集体抵抗武装攻击能力；任何一个缔约方的领土完整、政治独立或安全"遭受威胁"时，各缔约方应共同协商；对一个或数个缔约方的"武装攻击"应视为对缔约方全体的攻击，其他缔约方有义务给予援助，包括使用武力；该条约的有效期为 20 年。

（二）《北约战略概念》的主要内容

第一，关于北约的宗旨。强调北约在坚持"集体防御"职能的同时，基于在"民主、人权、法治方面的共同价值观"，将"为保证欧洲公正持久的和平秩序而奋斗"，致力于建立一个完整、自由、统一的欧洲。

第二，关于风险和威胁。认为欧洲——大西洋地区内外的一些国家面临着严重的经济、社会和政治问题；种族和宗教对立、领土争端、政策不当或失误、侵犯人权以及国家瓦解等可能引发地区局势动荡；该地区之外存在着"核、生、化以及大规模杀伤性武器扩散的危险和国际恐怖主义活动。"

第三，关于联合国的作用。承认联合国安理会担负着维护国际和平与安全的首要义务，在维护欧洲——大西洋地区的安全与稳定方面也起着关键的作用。

五、结语

北大西洋公约组织是美国对苏联"冷战"的产物，在国际外交、军事舞台上扮演了重要角色，对欧洲的军事政治乃至整个世界的形势都产生了极大的影响。北约拥有大量核武器和常规部队，是西方国家的重要军事力量。但是，2002 年伊拉克战争的泥潭增加了美国和其欧洲盟友之间的不信任，美国坚持的单边主义与欧洲热衷的多边主义发生分歧，大西洋两岸的关系正在寻求新的平衡。[①]

---

① 葛勇平编著：《国际关系理论与实践》，哈尔滨工业大学出版社 2014 年版，第 168～169 页。

第四章　欧共体和欧盟

第一节　欧共体的起源：舒曼——莫内计划

通过向联邦德国和其他具有同样愿望的欧洲国家提出建立一个具有和平利益的共同体的思想和计划，罗伯特·舒曼（Robert Schuman）[①] 和其助手让·莫内（Jean Monnet）[②] 创造了历史。在此过程中，法国向昔日宿敌伸出和平之手，抹去了战争带来的苦难和往日的负担。他们建议欧洲各民族通过联合行使主权来实现共同复兴，其影响之一是，各国不能单独行使主权。凭此，他们已做好在国际关系方面开始一个崭新阶段的准备。舒曼和莫内的思想和计划描绘了 20 世纪最伟大的事业，从此，欧洲格局发生了日新月异的发展变化。

一、欧共体成立前的历史背景

20 世纪中叶，对于欧洲人民来说，敌对状态结束之后应有的休养生息并没有实现。第二次世界大战刚结束，东西方之间的第三次危机随之而来。1947 年 4 月 24 日，关于德国问题的莫斯科会议以失败告终，这使西方确信，苏维埃联盟即将成为直接威胁西方民主的源头。1947 年 10 月国际共产主义者政党联盟的建立，1948 年 2 月在捷克斯洛伐克发生的"布拉格行动"，以

---

① 罗伯特·舒曼（1886—1963），法国洛林人，是法国戴高乐时期的外交部部长。他曾亲身经历德法边界领土之争，为避免两国间再次发生战争而必须采取措施的决心所驱动，对莫内委以重任。

② 让·莫内（1888—1979），生于法国西南部的科涅克市，在法国戴高乐时期负责法国现代化计划。

及 1948 年 6 月的柏林封锁使德国分裂为两个国家，这三起事件进一步加剧了当时的紧张状态。西欧通过在 1949 年 4 月 4 日与美国签署的《北大西洋公约》奠定了集体安全的基础。然而，1949 年 9 月，苏联第一枚原子弹的成功爆炸以及克里姆林宫领导人威胁的扩散促使冷战的恐惧氛围蔓延。

自 1949 年 5 月 23 日德国基本法颁布以来，联邦德国自行制定内部政策；然而，她的历史和地理地位使其成为东西方争夺的焦点。美国企图促进处于欧洲大陆分裂中心的国家的经济复苏，在华盛顿的一些军营里已经有人提出重新武装被打败的强国的要求。法国外交处于尴尬境地。一种做法是屈服于美国的压力，并且在舆论面前同意在鲁尔区和萨尔区重建德国军队。另一种做法是，坚决反对其主要同盟者，并且使其与波恩的关系陷入僵局。1950 年春天，法国外长舒曼被美国国务卿和英国外交事务大臣授予了一项重要使命：提出一个建议，使联邦德国重新纳入西方阵营。三国政府间的会议被安排在 1950 年 5 月 10 日举行，法国政府责无旁贷。

除政治僵局之外，还有经济问题。欧洲各国的产钢能力似乎开始出现生产过剩的危机。需求减少，价格降低，为了限制竞争，忠于内战期间铁血统治传统的德国生产者重新建立了同业联盟。在重建的过程中，基础工业面临投机和组织混乱的严峻挑战。

二、莫内的创新思想

为了解决这些传统外交无能为力的困难，舒曼需要一位不为公众所知却已在国际生涯中有着特殊经历的善于创造的天才。此时，莫内正负责法国现代化计划，并在 1945 年受戴高乐（Charles de Gaulle）任命，担负恢复国民经济的重任。在第一次世界大战期间，莫内为盟军组织联合供给；他是国际联盟的副秘书长，业务涉及美国、西欧和中国的银行家；他是罗斯福（Roosevelt）总统的私人顾问，也是确保美国军事力量优于轴心国部队的"胜利计划"的设计者。莫内可以不受任何政治命令的约束向政府提出建议，被普遍认为是一个关注效果的实用主义者。他认为，一个分裂的欧洲是大多数隐患的源头，而正在孕育中的欧洲联合将缓和紧张气氛。

莫内观察到，1948 年海牙大会上为欧洲大陆联合的目的而发起的欧洲运动是徒劳之举。同时，1948 年建立的欧洲经济合作组织具有纯粹的调和使命，它无权防止以严格的国家框架形式出现的欧洲国家的经济复苏。1949 年 5 月 5 日欧洲理事会的创建表明了各国政府不愿意交出统治权。咨询机构仅拥有商议权，它的每一个决议必须以 2/3 多数通过，但可能被部长委员会否决。他意识到，企图一次性引入一个综合性的机制必将招致各国的公开反对，从而注定失败。目前设想大规模的主权让渡还为时过早。人们脑海中对战争的经历仍然记忆犹新，民族情绪依旧高涨。他认为，在这种状况下，成功地建设和平的欧洲将依赖于限制专门领域的目标，也依赖于引入一个逐渐增加额外责任的共同决策机制。

三、舒曼的五九宣言

在 1950 年 4 月末，莫内和他的合作者起草了数页的计划，其后阐明了理论基础和设想的步骤，其中不乏撼动传统外交的建议。当他着手其任务的时候，为了避免必然的反对意见，保持建议的革新本质，莫内以最终处理权取代了各职能部门的惯常咨询。莫内知道，舒曼的决定可能最终影响事件的进程，欧洲政治舞台上的变革即将开始。

1950 年 5 月 9 日，舒曼在同僚面前为该计划辩护，而同时，收到该计划的联邦德国总理康拉德·阿登纳[①]表示将全力支持。于是，舒曼公布了他的宣言。法国向德国伸出合作之手，建议它在平等的基础上加入新的实体，首先两国共同经营煤炭和钢铁，而且在更广的层面上奠定欧洲联邦的基石。

宣言[②]提出了一系列原则：

——欧洲不会突然或根据单个计划而联合。实践成果首先创造真实的团结一致，欧洲将建立在此基础之上。

——必须消除法国和联邦德国之间由来已久的仇恨；采取的任何措施必须首先考虑这两个国家，但是它对具有共同目标的其他欧洲国家也是开放的；

---

① 康拉德·阿登纳（1876—1967），生于科隆，是联邦德国第一任总理。1950 年 3 月，他公开呼吁建立"德法联盟"作为"欧洲合众国的奠基石"。

② 详见 Schuman Declaration of 9 May 1950。

——法国和联邦德国生产的煤炭和钢铁必须置于一个共同高级管理机构之下，就这个限制性的却是决定性的观点必须立即采取措施；

——这些经济利益的融合将有助于提高生活标准和建立一个欧洲共同体；

——高级管理机构的决定将约束成员。机构本身将由独立的个人组成并且具有平等的代表身份。机构的决定将是可执行的。

四、舒曼——莫内计划中的欧共体革新性原则

1951 年《欧洲煤钢共同体条约》① 的序言由五个小段落构成，包含了作为欧洲联合倡导者的整个思想体系："鉴于世界和平可能仅仅受到与威胁相称的创造性努力的保护；确信一个有组织的、充满活力的欧洲能够对文明作出贡献对维持和平关系是绝对必要的；承认欧洲只能通过最先创造真正团结一致的实践成果和建立经济发展的共同基础来建设；急于通过扩大它们的基础生产来帮助提高生活标准和促进和平事业；决定以实质利益的合并来取代由来已久的竞争；决定通过建立经济共同体为在被流血冲突长期分裂的民族之间建立一个更广更深的共同体打下基础；决定为指导今后的共同命运的机构奠定基础。"其中提出的"世界和平""实践成果""真正团结一致""实质利益的合并""共同体"和"今后的共同命运"等词语，都是关于共同体精神和宗旨的关键词，至今仍保持着极强的号召力。

虽然《欧洲煤钢共同体条约》的主要目标，即运营煤钢市场，今天已不再具有当时那样的重要性，但是，对于 20 世纪 50 年代的欧洲经济来说，其规定的机构原则却是非常典型的。四个共同体原则源于舒曼——莫内计划，并且它们形成了后来共同体大厦的基础。

第一，将国家之间关系建立在和平与民主基础之上的原则。在民主政体

---

① 《欧洲煤钢共同体条约》（亦称《巴黎条约》），建立了欧洲煤钢共同体，该《条约》于 1952 年 7 月 23 日正式生效，《条约》第 97 条规定，"该条约自其生效之日起 50 年有效"，据此，到 2002 年 7 月 23 日《条约》有效期届满，有关过渡条款规定在《尼斯条约》中。2000 年底欧盟各国首脑和政府首脑在尼斯会议上达成妥协，其结果就是《尼斯条约》，2001 年 2 月 26 日欧盟各国外长签署《尼斯条约》，该条约自 2002 年 10 月 19 日生效。《尼斯条约》的一项《关于欧洲煤钢共同体条约期满时的财政后果和煤钢研究基金的议定书》中第 1 条规定，欧洲煤钢共同体在 2002 年 7 月 23 日的所有财产和债务于 2002 年 7 月 24 日转为欧洲共同体所有。

下众多平等、仲裁和调解原则适用于国际关系是文明的进步。舒曼和莫内都经历了与战争相伴的混乱、暴力和武断。在创造一个权利胜于武力的共同体的过程中，他们的全部努力不断被调整。把国家之间的关系放在和平与民主的基础之上，抛弃（部分）统治和民族主义的精神，这些是赋予共同体以政治内容的内在动力。

第二，共同体机构独立性原则。假如机构履行其功能，它们必须拥有自己的权力。欧洲煤钢共同体的高级管理机构得到了 3 项保证，后来的共同体机构从中受益：

——通过政府间的共同协定决定成员的任命，今天是委员的任命。这些委员不是国家代表，而是学院式地行使权力并且不可能从成员得到指导的个人。

——通过征集自有资源获得财政独立；有别于国际组织通过可能被质疑的国家捐助来获得财政收入；

——高级管理机构（今天的委员会）对大会（今天的欧洲议会）负责，大会可以特定多数决方式作出决定。

第三，机构之间的合作原则。高级管理机构的独立性是新制度的基础。然而，当谈判继续的时候，需要给成员提供主张国家利益的机会。因此，傍靠高级管理机构建立的部长理事会，其地位严格受限制，因为它在作出决策时不要求一致同意而只需要多数同意。仅仅在有限的情况下，要求部长理事会一致同意。高级管理机构保留了对立法创制权的垄断，这一延伸到当今委员会能力的特权是必要的，因为它保证所有共同体的利益得到辩护。

第四，成员之间的平等原则。当理事会中国家代表的原则已被选择时，保留了各自加权的精巧内容。比荷卢三国和意大利担心由于其国内的煤钢生产量与总数的比例而被置于少数地位，因此，他们主张协商一致原则。另一方面，德国倡导与生产成比例的代表制度，当然这个建议几乎无法缓和合作伙伴的焦虑情绪，相反加剧之。莫内相信，只有国家之间平等的原则能够产生新的心理状态。由此，赋予共同体概念完整意义的法律和道德基础之一得以确立。①

①　相关参考文献繁多，仅见胡瑾、郇庆治、宋全成：《欧洲早期一体化思想与实践研究（1945—1967）》，山东人民出版社 2000 年版；Rudolf Streinz, Europarecht, 6. Aufl., C. F. Mueller, 2003.

第二节 欧共体与欧盟的发展历程与现状

一、欧洲三个共同体的发展及机构合并

1948 年 1 月 1 日生效的《关贸总协定》（自 1995 年 1 月 1 日起被世界贸易组织取代）要求其成员之间相互减免关税，促进世界贸易自由化。在此背景下，欧洲国家也不得不进一步加快欧洲内部贸易自由化的步伐，以期与国际贸易接轨。加之 20 世纪 50 年代中期在欧洲产生了能源危机，各国试图通过核能源来解决这个问题。基于上述两方面的原因，欧洲煤钢共同体的创始国比利时、联邦德国、法国、意大利、卢森堡和荷兰于 1957 年 3 月 25 日在罗马缔结了《欧洲经济共同体条约》①和《欧洲原子能共同体条约》②（这两个条约也被称为《罗马条约》），建立了欧洲经济共同体和欧洲原子能共同体，上述两个条约于 1958 年 1 月 1 日正式生效。

在 20 世纪 50 年代欧洲建立煤钢、原子能和经济共同体之后，从 50 年代末至 60 年代初逐步进行机构调整与合并。1955 年，德法比荷意卢六国召开了墨西拿会议，发表了"墨西拿宣言"，认为建立一个共同市场和逐步协调它们的社会政策，对于创造统一的欧洲是必要的。③经过 1957 年的《关于设立欧洲各大共同体共同机构的协定》④和 1965 年的《欧洲各大共同体关于设立共同的理事会和共同的委员会的条约》⑤（也被简称为《合并条约》），欧洲共同体、欧洲原子能共同体、欧洲煤钢共同体依其各自行使的职能开始渐

---

① 中文本见欧共体官方出版局编：《欧洲联盟法典》（第一卷），苏明忠译，国际文化出版公司 2005 年版，第 119 页以下。

② 同上书，第 332 页以下。

③ 参见连玉如：《新世界政治与德国外交政策——"新德国问题"的探索》，北京大学出版社 2003 年版，第 215 页。

④ 中文本见欧共体官方出版局编：《欧洲联盟法典》（第一卷），苏明忠译，国际文化出版公司 2005 年版，第 448 页以下。

⑤ 同上书，第 456 页以下。

渐融合并渐渐拥有了共同的机构。1965 年 4 月 8 日，各大共同体的六个创始国签订的《布鲁塞尔条约》①决定将三个共同体的机构合并，统称欧洲共同体。但三个组织仍各自存在，具有独立的法人资格。条约于 1967 年 7 月 1 日正式生效。根据这项条约，上述三个共同体，即欧洲煤钢共同体、欧洲原子能共同体和欧洲经济共同体的组织机构得以充分合并。

根据 1957 年的《关于设立欧洲各大共同体共同机构的协定》的第 1 条和第 2 条规定，今后将由唯一的一个大会来履行欧洲经济共同体和欧洲原子能共同体的大会以及欧洲煤钢共同体的共同大会的职责；第 3 条和第 4 条规定，今后将由唯一的一个欧洲法院履行欧洲经济共同体、欧洲原子能共同体和欧洲煤钢共同体法院的职责；第 5 条还为欧洲经济共同体和欧洲原子能共同体设立了一个共同的机构，即经济与社会委员会。欧共体大会曾在 1958 年 3 月 21 日的一份公报中自称为欧洲议会，其后在 1962 年 3 月 30 日的一项决议中再次自称为"欧洲议会"。根据 1986 年 2 月的《单一欧洲法令》（或《单一欧洲文件》，Single European Act，SEA；德文：Einheitliche Europaeische Akte，EEA)② 第 3 条第 1 款，欧共体大会正式被称为欧洲议会。

1965 年的《布鲁塞尔条约》第 1 条第 1 款规定，"设立一个欧洲各大共同体理事会，以下简称理事会。这个埋事会代替欧洲煤钢共同体的特别部长理事会、欧洲经济共同体的理事会和欧洲原子能共同体的理事会"；第 9 条第 1 款规定，"设立一个欧洲各大共同体委员会，以下简称委员会。这个委员会代替欧洲煤钢共同体的高级管理机构、欧洲经济共同体的委员会和欧洲原子能共同体的委员会"。

在 1965 年之前，只有大会和法院同时适用于 3 个共同体。经过 1957 年的《协定》和 1965 年的《合并条约》，欧洲各大共同体共有的机构有下列 5 个：理事会（自 1965 年起）、委员会（自 1965 年起）、大会（自 1957 年起）、法院（自 1957 年起）、经济与社会委员会（自 1957 年起，仅仅针对欧洲经济共同体和欧洲原子能共同体）。1965 年的《合并条约》使得 3 个共同

---

① 全称《欧洲各大共同体关于设立共同的理事会和共同的委员会的条约》。
② 中文本见苏明忠译：《欧洲联盟法典》（第一卷），国际文化出版公司 2005 年版，第 558 页以下。

体的所有机构完全合并，从某种意义上讲，对于欧洲公民来说，只存在一个欧共体，人们常常将欧洲煤钢共同体、欧洲原子能共同体和欧洲经济共同体简单地统称为欧洲共同体。然而，从法律角度来讲，当时关于3个共同体的条约文本并没有合并，它们仍然分别独立存在，3个共同体也各自独立存在。

二、欧共体与欧盟的历史沉浮

随着欧洲各大共同体的发展，其成员也逐渐增加。1973年1月1日丹麦、英国和爱尔兰加入欧洲经济共同体；1981年1月1日希腊加入欧洲经济共同体；1986年1月1日葡萄牙和西班牙加入欧洲经济共同体。1992年2月7日欧洲各大共同体的12个成员在马斯特里赫特缔结了《关于建立欧洲联盟的条约》（亦称《马斯特里赫特条约》，简称马约），该条约于1993年11月1日正式生效。

马约的宗旨是深化欧洲一体化进程，建立欧洲联盟；而且修改补充了《欧洲煤钢共同体条约》《欧洲经济共同体条约》和《欧洲原子能共同体条约》的内容，并正式将欧洲经济共同体改名为欧洲共同体①，从而，《欧洲经济共同体条约》也随之变为《欧洲共同体条约》；另外，在3个共同体体系之外拓展了新的政府间合作的领域。

自从依据《舒曼计划》建立了欧洲煤钢共同体之后，欧洲各国继续致力于推动一体化的进程，试图在更广泛的领域中建立共同体。为了实现这一目标，曾提出过《欧洲防卫共同体草案》以及与此紧密联系的《欧洲政治共同体章程草案》。1954年的法国国民议会否决了《欧洲防卫共同体草案》，随着它的破产，《欧洲政治共同体章程草案》的命运也就注定了。这两项草案未

---

① 值得注意的是，这里所说的欧洲共同体专指原来的欧洲经济共同体，而不是前面说的三个共同体的总称。有些中文材料在翻译外文文献时忽略了外文用语的单复数，统统翻译成欧洲共同体。如果使用欧洲各大共同体来表达三个共同体的总称，比较容易避免混淆不同的概念。所以，在遇到欧洲共同体这个名词时，要区分是指哪个意义上的欧洲共同体。《欧洲共同体条约》只有一个，即被《马斯特里赫特条约》修改后的原《欧洲经济共同体条约》。前面已经提到，关于建立三个共同体的条约文本独立存在、未曾合并。欧洲各大共同体（European Communities；德文：Europaeische Gemeinschaften）指欧洲经济共同体（自1993年11月1日起为欧洲共同体）、欧洲原子能共同体和欧洲煤钢共同体，共三个共同体。

能通过，说明当时欧洲政治一体化的时机尚不成熟，政治方面的一体化应放慢步伐，转而寻求逐步完成。此后，各国开始致力于深化经济一体化的进程。但是，失败并没有阻止欧洲一体化的进程。在来自比荷卢三国的政治家的倡导下，1955 年 6 月，一体化进程在墨西拿重新起步。1957 年 3 月 25 日，六个创始国签署了建立欧洲经济共同体和欧洲原子能共同体的两个罗马条约。

虽然，从 1972 年到 1995 年，先后有英国等 9 个国家加入，使欧洲共同体拥有了 15 个成员，但是，1973 年和 1979 年相继出现的两次石油危机削弱了共同体。在如此情况下，共同体奋力抗拒离心趋势，并且通过在 1979 年引入欧洲货币制度巩固了其凝聚力。这个制度渐渐为缓慢而不可避免地走向经济和货币联盟铺平了道路，随着欧盟的 11 个成员接受欧元，1999 年 1 月 1 日成立了经济和货币联盟。

除了石油危机之外，欧洲共同体还经历了其他各种各样的危机。1965 年的机制危机，一成员企图质疑表决的大多数制度；财政危机，由自有资源和消费的急剧增长之间的不相称所导致，新政策的增多和共同农业政策的成本增加引起了消费的急剧增长等。尽管如此，没有成员考虑离开这个共同体。1984 年，欧洲议会接纳了一个关于欧洲联盟的条约草案，建议各机构在整合的情况下做量的跳跃。通过签署 1986 年《单一欧洲法令》，成员从舒曼计划获得了他们的灵感和机制方法。成员用围绕自由边界大市场这一中心目标的一系列专门目标补充了《罗马条约》，并且制订了时间表；通过扩大特定多数决的范围更新了决策程序。

1993 年 11 月 1 日生效的《马斯特里赫特条约》[①] 为成员设定了野心勃勃的时间表。《马斯特里赫特条约》的一个修订条款敦促成员就新条约进行谈判，即 1997 年 10 在阿姆斯特丹（Amsterdam）签订的条约[②]，它调整和加强了"联盟"的政策和资源，尤其是在司法合作、人员流动自由、外交政策以及公共卫生方面。而欧洲议会作为"联盟"的民主表达机构，更是被授予新

---

① 中文本见欧共体官方出版局编：《欧洲联盟法典》（第二卷），苏明忠译，国际文化出版公司 2005 年版，第 7 页以下。

② 同上，第 207 页以下。

的职责而享有共同立法权。2001 年的《尼斯条约》① 更为欧盟东扩后的机构改革铺平了道路。

三、欧洲联盟的现状

2003 年 7 月，欧盟制宪筹备委员会全体会议就欧盟的盟旗、盟歌、铭言与庆典日等问题达成了一致。根据宪法草案：欧盟的盟旗仍为现行的蓝底和12 颗黄星图案，盟歌为贝多芬第九交响曲中的《欢乐颂》，铭言为"多元一体"，5 月 9 日为"欧洲日"。

继 2004 年 5 月 1 日欧盟完成东扩 10 国之后，2007 年 1 月 1 日，罗马尼亚和保加利亚正式加入欧盟，使欧盟成员的数量达到 27 个；2013 年 7 月 1日，克罗地亚正式成为欧盟第 28 个成员。欧盟成为当今世界上经济实力最强、一体化程度最高的国家联合体。

回顾过去 60 多年欧洲整合的过程，总体而言，欧洲联盟是一个历史性成功。民主和人权的共同价值重整了欧洲各民族，欧洲正是从此获得了力量。欧盟保护了文化与语言的多元化，维护了其独特的传统。当一些或远或近的国家正致力于巩固民主或者重建经济的时候，他们看到欧洲联盟史无前例的进步。欧洲联盟的壮大正在对其与美国、俄罗斯、亚洲及拉丁美洲的关系和全世界的和平发展产生重大影响。但是目前，英国脱欧正在进行中，考验着欧盟领导机构的智慧与决心。

第三节　欧共体的法律性质和超国家性

一、欧共体的特征

欧洲共同体拥有下列特征，并以此与其他国际组织区别开来。

---

① 关于《尼斯条约》中译本及评介，可参见赵海峰、石佳友、李晴兰译，《欧洲法通讯》第 3辑，赵海峰、张小劲主编，第 163 – 195 页，法律出版社 2002 年版。

第一，欧共体是一个国家间的联合体，这些国家虽然保有各自的主权，但为了实现共同目标，允许对其主权作一定的限制。第二，作为代表成员各自利益的机构，欧共体理事会的各项决定可以通过多数决来决定。① 第三，欧共体委员会的职责在于代表和保护共同体的共同利益，所以，欧共体委员会的委员不受成员指令的约束。② 第四，欧共体拥有自己的司法机关——欧共体法院③，并对相关事务享有专属管辖权。第五，欧共体有权颁布各项指令、条例、规定，对共同体成员及其国民具有直接的约束力。④ 第六，除了成员上交的费用之外，欧共体还拥有其他的经费来源。

诚然，上述任一项特征或权利都可能在其他国际组织中找到先例，⑤ 但是，与其他国际组织相比，欧共体各成员所作出的主权让渡的程度是史无前例的。这就是众说纷纭的所谓"超国家共同体"，源自于《欧洲煤钢共同体条约》最初文本的第 9 条，那里的提法是欧洲煤钢共同体委员会的"超国家特征"（德语："ueberstaatlicher Charakter"）。⑥ 对此，下文将予以详述。

二、欧共体的法律性质

《欧共体条约》第 281 条规定，共同体享有法律人格。根据《欧共体条约》第 282 条的规定，共同体在任何一个成员内都拥有最广泛的权利能力和行为能力，即在当地依各自法律规定赋予法人的权利。⑦ 虽然，根据《欧共体条约》第 281 条和条约的整体体系可以推导出欧共体的国际法主体资格，

---

① 《欧洲共同体条约》第 205 条第 1 款。关于对《马斯特里赫特条约》的相关修改，见 Rudolf Streinz，Der Vertrag von Amsterdam-Die institutionellen Veraenderungen fuer die Europaeische Union und die Europaeische Gemeinschaft，in：Jura，1998，第 57 页以下。

② 《欧洲共同体条约》第 213 条第 1 款。

③ 《欧洲共同体条约》第 220 条以下。

④ 《欧洲共同体条约》第 249 条第 2 款。

⑤ 相关例证见 Ignaz Seidl-Hohenveldern/Gerhard Loibl，Das Recht der internationalen Organisationen einschliesslich der supranationalen Gemeinschaften，6. Auflage，Koeln，Berlin，Bonn，Muenchen 1996，第 7 页，边号 0114。

⑥ 在相关的《欧洲经济共同体条约》第 157 条和《欧洲原子能共同体条约》第 126 条的几乎相同的条文处避免直接提及委员会的"超国家特征"。

⑦ 类似规定见《欧洲原子能共同体条约》第 184、185 条和《欧洲煤钢共同体条约》第 6 条。该第 6 条第 2 款明确规定，在国家间交往中，共同体拥有为执行任务和实现目标所必要的权利能力和行为能力。

但是，欧共体可以作为国际法主体参与国际交往并不能具体说明欧共体的法律性质。对这一问题的阐述和分析特别对理解共同体与成员之间的关系具有重要意义。共同体的法律性质到底如何，颇具争议。从法律角度探讨，主要有联邦国家说、国际组织说和自成一家说（sui generis）。笔者试着从国家、联邦国家、国家联盟和国际组织角度去分析个中原委。

（一）欧共体不是国家

根据德国国际法学家们所习惯谈的三元素说，如果领土、人民和有效的国家权力存在，则国家存在。① 据此，若将欧共体划入国际法和国家法的传统范畴，试图将它视为一个国家的尝试必将失败，原因在于，欧共体虽然拥有一定的领土和国家权力，但却缺乏统一的欧洲人民这一必要条件。鉴于在欧洲大陆生活的民族和使用语言的多样性，仅仅因此，是否存在统一的欧洲国民群体存疑。这里首先缺乏一种建立统一欧洲民族的必要的意识，对此，即便是在条约中引入"盟民资格"（德文：Unionsbuergerschaft）② 也无济于事。同时，该资格所规范的也不是与国民资格相联系的权利或义务。③

而欧共体更缺乏的是拥有广泛权能的国家主权。实际上，欧共体既不对外交政策也不对国防负全责，条约的事实上的主人仍然是各个成员，只有它们才有能力依据条约规定的形式来修改条约。而欧共体仅主管有限的任务，为此拥有有限的、必要的、在条约中明文规定的权限。所以，欧共体不能像一个国家一样任意选择它的目标，或在现代国家所能驰骋的所有领域里有所

① 国家构成之三元素说，可参见 Knut Ipsen（Hrsg.），Voelkerrecht，4. Aufl.，1999，第 55 页；Kimminich/Hobe，Einfuehrung in das Voelkerrecht，7. Aufl.，2000，第 74 页以下。关于四元素说，中国学者朱奇武认为，人民、土地、政府和主权是国家存在的四个前提要件，见朱奇武：《中国国际法的理论与实践》，法律出版社 1998 年版，第 71 页；王铁崖主编：《国际法》，法律出版社 1995 年版，第 65~66 页。另有所谓五元素说，例如美国亚历山大·温特总结了国家的五个特征：制度——法律秩序、唯一可以合法使用有组织暴力的组织、具有主权的组织、社会和领土，见其著作《国际政治的社会理论》，上海人民出版社 2000 年版，第 257 页。综上所述，领土、人民、有效的国家权力与政府是构成国家的必要条件。

② 参见《欧洲共同体条约》第 17 条以下。

③ 参见 Pechstein/Koenig，Die Europaeische Union. Die Vertraege von Maastricht und Amsterdam，2. Aufl.，Tuebingen 1998，第 28 页，边号 56。

作为。另外，欧共体没有组织权，无法自主地建立自己的机构，无法自主地决定这些机构之间的关系。

（二）欧共体不是联邦国家

联邦国家（federal country；德文：Bundesstaat）指由两个或两个以上的有一定自治权的实体组成的统一国家，例如美国、德国、俄罗斯等国。由于欧共体不是一个国家，所以它也不是一个联邦国家。其原因首先在于，条约所规定的欧共体的任务远不如一个联邦国家中的联邦的任务那样全面。其次，在欧共体中，决策意志的形成过程也与联邦国家中的情形不同。欧共体对关键问题的决策由部长理事会作出，即由各成员起决定性作用。由此，被特别关注的不是欧共体的统一性，而是成员的多重性，这在欧洲议会和欧共体委员会中体现得尤为明显。与此不同，在一个联邦国家中，联邦州的多重性虽然在联邦参议会或上议院中得以体现，但国家的最重要的机构是联邦议会和联邦政府，此二者根据其组成和职责代表统一的联邦的利益。

不仅在欧共体法的创制，而且在欧共体法的实施方面，欧共体都依附于成员的意志。这就是说，欧共体不拥有执行（行政）权限，[①] 欧共体法必须通过各成员的行政机构和法院贯彻执行。若各成员拒绝执行欧共体法，除了《欧共体条约》第 226 条以下条款所规定的总计款项或强制金之外，欧共体缺乏其他强制措施。

另外，成员的脱离权也是一个颇具争议的问题。鉴于缺乏自己的强制能力和措施，欧共体几乎无法剥夺其成员的这项权利。与此相反，通常，在一个联邦国家中，各州不具有脱离权。[②]

综上所述，欧共体一体化尚未达到联邦国家的程度。虽然，相对于其他国家间组织，这个超国家组织通过尚保有主权的成员广泛深入地向欧共体让渡主权而独树一帜，但是，各成员之间的关系仍然属于国际法上的国际关系，而不像联邦国家中联邦州之间的关系由国家法调整。

---

① 少许赋予欧共体委员会、欧洲基金会和欧洲投资银行的权限除外。

② Albert Bleckmann, Europarecht, 6. Aufl., Koeln, Berlin, Bonn, Muenchen 1997, 第78页，边号149。有兴趣作对比研究者，可参阅赵建文主编：《国际法新论》，法律出版社 2000 年版，第 70 ~ 71 页。

（三）欧共体属于国家联盟吗

对于某些专家学者而言，欧共体不是国家联盟。[①] 根据他们的见解，由于历史上国家联盟的多样性，可以暂且不去讨论，究竟是否存在一个统一的关于国家联盟的概念。无论如何，一个国家联盟不会像欧共体的情况一样，仅仅对某些领域享有职责和权限。[②]

而对于另外一些专家学者而言，欧共体是一个国家联盟。例如 Seidl-Hohenveldern 和 Loibl 提出，"诸如国家联盟这样的联合体的特殊称谓……可以说明自己属于某种组织的理由，仿效历史上的先例，国家联盟的成员在保有各自主权的前提下，在对外政策、国防和经济方面实现一体化。"[③] 由于欧共体就是这种情况，所以，根据他们的理解，欧共体是一个国家联盟。

（四）欧共体属于国际组织范畴

一般地说，国际组织[④]在国际法上具有如下特征：第一，国际组织的主要参加者是国家；第二，国际组织是国家为实现国际合作而建立的；第三，国际组织依据国家间协议而创立；第四，国际组织设有常设机构；第五，国际组织有相对独立的法律人格。[⑤] 毫无疑问，欧共体应属于国际组织范畴。不过，它与通常的国际组织在超国家性上有所区别。所以说，称欧共体为"超国家组织"是恰当的。

三、欧共体的超国家性

目前，还没有任何一个关于超国家性[⑥]的定义能被普遍认可。为了描述

---

① 同上 Bleckmann，第 79 页，边号 152。

② 同上。

③ 参见 Ignaz Seidl-Hohenveldern/Gerhard Loibl, Das Recht der internationalen Organisationen einschliesslich der supranationalen Gemeinschaften, 6. Auflage, Koeln, Berlin, Bonn, Muenchen 1996, 第 8 页，边号 0116。

④ 关于国际组织的定义可参见《维也纳条约法公约》第二条；梁西：《国际组织法（总论）》，武汉大学出版社 2002 年版，第 3~4 页；饶戈平主编：《国际组织法》，北京大学出版社 2000 年版，第 14 页。

⑤ 见邵津主编：《国际法》，北京大学出版社、高等教育出版社 2000 年版，第 226~227 页。

⑥ 关于这一概念的演化可参见 Manfred Zuleeg, Wandlungen des Begriffs der Supranationalitaet, in: Integration, Band 11 (1988)，第 291 页以下。

和总结那些在"强度和累积"① 上令欧共体区别于其他一般国际组织的特征，这一概念常被使用在欧共体身上。

超国家性（德语：Supranationalitaet）意味着超越于国家、凌驾于国家之上。该概念可以被理解为国际性的特例（德语：Sonderfall von Internationalitaet），属于此种特例的政府间国际组织的特质之一是，成员对组织的一体化进程一直深入推进，并影响到本国的国家主权领域。原则上说，仅对那些能够将组织责成的任务在国内继续分派给其主权之下的实体和个人的成员，一般国际组织的法律行为才能迫使它们承担义务；而超国家组织的法律行为却能够不通过成员国内的贯彻指令而直接击穿"主权铠甲"②。欧共体就具有这种特性。

多数决机制使欧共体有能力制定有拘束力的决定，即使在违背成员意志的情形下，也可责成成员承诺履行特定义务。作为独立的决策机构，欧共体委员会有权通过条例、指令和决定，欧洲法院有权通过生效判决，使成员——甚至直接使成员国民——承担义务。在欧共体理事会中，成员由来自各个成员的国家代表组成，理事会成员虽然不能不顾其国家利益行事，但是，决定将通过（加权）多数决作出。也就是说，少数代表的影响力是有限的，不足以改变多数决的结果。③ 此外，各大共同体的独立性④、共同体法律规范

---

① 参阅 Rudolf Streinz, Europarecht, 5. Aufl. , Heidelberg 2001，第 48 页，边号 115。

② 见 Albert Bleckmann, Grundgesetz und Voelkerrecht, Berlin 1975，第 272 和 308 页。

③ 但是，此项制度由于卢森堡协定（1966 年 1 月 29 日）的表决实践而中断，导致的结果是，若违背一成员的意志，则不可采用多数决的表决制度。由此，共同体的超国家特征被大大削弱。为了达到阻止理事会工作的目的，除了法国 1965 年的"空椅政策"之外，英国在 1996 年疯牛病事件中，曾通过有计划地、持续地投反对票来对抗欧共体所作出的对英国牛肉的贸易限制措施。

④ 欧洲法院在判例中（1964 年，第 1251 页以下及 1269 页，判决理由 8）对共同体的独立性作了如下说明："为了与通常的国际条约相区别，《欧洲经济共同体条约》创设了一套独特的法律规范，该法律规范在其生效时即被纳入各成员的各项法律规范中，并被各成员的法院适用。因为通过建立一个没有时间限制的、有自身独立机关的、有权利和行为能力的、有国际行为能力，尤其有真正的通过限制各成员职权管辖范围或者将各成员主权让渡给共同体而产生的主权权利的共同体，即便只是在有限的领域内，各成员仍旧因此限制了其自身的主权权利，因而创建了一个对其所属成员和自身利益均具约束力的权利载体。"

的优先权①和强制效力②是欧共体超国家性的其他标志。

但是，欧共体的超国家性并非无拘无束，有限授权原则（德语：Prinzip der begrenzten Ermaechtigung）即是限制之一。③ 一个国家拥有创制权限的权限（德语：Kompetenz-Kompetenz），但欧共体没有。虽然《欧共体条约》第308 条实际上类似于创制权限的权限，并且第94 条和第95 条提供了广阔的权限领域，但此种权限专属于各个成员。根据《欧共体条约》第249 条第 1款，欧洲议会和欧共体理事会、欧共体理事会和欧共体委员会按照条约联合颁布了规定在第249 条第 1 款里的（各自的）法律行为。由此产生了有限授权原则。据此，这些机构只被允许在条约设立的共同体组织权限范围内活动。此外，这些机构必须遵守和适用各法律行为的规定形式。④

第四节 《里斯本条约》下欧盟对外关系改革

2007 年 12 月 13 日，欧盟 27 国领导人在葡萄牙首都里斯本正式签署了《里斯本条约》（Consolidated Versions of the Treaty on European Union and the Treaty on the Functioning of the European Union），旨在取代 2005 年被法国、荷兰全民公决否决的《欧洲宪法条约》。欧盟原计划该条约于 2009 年 1 月 1 日生效，但由于爱尔兰 2008 年 6 月 12 日全民公决的负面结果而未能成功。⑤ 就性质而言，《里斯本条约》是一个修改条约，它没有采用《欧洲宪

---

① 依据共同体的独立性，欧洲法院在同一个判例中（判决理由 9）支持共同体法的优先权，此点亦与《欧共体条约》第 249 条的规定相符。在判决理由 12 中，欧洲法院确认，如果该法律作为共同体法的特征不被否认，并且欧共体的法律基础不被质疑，那么，基于欧共体法的这种独立性，没有任何一项类似的成员国内法律规定可以优先于该项由《欧共体条约》所创设的、源自于独立的法律渊源的法律而适用。

② 这里指的是条例的一般适用，《欧共体条约》第 249 条第 2 款。

③ 德国联邦宪法法院的赞同意见参见联邦宪法法院判例集（BverfGE）第 89 卷，第 155 及 194页以下。

④ 本章部分内容发表于葛勇平、孙珺：《欧洲法析论》，法律出版社 2008 年版，第二到四章。

⑤ 刘明礼："爱尔兰否决《里斯本条约》与欧洲一体化前景"，载《国际资料信息》2008 年第 7 期，第 30～31 页。

法条约》那种将《欧洲联盟条约》和《欧共体条约》合二为一的结构，而是保留了《欧洲联盟条约》（Treaty on the European Union，TEU）的名称，并将《欧共体条约》更名为《欧洲联盟运行条约》（Treaty on the functioning of the European Union，TFEU）。① 因此，《里斯本条约》由《欧洲联盟条约》和《欧洲联盟运行条约》两部分组成，并且这两部分具有同等的法律地位。② 此外，《里斯本条约》对《欧洲宪法条约》的部分内容进行了删减：修改后的条约不再提及"宪法""欧盟外交部长"这样敏感的字眼，不再规定盟旗、盟歌等象征国家性质的标志以及其他可能导致把欧盟与国家进行比较的因素。但是，《里斯本条约》重申了《欧洲宪法条约》中已有的主要变化，在这些变化中，欧盟对外关系无疑是这些变化中最重要的改变之一。

一、《里斯本条约》下欧盟对外关系的总体改革

欧盟在《里斯本条约》下的总体改革主要表现在赋予欧盟明确的法律人格、对欧盟权限进行划分以及简化决策机制 3 个方面。

（一）赋予欧盟法律人格

根据 1992 年的《马斯特里赫特条约》，欧盟有 3 大支柱结构，其中只有欧共体被明确授予了法律人格而享有国际法律人格。尽管有人指出，依据《尼斯条约》（Treaty of Nice）可以推断出欧盟具有法律人格，但这种法律人格是隐含的，不是明确的。③ 现在，《里斯本条约》将 3 大支柱结构合并成一个，也就是欧盟。新的欧盟条约第 1 条规定"欧盟应取代并继承欧共体"，据此，欧盟具有了明确的法律人格。但同时，《里斯本条约》所附的一份声明也强调："欧盟具备法人资格这一事实并不允许欧盟在成员通过条约赋予它的权限以外立法或采取行动。"④

---

① 吴江："《里斯本条约》的出台：解析和展望"，载《欧洲研究》2008 年第 1 期，第 102 页。

② Article 1, para 3, TEU.

③ Jan Wouters/Dominic Coppens/Bart De Meester, The European Union's External Relations after the Lisbon Treaty, in: Stefan Griller Jacques Ziller (eds.) The Lisbon Treaty EU Constitutionalism without a Constitutional Treaty? Wien: Springer Verlag 2008, p. 147.

④ Declaration (no. 24) attached to Lisbon Treaty. signed on 13 December 2007.

赋予欧盟明确的法律人格使欧盟具备了主体身份，欧盟对外行动的新架构正是基于欧盟主体身份的确定，这使得它能够在自己的权限内，在各个领域内缔结条约。具体而言，首先，欧盟可以在发展合作领域与第三国缔结国际协议；其次，欧盟可以在共同外交与安全政策领域与一个或多个成员或国际组织缔结国际协议；再次，欧盟可以在共同商业政策领域缔结国际协议。①这一改变是一项重大进展，结束了欧盟和欧共体共存而又在对外关系领域各有各的权限的混乱局面，并且提高了欧盟的国际认同度，使欧盟具有缔结国际协议的能力，尤其是具备了作为国际条约的一方和国际组织中的一员的资格。另外，以欧盟取代欧共体，不只是简单地意味着体制上的突破，这意味着向建立一个政治实体迈出了重要的一步。②

（二）进一步明确欧盟的权限

《里斯本条约》对欧盟和成员的权限进行了阐明，它勾画出一种以欧盟为一方、以成员为另一方的更透明和更系统化的权限方式，其中对欧盟专有权的划定使得欧盟在对外关系中有更加清楚明晰的行动依据。《里斯本条约》对欧盟对外权限的阐明是促进欧盟对外行动的一个可喜的发展，它与欧盟法院关于欧盟对外权限的判例一起，建立了欧盟对外行动的稳固的法律基础。③

1. 欧盟的专有权限

《里斯本条约》规定了欧盟专有权的种类和范围。《欧盟运行条约》第3条第1款规定："欧盟在下列领域享有专有权：关税联盟；境内市场竞争规则的制定；欧元成员的货币政策；共同渔业政策下海洋生物资源的保护；共同商业政策"。另外，在缔结被视为欧盟立法的国际协议、欧盟行使对内权限所必需的国际协议或者是可能影响或改变共同规则的国际协议时，欧盟的权限也是专有的。④

---

① 参见 Article 37, TEU; Article 209 (2) and Article 212 (3), TFEU; Article 207, TFEU.

② 戴炳然："解读里斯本条约"，载《欧洲研究》2008 年第 2 期，第 55 页。

③ Jan Wouters/Dominic Coppens/Bart De Meester, The European Union's External Relations after the Lisbon Treaty, in: Stefan Griller Jacques Ziller (eds.) The Lisbon Treaty EU Constitutionalism without a Constitutional Treaty? p. 196.

④ Article 3, para 2, TFEU.

所有上述领域都属于欧盟的专属权限，只有欧盟可以在这些领域制定和通过立法，成员不再有权参加此类贸易协议的谈判和缔结。①

2. 欧盟的共有权限

《欧盟运行条约》第 4 条规定："在条约授予专有权的领域之外，欧盟和其成员享有共有权"，"欧盟和其成员在下列领域享有共有权：境内市场；社会政策；经济、社会和属地凝聚力；除海洋生物资源之外的农业和渔业；环境；消费者保护；运输；欧洲内部网络；能源"。另外，欧盟有权在科研、技术开发、太空领域和人道主义援助方面采取行动及制定共同政策，但是不能阻止成员行使其自己的权利。②

（三）细化欧盟的决策机制

《里斯本条约》对欧盟决策机制进行改革主要是为了加强欧盟做出决定的能力，以及加强欧盟在新成员加入后的行动能力，以保证决定和行动的合法性，这为欧洲与欧洲人民走得更近提供了有利条件。

一直以来，理事会制定一项决议被视为立法行为，决议应得到超过一般多数的成员的同意才能通过，这也就是"特定多数表决机制"。根据《尼斯条约》，成员拥有一定票数的表决权，票数与其人口数量相关并按其国力进行加权。而《里斯本条约》规定了"双重多数表决机制（double majority vote）"，根据该机制，一项决议要获得通过，应得到 55% 以上的理事会成员的支持，并且支持的成员的总人口达到欧盟人口总量的 65%，而构成阻碍决议通过的阻挡少数（blocking minority）至少应为 4 个理事会成员。③ 也就是说，如果持反对立场的少数不足 4 个国家，则即便特定多数没能包括 65% 的欧盟人口，决议也将获得通过。④"双重多数表决机制"比尼斯条约下的表决机制更民主和高效，它使一项决议更容易获得通过，提高了政策批准的效率，这对于已经拥有 28 个成员的欧盟来说是极其重要的。

---

① Article 2, para 1, TFEU.

② Article 4, para 3 and 4, TFEU.

③ Article 16, para 4, TEU.

④ 戴炳然："解读里斯本条约"，载《欧洲研究》2008 年第 2 期，第 61 页。

新条约规定"双重多数表决机制"从 2014 年 11 月 1 日起正式生效，在此之前，特定多数表决机制将沿用原《尼斯条约》的相关规定。此外，根据"约阿尼纳妥协"（Ioannina compromise）①，2014 年 11 月 1 日至 2017 年 3 月 31 日为过渡期，成员在这一过渡期内可以在个别情况下申请沿用原《尼斯条约》中有关特定多数表决制的相关规定。② 成员之间，扩大后的一个突出矛盾是：大国担心它们的利益会被数量上占优的小国阻断，小国则担心欧盟的决策可能被大国操纵。《里斯本条约》对特定多数程序的设计以及实施日期的推滞，正是这种平衡的结果。③

决议程序有效性的加强还包括扩大特定多数表决机制的适用范围。例如在外部边界控制、庇护和移民等领域中用特定多数表决机制代替原有的全体一致原则。扩大适用范围后，加上原有的 63 个条款，现在共有 96 个条款规定了适用"特定多数表决机制"，④ 这一新机制能减轻全体一致原则所带来的阻碍效果。但是特定多数表决机制并不适用于军事和防御问题，另外，在改变税率、共同商业政策、与商品和服务有关的关贸协议、外国直接投资、共同外交政策和共同防御等领域仍适用全体一致原则。⑤

二、《里斯本条约》下欧盟对外关系的局部改革

（一）共同外交与安全政策中的改革

在共同外交与安全政策（Common Foreign and Security Policy，CFSP）领域中，能够代表欧盟的只有欧洲理事会主席和欧盟共同外交事务与安全政策高级代表。因此，下面分这两部分来介绍共同外交与安全政策的主要改革。

---

① "约阿尼纳妥协"的名字来源于1994年在希腊举行的一次非正式外交事务部长会议上达成的一次妥协，这一妥协使得一小部分要阻碍协议通过但没有成功的国家，能够要求对理事会以特定多数表决机制通过的决议进行再次审查，推迟其生效。郑春荣教授将其翻译为"艾奥尼纳机制"。在此处是作为对波兰的妥协。

② 吴江："《里斯本条约》的出台：解析和展望"，载《欧洲研究》2008 年第 1 期，第 103 页。

③ 戴炳然："解读里斯本条约"，载《欧洲研究》2008 年第 2 期，第 62 页。

④ List of the articles coming under qualified majority voting，http：//www. robert-schuman. org/doc/divers/lisbonne/en/annexe3. pdf. 2009 年 4 月 3 日最后访问。

⑤ Article 207，para 1，TFEU.

1. 欧洲理事会主席

欧洲理事会最大的制度改革是欧洲理事会常任主席制度的确立。为了保证欧盟讨论和决议的连贯性，《里斯本条约》将原有的欧盟轮值主席改为常任主席，将轮值期6个月改为任期两年半且可连任一届，[①] 从而保证了欧盟理事会主席（The President of the European Council）的任期和欧洲议会的任期相一致。未来的欧盟理事会主席不能在任何民族国家中担任职位，并由理事会以特定多数选出，其罢免也是如此。[②]

虽然改变轮值主席制度不会根本解决 CFSP 领域中的效率和能力问题，但却能有效避免轮值主席制度所引发的共同外交与安全政策战略重点随主席国的变化而变化的情况。共同外交与安全政策领域内政策的连续性和一致性将随着理事会常任主席制度的实施而提高，这也是各大国要求改革轮值主席制度的初衷。独立于各成员的欧洲理事会主席职位的设立，在某种意义上使理事会主席成为欧盟元首，对外代表欧盟，这在客观上将增加第三方对欧盟作为一个"外交政策整体"的印象，为保障欧盟政策的连续一致、提高欧盟在国际舞台上的可信度提供了制度基础。[③]

2. 欧盟外交事务与安全政策高级代表

《里斯本条约》放弃了《欧洲宪法条约》中"欧盟外交部长"的提法，而称之为"欧盟外交与安全政策高级代表"（High Representative of the Union for Foreign Affairs and Security Policy），但是，"欧盟外交部长"的原有架构得到了保留，根据"双重头衔"原则，高级代表集原共同外交与安全政策高级代表和欧盟委员会对外关系专员的职权于一身，并且还将担任外交部长理事会主席和欧盟委员会副主席。根据这种权限，高级代表将负责确保欧盟对外行动的一致性，并负责处理对外关系以及协调对外行动的其他方面。[④]

---

① Article 15, para 5, TEU.

② 易小明："欧盟《里斯本条约》"，载《国际资料信息》2007 年第 12 期，第 6 页。

③ 金玲："《里斯本条约》与欧盟共同外交与安全政策"，载《欧洲研究》2008 年第 2 期，第 68 页。

④ Christine Kaddous, Role and position of the High Representative of the Union for Foreign Affairs and Security Policy under the Lisbon Treaty, in: Stefan Griller Jacques Ziller (eds.), The Lisbon Treaty EU Constitutionalism without a Constitutional Treaty? p. 209.

欧洲理事会和欧盟委员会主席应采取特定多数表决机制任命欧盟外交事务与安全政策高级代表。高级代表实施欧盟的共同外交与安全政策。他应为政策的发展提出建议，并按理事会的委托去执行政策。高级代表应在理事会的授权下缔结欧盟的共同外交和安全政策，并主持外长理事会。① 可以说，高级代表在共同外交与安全政策事务中将结合动议权、管理权和执行权于一身。与原高级代表辅助性作用相比，条约赋予欧盟外交与安全政策高级代表以核心角色。该职位能够在超国家层面巩固欧盟外交政策权能，从而提高欧盟外交政策的一致性以及欧盟在国际舞台上的形象。

"高级代表在共同外交与安全政策中代表欧盟，他应以欧盟的名义与第三方进行政治对话并在国际组织和国际会议上表明欧盟的身份。"② "当欧盟就联合国安理会议程中的某一主题确定了立场，属于安理会成员的欧盟成员可以请求高级代表代表欧盟陈述立场。"③ 允许高级代表代表欧盟以及允许其在联合国安理会中代表欧盟表达立场，显示了欧盟努力"用一个声音说话"的决心。

《里斯本条约》同时规定，高级代表应得到欧洲对外行动署（European External Action Service，EEAS）的帮助。对外行动署应与成员的外交部合作，并应包括理事会和委员会总秘书处相关部门的公务人员以及从成员外交部借调的工作人员。④ 虽然条约没有明确规定欧洲对外行动署的具体结构和运转方式，但是明确规定了组成人员应分别来自理事会秘书处、委员会以及成员，代表欧盟外交政策的不同层面，在理论上说，这应该能够协调、缓解 CFSP 领域内不同力量之间的竞争和冲突，增强欧盟外交政策的一致性和成员之间的协调能力。

此外，如果成员把欧洲对外行动署看作是一种机会而不是缔结外交政策的潜在威胁的话，那么欧洲对外行动署的作用将是重大的。与现有的委员会和轮值主席难以协调的情况相比，欧洲对外行动署为成员和欧盟之间的进一

① Article 18，para 3，TEU.
② Article 27，para 2，TEU.
③ Article 34，para 2，TEU .
④ Article 27，para 3，TEU.

步协调提供了机会，为协调大量增加的超出成员范围的问题提供了有用的平台。① 像欧洲对外行动署这样专门的外交行政机构的出现，推动了成员外交政策的"社会化"进程，培育了欧洲共同的外交政策文化，更有利于外交政策领域形成协调方案，从而提高欧盟 CFSP 的效率。②

最后，需要说明的是，欧盟高级代表和对外行动署的成立，不影响成员现有的缔结外交政策或是在第三国和国际组织中代表国家的职责。欧盟及其成员仍受联合国宪章的约束，尤其受联合国安理会及其成员维护国际和平和安全主要职责的约束。③ 同时，与高级代表和对外行动署有关的共同外交和安全政策条款，不会影响每个成员现有的制订和实施其外交政策、管理其国家外交事务、与第三国的关系及参与国际组织（包括联合国安理会的成员身份）的法律依据、职责和权力。④

（二）共同安全和防御政策中的改革

2004 年，欧盟理事会正式决定建立欧盟防务局，以促进防御能力和加强欧洲军备合作，这一欧洲防务机构的建立标志着欧洲形成了自己的安全与防御政策。欧洲安全与防御政策控制在成员的手中，培养了成员促进欧盟发展的责任感，唤起了一种强烈的主人翁意识。⑤

《里斯本条约》制定了共同安全和防御政策（Common Security and Defence Policy，CSDP）来取代原有的欧洲安全与防御政策。但是，名称的变化并不会影响其与共同外交和安全政策的关系，共同外交和安全政策应包括共同防御政策，⑥ 共同安全和防御政策构成了共同外交和安全政策的一个组

---

① Simon Duke, the Lisbon Treaty and External Relations, EIPASCOPE 2008/1, p. 17.

② 金玲："《里斯本条约》与欧盟共同外交与安全政策"，载《欧洲研究》2008 年第 2 期，第 70 页。

③ Declarations No. 13 concerning the common foreign and security policy, annexed to the Final Act of the Intergovernmental Conference which adopted the Treaty of Lisbon signed on 13 December 2007.

④ Declarations No. 14 concerning the common foreign and security policy, annexed to the Final Act of the Intergovernmental Conference which adopted the Treaty of Lisbon signed on 13 December 2007.

⑤ Fredrick Lee-Ohlsson, Sweden and the Development of the European Security and Defence Policy: A Bi-Directional Process of Europeanisation, EU Diplomacy Papers 5/2008, p. 18.

⑥ Article 24, para 1, TEU.

成部分。① 在新条约的规定下，共同安全和防御政策应为欧盟提供利用民用和军用资产的能力。欧盟可以根据《联合国宪章》的原则在欧盟以外履行维护和平、预防冲突和加固国际安全的职责，但应在成员的授权下才能采取行动。② 在履行上述职责的过程中，欧盟可能会使用民用和军事手段，包括裁军联合行动、人道主义和救援、军事咨询和援助、预防冲突及维持和平等。所有这些行动都将有助于打击恐怖主义，包括支持第三国在其领土上打击恐怖主义。③

为防备军事威胁，《里斯本条约》规定了"共同防御（mutual defence）条款"。根据该条款，如果一个成员遭到武装侵略其领土，那么其他成员有必须依照《联合国宪章》第 51 条进行援助和协助的义务。然而，这一条款并不妨碍某些成员安全和防御政策的具体条款。此外，北约成员在这一领域内的承诺和合作应与北大西洋组织采取的行动一致。④ 为防备军事威胁以外的其他威胁，《欧盟运行条约》规定了"团结条款（solidarity clause）"⑤，根据"团结条款"，当一成员受到恐怖主义攻击或遭受自然或人为灾难时，欧盟应调动一切手段对其实施保护与援助，包括由成员提供军事资源。如果一个成员遭受了恐怖主义袭击或者发生了自然或人为灾难，那么其他成员应该国政治当局的请求对其进行协助。⑥ 但同时，《里斯本条约》规定，共同安全和防御政策不能损害成员本国安全和防御政策的特性。⑦

（三）共同商业政策中的改革

共同商业政策一直并且仍然是欧盟对外关系中一个最具活力的领域，同时它也是确定欧洲在全球经济关系中地位的法律依据。2003 年的《里斯本战略》和 2001 年的《莱肯宣言》提出，如果欧盟及其成员想在国际竞争中取

---

① Article 42, para 1, TEU.

② Article 42, para 1, TEU.

③ Article 43, para 1, TEU.

④ Article 42, para 7, TEU.

⑤ TFEU, PART Ⅴ, TITLE Ⅶ.

⑥ Article 222, TFEU.

⑦ Declarations No. 13 concerning the common foreign and security policy, annexed to the Final Act of the Intergovernmental Conference which adopted the Treaty of Lisbon signed on 13 December 2007.

得成功，那么必须适应全球化带来的挑战。由此指出了改革欧盟对外关系和共同商业政策的法律根据的必要性。为适应不断发展的国际贸易和日益复杂的经济关系，《里斯本条约》对共同商业政策进行了一系列的改革。

《里斯本条约》规定，欧盟应建立关税同盟，应为了共同利益及世界贸易的和谐发展而逐步取消有关国际贸易和外国直接投资的种种限制，减少关税及其他贸易壁垒。① 共同商业政策应在改变税率、缔结与商品和服务贸易有关的关税和贸易协定、外国直接投资、实现统一的开放措施以及保护贸易的出口政策和措施等方面采取统一的原则。

谈判和缔结共同商业政策条约时，理事会应采用特定多数表决机制。但是在文化视听贸易领域，由于有些条款可能损害欧盟文化和语言的多样性，因此应采用全体一致原则。此外，在社会、教育和公共医疗卫生服务贸易领域，有些条款可能严重扰乱这些服务机构的秩序，不利于成员履行提供服务的职责，因此也应采用全体一致原则。②

由此可见，《里斯本条约》扩大了欧盟在共同商业政策中的权限，为共同商业政策提供了基准并完成了范式的转变。在所有改革中，共同商业政策的改革是最明显的，也是引起争议最少的。③

三、《里斯本条约》下欧盟对外关系改革的不完善性

（一）局部改革与总体改革不一致

共同外交与安全政策并没有实现与欧盟总体改革的有效统一。《里斯本条约》规定了欧盟的专有权限，但是它对欧盟在共同外交与安全政策领域的权限的性质并没有作出明确的规定，这种权限是专有权还是共享权，在条约中不能找到明确的答案。另外，为简化决策程序，提高决议的通过率，《里

---

① Article 206, TFEU.

② Article 207, para 4, TFEU.

③ Marc Bungenberg, The Common Commercial Policy after Lisbon, Hebrew University Jerusalem, 14 July 2008, http://micro5. mscc. huji. ac. il/ ~ iasei/documents/Lisbon_ Papers/IASEI_ WP_ bungenberg_ final. doc.

斯本条约》扩大了特定多数表决机制的适用范围,但共同外交与安全政策并不适用特定多数表决机制,仍然适用全体一致原则。由此可见,尽管废除了支柱结构,但是仍有一种强大的意志以某种方式重新引入了第二支柱,使得共同外交与安全政策不再适用条约的一般条款,而是适用特殊的规则和程序。① 这与现有法律相比,没有实质性的改变,仍然受强大的政府间决议制定程序的支配。

(二) 局部改革的缺陷

首先,在《里斯本条约》下,欧盟的国际代表不只是一个。欧洲理事会主席和高级代表在共同外交和安全政策领域都有代表欧盟的能力,只是程度不同而已。欧盟委员会具有也在共同外交和安全政策以外的其他领域代表欧盟的权力。这样,欧盟的对外代表权共由 3 个实体来分担。多个代表者能否在一起很好地工作,这很大程度上取决于高级代表的个性以及欧洲理事会主席和委员会主席的个性,以及他们之间的互动效果。② 如果没有紧密的协调,欧盟对外行动框架内的多个代表者可能会侵害欧盟行动的一致性。因此,欧盟是否能更加团结一致是不确定的。

其次,在《里斯本条约》下,高级代表与欧洲理事会的关系是不明确的。根据《欧盟条约》第 27 条第 1 款的规定,高级代表应为共同外交和安全政策的筹备提出建议,同时应确保执行欧洲理事会和欧盟理事会通过的决议。这两种动议权怎样结合在一起以及如何具体地执行渗透在日常事务中的权力,条约没有给出确切的答案。③ "欧洲理事会主席应在其水平和权限内确保欧盟在共同外交和安全政策上的对外代表权,而不损害欧盟高级代表的权力。"④ 这意味着什么?这是意味着欧洲理事会主席在有第三国参加的 CFSP 和 CSDP 会议上代表欧盟,而高级代表在较低水平的会议上代表欧盟吗?这

---

① Christine Kaddous, External action under the Lisbon treaty, in: Ingolf Pernice/Evgeni Tanchev (eds.): Ceci n'est pas une Constitution-Constitutionalisation without a Constitution? Baden – Baden: Nomos Verlag 2008, p. 178.

② Christine Kaddous, External action under the Lisbon treaty, p. 180.

③ Christine Kaddous, Role and position of the High Representative of the Union for Foreign Affairs and Security Policy under the Lisbon Treaty, p. 211.

④ Article 15, para 6, TEU.

个问题也只能留待实践来解决。由于没有明确的权限划分，在这些职务间也许会形成某种潜在的权限冲突。①

再次，高级代表的双重头衔以及在理事会和委员会中的双重职责，使他要向两个机构负责。高级代表能否发挥好桥梁建设者的作用？另外，高级代表在委员会中的职责十分纷繁复杂，例如，在布鲁塞尔举行的会议需要高级代表出席，同一时间在其他地点举行的国际会议也需要高级代表参加，此时他应如何平衡和协调这些职责？在高级代表拥有极其繁忙的行程安排的情况下，这种协调难以实现。②

最后，共同安全和防御政策中也包含了一些矛盾。欧盟愿意制定一项共同防御政策，但同时允许一些成员将其共同防御建立在另一个区域组织北约中。虽然欧盟与北约之间的合作已经得到了极大发展，但是，其中的不协调因素仍然存在。③

四、结语

2009 年 10 月 3 日，爱尔兰第二次全民公决以绝对多数通过了《里斯本条约》；2009 年 10 月 29 日，欧盟做出妥协，同意捷克提出的在《里斯本条约》中增加关于捷克的特别条款的条件，清除了阻碍这一条约生效的最后一个障碍；2009 年 11 月 3 日，捷克总统克劳斯正式签署了《里斯本条约》。至此，条约已获得欧盟全部成员的批准。从 2001 年 12 月欧盟制宪委员会成立开始，历经 8 年坎坷，《里斯本条约》终于在 2009 年 12 月 1 日正式生效。

《里斯本条约》正式赋予欧盟独立的法律人格、进一步明确了欧盟的权限并细化了欧盟的决策机制，为欧盟日后进一步改革与发展提供了必要的法律基础，目的是使欧盟更民主、高效、强大、具有更强的行动能力。但是，《里斯本条约》的制定过程是曲折的，成员围绕重要改革条款展开过激烈争论，在诸如欧盟是否应该继续扩大、欧盟成员是否应该采纳单一货币等核心问题上，也都暂时采取了回避的态度。这体现出各成员之间在某些问题上仍

---

① 郑春荣："《里斯本条约》解析"，载《国际论坛》2008 年第 3 期，第 12 页。

② Simon Duke, the Lisbon Treaty and External Relations, EIPASCOPE 2008/1, p. 15.

③ Christine Kaddous, External action under the Lisbon treaty, p. 183.

存在分歧，各成员能否恰当执行《里斯本条约》仍是个未知数。而且，《里斯本条约》并没有完全解决欧盟各方面的问题，在欧盟不断扩大、其内部利益关系变得起来越复杂的情况下，《里斯本条约》只能算是一个比较稳妥的折衷方案，《里斯本条约》的生效并不意味着欧洲未来一体化的进程将一帆风顺。

但不管怎样，《里斯本条约》的内容相当丰富，其对欧盟的对外关系进行了大量的改革，虽然某些改革进行得并不彻底和完善，但《里斯本条约》对欧盟推进机制改革和深化政治一体化都具有重要意义。因此，可以说，《里斯本条约》是欧洲一体化进程中的一个重要的里程碑，标志着建立一个更加协调一致的新欧洲的开始。①

---

① 本章部分内容发表于葛勇平、刘鸿鹤："《里斯本条约》下欧盟对外关系改革的内容与不足"，载赵海峰主编：《国际法与比较法论坛》（第4辑），哈尔滨工业大学出版社2012年版，第61～76页。

第五章 世界贸易组织

第一节 世界贸易组织概况

世界贸易组织（World Trade Organization，WTO，简称世贸组织）是唯一一个在各国和地区之间处理全球性贸易规则的国际组织。它的主要功能是保障世界贸易尽可能平稳、可预见和自由地进行。WTO 具有法人地位，它在调解成员争端方面具有更高的权威性和有效性。

一、组织简介

世界贸易组织于 1995 年 1 月 1 日根据乌拉圭回合谈判的决议结果而成立。有 104 个缔约方为其创始成员。总部位于瑞士日内瓦。1996 年 1 月 1 日，世界贸易组织正式取代成立于 1947 年的关税与贸易总协定（the General Agreement on Tariffs and Trade，GATT，简称关贸总协定）。世界贸易组织是一个独立于联合国的永久性国际组织，负责管理世界经济和贸易秩序，现有成员 164 个（截至 2018 年 4 月）。总部设在日内瓦。世贸组织成员或地区的贸易量超过世界贸易总量的 90%。

二、宗旨与目标

世界贸易组织的宗旨是：在提高生活水平和保证充分就业的前提下，扩大货物和服务的生产与贸易，按照可持续发展的原则实现全球资源的最佳配置；努力确保发展中国家，尤其是最不发达国家在国际贸易增长中的份额与其经济需要相称；保护和维护环境。

世界贸易组织的目标是建立一个完整的、更具有活力的和永久性的多边贸易体制。与关贸总协定相比，世界贸易组织管辖的范围除传统的和乌拉圭回合确定的货物贸易外，还包括长期游离于关贸总协定外的知识产权、投资措施和非货物贸易（服务贸易）等领域。

三、基本原则与核心文件

世界贸易组织的基本原则包括：第一，非歧视贸易原则，包括最惠国待遇和国民待遇条款；第二，可预见的和不断扩大的市场准入程度，主要是对关税的规定；第三，促进公平竞争，努力建立开放、公平、无扭曲竞争的自由贸易环境和规则；第四，鼓励发展与经济改革。

世界贸易组织的核心文件是由全球大多数贸易国或地区经过谈判后签署，并由该国或地区议会批准的 WTO 协议文件。这些协议文件成为国际商业活动的基础性法律规则。从本质上说，这些文件就是保障成员或地区最重要的贸易权利的合同。这些文件同时约束着各成员或地区政府，要求它们将其贸易政策控制在已由各方一致同意的、对各方平等互利的范围之内。当前有效的 WTO 协议文件是 1986—1994 乌拉圭回合谈判的最终议定书。该议定书包含了绝大部分经过修订的关贸总协定（GATT）的内容。实际上，GATT 就是 WTO 最主要的货物贸易规则。而乌拉圭回合的主要成就在于制定出了关于服务贸易、知识产权、争议解决和贸易政策审查等重大领域的新规则。乌拉圭回合决议由近 60 项协议和单项承诺构成，总计近 30 000 页文件。

四、主要职能和机构设置

世界贸易组织的主要职能包括：监督执行贸易协定；作为贸易谈判的论坛和载体；解决贸易争端；审查各成员或地区的贸易政策；通过技术援助和训练计划，在贸易政策方面帮助发展中国家；与其他国际组织合作。

世界贸易组织决议必须由全体成员或地区参与制定，通常要求全体一致通过。世界贸易组织的最高决策机构是部长会议，部长会议至少每两年召开一次。部长会议之下是总理事会和秘书处。总理事会由各成员或地区驻日内瓦大使或首席代表组成。总理事会每年均在日内瓦总部召开数次会议，总理事会同时起到贸易政策审查机构和争议解决机构的作用。

总理事会之下设立货物贸易、服务贸易和知识产权等三个理事会。这些理事会向总理事会报告和负责。另外还就单个协议和某些专门领域（例如环境、发展、入世申请和地区贸易协定等）设立专门委员会、工作组和工作会议等机构。

世界贸易组织秘书处设在日内瓦，其首脑为秘书处总干事。秘书处的主要功能是向部长会议、各理事会和委员会提供技术支持，向发展中国家提供技术援助，分析世界贸易，以及向公众和媒体解释世界贸易组织的各项事务。

五、中国与世界贸易组织

世界贸易组织有创始成员和新成员之分，创始成员必须是关贸总协定的缔约方，新成员必须由其决策机构——部长会议以 2/3 多数票通过方可加入。中国自 1986 年起申请重返关贸总协定；1995 年 7 月 11 日，世界贸易组织总理事会会议决定接纳中国为该组织的观察员；2001 年 11 月，中国加入世界贸易组织。成为该组织的第 143 个成员。

第二节　关贸总协定和世贸组织的争端解决机制

世贸组织正式成立于 1995 年 1 月 1 日，是乌拉圭回合（1986—1994）谈判的结果。随着世贸组织的诞生，一系列调整世界贸易的法律文件也得以修改和补充，例如设置了更为有效的争端解决机制。争端解决程序对世贸组织具有特别的意义，因为它使整个世贸组织的体系在法律上的特征得以充分体现。世贸组织的争端解决机制经历了相当的变化，包括一系列实体及程序方面的问题。

一、关税及贸易总协定的争端解决机制

世贸组织的前身是关贸总协定，其争端解决机制有一些特点，也存在缺陷。

（一）GATT 争端解决的法律依据和机构

1948 年生效的《关贸总协定》中没有出现"争端解决"一词，只在题为"协商"的第 22 条和"利益丧失或损害"的第 23 条中简略规定了协商和解程序。一般认为，第 22 和 23 条是《关贸总协定》争端解决的法律依据。[①] 第 22 条规定，一缔约方就影响协定执行的任何事项向另一缔约方提出陈述时，后者应同意与前者进行协商；如果双方协商未达成满意的解决办法，缔约方全体可应一缔约方的请求，与另一缔约方或几个缔约方进行协商。第 23 条规定，一缔约方在其依总协定直接或间接享有的利益受到抵消或损害时，可以向另一缔约方提出书面陈述或建议；若在合理期间内不能达成满意的解决办法，可以递交缔约方全体进行调查、建议、裁决或协商。可见，"缔约方全体"是关贸总协定实质上的"争端解决机构"，虽然在其条文中根本看不到这个词。

（二）GATT 争端解决机制的管辖范围

亦即 GATT 争端解决机制的受案范围。第 22 条规定，一缔约方可向另一缔约方就"影响协定执行"的任何事项提出陈述，后者应同意与前者进行协商。考查 GATT 个案可以看出，"影响协定执行"的事项可以由具体措施引发，例如反倾销措施，也可以是一些没有具体缘由的争端，例如欧共体诉日本进口量过小纠纷案（1983/8）。[②] 根据第 23 条的规定，各缔约方利益受到抵消或损害而引起的纠纷尽属 GATT 争端解决机制管辖之列。

（三）GATT 争端解决的手段和程序

总协定争端解决机制拥有多种解决争端的手段，例如双边和多边协商、斡旋、调解、工作组、专家小组、双方同意办法和理事会决定等。实践中，其他行之有效的手段，诸如主席裁决、独立专家组调查、总协定专家小组直

---

① 余敏友："关贸总协定争议解决活动的主要成就与问题"，载《中国国际法年刊》1996 年卷，法律出版社 1997 年版，第 251 页，称其为"总协定争议解决机制的'主要规则'"；另见该文第 252 页脚注 2，"中心正式程序"；张若思："多边贸易体制内争端解决制度的发展——从关贸总协定到世界贸易组织"，载《中国国际法年刊》1996 年卷，法律出版社 1997 年版，称其为"争端解决的核心基础"，第 304 页。

② 参见朱榄叶：《关税与贸易总协定国际贸易纠纷案例汇编》，法律出版社 1995 年版，第 216 页。

接向争议各方提供他们认为有约束力的咨询意见和争议各方请求有约束力的仲裁等，也被采用过。此外，《关于实施关贸总协定第 7 条的协定》第 2 款还提及，在一定条件下利用国内司法审查的可能性。

GATT 争端解决机制拥有 3 种程序，即争议解决之一般程序、对发展中投诉国的特别程序和东京回合非关税壁垒协定中的特别程序。其中，特别程序是对一般程序的补充，一般程序才是这种机制的核心。3 种程序均能受理"违法之诉"和"非违法之诉"，但是，特别程序较为快捷。另外，无论是 GATT 的实践①还是法律文件②都明确了总协定第 22 条第 1 款和第 23 条第 1 款与第 23 条第 2 款之间的关系，即双边协商是进行其他争端解决程序的前提条件。

（四）GATT 争端解决机制的缺陷

在 GATT 争端解决机制中存在许多问题，诸如缺乏统一性、拖延与阻挠、混乱的实体法规范、各国各方的政策分歧，以及争端解决机构的缺失、争端解决程序的非司法性、争端解决目的的误导、监督机制的不健全和成为建立国际经济新秩序的障碍等。③ 着力弥补 GATT 争端解决机制的缺陷实际上正是乌拉圭回合谈判的重要目标之一。

二、世界贸易组织的争端解决机制

1948 年达成的《关于争端解决规则与程序的谅解书》（Understanding on Rules and Procedures Governing the Settlement of Dispute，DSU，下称谅解书）是乌拉圭回合有关贸易争端解决机制的一大成果。它是世贸组织争端解决制度的法律依据。据谅解书，世贸组织总理事会执行谅解书规定的规则，设立常设的解决争端的机构，总理事会授权该常设机构行使总理事会的职权。

（一）WTO 争端解决机构

谅解书规定，在 WTO 下设立一常设的解决争端的机构（Dispute

---

① 参见关贸总协定《基本文件和资料》，增刊，第 7 辑，第 45 页及其以下澳大利亚与法国之间的"小麦和面粉出口补贴"争端和第 10 辑，第 140 页以色列与意大利关于进口限制的争端。

② 参见 1979 年东京回合通过的《关于通知、协商、争端解决和监督的谅解书》第 4 至 6 条的规定。

③ 详见李居迁：《WTO 争端解决机制》，中国财政经济出版社 2001 年版，第 31～33 页。

Settlement Body，DSB）和常设上诉机构（Standing Appellate Body，SAB），该常设的解决争端的机构由 WTO 的每个成员委派代表组成，其决定采取全体无异议原则。① 但专家组（panels）和总干事的地位不容忽视。谅解书第 6 条规定，"如经申诉方提出要求，应在 DSB 首次将该请求列入议事日程之后的最近一次会议上成立专家组，除非 DSB 一致同意不设立专家组"。可见，专家组的设立几乎是自动的、无例外的。虽然谅解书并未规定专家组是 DSB 的机构，但事实上它相当于一级机构，这一点特别可以从"常设上诉机构"一词推而论之。显然，常设上诉机构相当于 WTO 争端解决的"终审机构"，其案件来源于对"一审机构"的裁决不满而进行的上诉。所以，专家组的法律地位是 WTO 争端解决机制中的一审争端处理机构。类似于专家组，总干事本也不是 WTO 中专门的争端解决机构。但是，由于总干事在争端解决中因进行斡旋、调解、调停以及一些辅助性工作而发挥的无法替代的作用，使它成为常设的解决争端的机构、常设上诉机构和专家组之外的辅助性争端解决机构。

（二）WTO 争端解决机制的管辖范围

根据谅解书第 1 条的规定，DSB 的管辖权适用于世贸组织成员之间关于其在《关于成立 WTO 协定》和谅解书项下权利和义务而单独地或结合其他任何适用协议提起的协商和争端解决。而且，只有基于条约义务而产生的 WTO 体制内的争端，才属于 WTO 争端解决机制管辖的范围。

（三）WTO 争端解决的程序

WTO 拥有许多种解决争端的程序，笔者认为，可将它们划分为非司法性解决程序和司法性解决程序，其中以司法性解决程序为主。② 对国际争端可以采取强制的和非强制的方法解决，后者又分为政治的和法律的方法。政治的方法包括谈判、斡旋、调停、和解和国际调查；法律的方法有仲裁和司法

---

① 即只要与会代表在争端解决机构作出决定时没有正式提出反对意见，该决定便可被视为经全体成员无异议表决通过。这与 GATT 的全体通过原则不同。参见王贵国："从服务贸易总协定看经济一体化的法律渗透"，载陈安主编：《国际经济法论丛》第 1 卷，法律出版社 1998 年版，第 116 页。

② 判定一程序是司法性的或不是司法性的，其依据主要如下：司法性程序之发起基于法定管辖权及当事人单方行为，而不是当事方的协议；执行司法性程序的机构独立于争端方以外，没有当事方的参与；执行司法性程序的机构人员由该机构自己确定。

解决。① 在谅解书总共 27 条规定中，第 4 条"协商"和第 5 条"斡旋、调解和调停"当属于非司法性解决程序；而有关专家组程序、上诉审程序和执行程序的 17 条规定则属于司法性解决程序。② 世贸组织争端解决程序由 DSB 实施，其活动贯穿专家组程序、上诉审程序和执行程序。③ 可见，世贸组织争端解决程序是以司法性解决程序为主的程序体系。

三、GATT 和 WTO 争端解决机制的特点比较

从关贸总协定到世界贸易组织，争端解决机制的发展具有明显的继承性。因为在新体制中，从关贸总协定实践中产生出来的有关原则、习惯仍然具有指导意义；关贸总协定第 22、23 条继续发挥解决争端的核心作用；专家组程序仍然不可或缺；利益的丧失或损害概念仍然被沿用等。

WTO 争端解决机制的最主要特点在于具有更强的司法性，表现在独立的争端解决机构、DSB 的广泛的职权和以司法性解决程序为主的程序体系。由此克服了在关贸总协定体制下常遇到的争端双方"选择规则"（Rule-Shopping）和"选择机构"（Forum-Shopping）的困难，使争端解决的程序更加高效、透明、法制化。④

WTO 争端解决机制的另一个特点是制度更加严格。它的建立是以弥补GATT 的缺陷为出发点的，因而一改 GATT 争端解决机制松散、灵活、不确定的特点（同时也是缺点），在争端解决过程中遵循严格的程序，甚至允许使用较严厉的制裁措施。这一严格性首先表现在各个程序都有明确的时间限制，

---

① 邵津主编：《国际法》（第 4 版），北京大学出版社、高等教育出版社 2014 年版，第 411 页。

② 第 20 条"仲裁"的属性并非一目了然。仲裁是和平解决（国际）争端的法律方法之一，指争端发生时，经各当事方同意，将争端交付由他们自行选任仲裁人处理，并约定服从裁决。与斡旋、调停和调解不同，仲裁裁决对当事方具有约束力，但它不具有法律制裁的性质。

③ 谅解书第 2 条规定，实施谅解书的规则和程序以及适用协议关于协商和解决争端的规定的机构是 DSB。DSB 有权设立专家组、采纳专家组和上诉机构的报告、监督对裁定和建议的实施、授权中止减让和其他依据协定的义务、随时向有关的 WTO 理事会和委员会通报争端发展状况以及按需要适时召开会议等，因此说，DSB 的活动贯穿各个程序。

④ 董世忠："世界贸易组织的法律框架"，载陈安主编：《国际经济法论丛》第 1 卷，法律出版社 1998 年版，第 81 页。

以确保争端得以迅速解决。根据谅解书，磋商应于争议发生后的 30 天内举行；若未果，请求磋商的成员可直接要求成立专家组（谅解书第 4 条第 3 款）；在争端不能通过协商在 60 天内解决（紧急情况下 20 天）的情况下，任何当事方都可以要求成立专家组（谅解书第 4 条第 7 款）；紧急情况下任何成员都可以要求于 10 天内举行磋商（谅解书第 4 条第 8 款）；争端解决机构应在接到该要求后的第一次会议上决定是否成立专家组；一旦作出成立的决定，必须在 20 天之内完成对专家组的委任。对于争端解决机构的建议和裁决，当事方应立即执行。

严格制度还表现在谅解书规定的监督执行的措施，包括当事方向争端解决机构通知其执行的意向、明确规定执行的合理期间以及任何成员方随时可以向争端解决机构提出有关执行的问题。这样，一方执行建议和裁定不再仅仅是对有关当事方的义务，而成为对全体成员方的义务。如果建议和裁定在合理期间未被执行，有关当事方可以要求赔偿。如果不能寻得双方都能接受的赔偿方法，有关当事方可以要求授权中止减让或其他依据条约的义务。①

另外，与 GATT 时期有所不同，WTO 谅解书允许使用"交叉报复"措施，即报复措施可以在与违反条约或造成损害的行为不同的贸易部门甚至不同的贸易条约内实施。允许使用"交叉报复"措施实际上将成员方在不同的贸易领域的利益关系联系在一起，是相当严厉的规则，因而也更能促进成员方审慎行事、依约而行。

最后值得一提的 WTO 争端解决机制的特点是，受影响的第三方可以主张知情权（获取专家组的报告和其他资料）及参与权（参与争端解决程序）。②这条规定可能使众多成员成为争议一方或第三方，有助于维持成员方之间权利和义务的平衡，从而使争端得到更圆满的解决。

---

① 张若思："多边贸易体制内争端解决制度的发展——从关贸总协定到世界贸易组织"，载《中国国际法年刊》1996 年卷，法律出版社 1997 年版，第 308 页。

② 谅解书第 4 条第 10 款。例如美国与欧洲共同体关于欧洲共同体援引豁免条款给予前法属殖民地国家以较优惠的待遇案（亦称香蕉案）。

四、欧共体对世界贸易组织争端解决机制的利用

（一）欧共体在 GATT 中的法律地位

从法律意义上讲，欧共体不是 GATT 的缔约方。为了统一实施对外商业政策，欧共体依据《欧洲共同体条约》① 第 133 条（原第 113 条）和第 300 条（原第 228 条）等条款的规定，在 GATT 中逐步取代其成员行使权利、履行义务。尽管如此，绝大多数的 GATT 缔约方给予了欧共体事实上的默认，使它成为 GATT 的一种事实成员。② 这种 30 多年来形成的特殊法律关系"为国际社会确认它们在 WTO 中的双重法律地位奠定了基础"③。

正因为欧共体不是 GATT 的法定缔约方，更不像美国那样是该规则的主要起草方之一，所以，欧共体的整体利益没有在 GATT 中得到充分体现，因而它贬抑 GATT 争端解决规则的法律拘束力，强调采取协商谈判这种务实方法来实现缔约各方经济贸易利益的平衡。这也是欧共体在 1981 年之前多次被诉并且只能消极应诉的主要原因之一。④ 自"狄龙"回合至今，欧共体几乎参与了 GATT/WTO 所有规则的制订。随着欧共体利益在各个协定中得到充分体现和专家组程序效率及质量的显著提高，欧共体一改消极应诉的局面，转而积极利用 GATT/WTO 的争端解决机制解决争端。

（二）欧共体利用 WTO 争端解决机制的特点

WTO 成立以来，欧共体充分使用争端解决机制，以确保其在 WTO 各项协定下的权利。这首先可以从一些数据统计看出来：欧共体参与 WTO 争端解决程序的案件越来越多，其数量仅次于美国。从 1996 年起，它起诉的案件的数量开始超过被诉案件数量。其次，争端所涉范围越来越广泛，不仅包括传统的货物贸易，还扩大到服务贸易、知识产权、政府采购、纺织品及服装等

---

① Vertrag zur Gruendung der Europaeischen Gemeinschaft，vom 25. Maerz 1957.

② 曾令良：《欧洲共同体与现代国际法》，武汉大学出版社 1992 年版，第 154、216 页。

③ 曾令良："欧共体及其成员在 WTO 中的双重地位及其对中国的影响"，载《法学评论》1999 年 2 期，第 37 页。

④ 从 1958 年到 1973 年，有 10 件起诉针对欧共体各成员，而欧共体只起诉 2 次；从 1958 年到 1980 年，依据 GATT 第 23 条欧共体 11 次被诉。参见陈卫东："从国际法角度评欧共体对 WTO 争端解决机制的政策和实践"，载《法学评论》2000 年第 4 期，第 5 页及其以下。

产业。第三，欧共体借以政治方法、外交手段解决贸易争端来减轻日益沉重的诉讼负担。事实是，欧共体作为起诉方参与的案件大部分在协商阶段解决，被诉案件也有相当部分通过协商程序解决。第四，在 WTO 贸易争端中，欧共体矛头直指美国。欧美贸易争端数量之多、规模之大、对对方国内法律中相关条款指责之甚，使之成为 WTO 贸易争端中的一大观景。欧共体作为当今世界上规模最大的贸易集团与美国这个经济及综合国力最强的国家之间既合作又抗争的关系实属必然。① 最后，当专家组或上诉机构报告对欧共体不利时，欧共体往往用尽 WTO 争端解决机制的所有程序，借此尽量拖延时间，以期最大限度地降低损失。

---

① 近年来，欧共体针对下列事项起诉美国：美国 1916 年反倾销法、使用 1974 年贸易法 301 条款单方面制裁贸易伙伴、马萨诸塞州政府采购法、通过给予外国公司税收减免变相给予出口补贴等。美国则针对下列事项起诉欧共体：欧共体禁止进口美国的基因食品、禁止进口美国含荷尔蒙激素的牛肉、欧共体香蕉进口体制、空中客车公司财政补贴案等。

第六章　国际货币基金组织

国际货币基金组织（International Monetary Fund，IMF）产生于布雷顿森林体系之下，自其 1945 年 12 月 27 日正式成立以来，在加强国际货币合作、建立多边支付体系、促进国际汇率稳定、维持国际收支平衡、防止和解决国际债务与金融危机等方面做出过积极的贡献，其在维持国际金融秩序方面的作用不容忽视。但在面对当今更为繁杂多变的金融形势时，国际货币基金组织显现出了种种缺陷和不足，必须改革。

一、国际货币基金组织的设立宗旨与基本职能

依照"怀特计划"① 建立的国际货币基金组织履行着监督国际汇率、提供国际信贷、协调国际货币关系等三大职能。

作为战后国际货币体系的核心，国际货币基金组织的设立宗旨是通过这一"永久性的国际金融机构"来促进国际金融与货币领域的合作，为国际货币问题的磋商与合作提供平台；促进国际贸易和投资的均衡发展，提高成员的就业与实际收入水平，扩大生产能力；维护国际的汇率秩序，促进汇率稳定，维护正常汇兑关系，避免竞争性货币贬值；协助成员建立经常性多边支付体系，消除外汇管制；对收支不平衡的国家提供资金借贷，以调节国际收支失衡等。国际货币基金组织的资金来源于各成员认缴的份额，而该份额决定了各成员在组织中投票权大小和可向组织获得借贷资金的额度。

①　"怀特计划"是美国财政部长助理怀特提出的"联合国平准基金计划"。"怀特计划"试图由美国控制"联合国平准基金"，通过该基金使会员国的货币"钉住"美元。这个计划还立足于取消外汇管制和各国对国际资金转移的限制。

经历了布雷顿森林体系到牙买加体系的过渡，无论世界经济环境如何变迁，国际货币基金组织从建立之初的宗旨——维护各国固定汇率的稳定，到后来的维护各国汇率体系的稳定，这一宗旨的连贯性说明国际货币基金组织维持国际货币体系的稳定这一核心原则从未改变。

二、国际货币基金组织的机构与职能演变

经济全球化是当前世界经济发展的大趋势。由于信息技术的飞速发展，跨国公司在全球经营范围的扩大，资本在全球的流动性越来越强，全球经济形成一个统一市场的趋势在逐步增强。[①] 国际货币基金组织之所以能在国际金融货币领域发挥巨大作用，依赖的是其健全的组织机构和运作机制。随着世界格局的变化，国际货币基金组织的机构与职能也在不断变化和完善，其主要机构包括理事会、执行董事会、国际货币与金融委员会、发展委员会和总裁。

围绕着这些常设的组织机构，国际货币基金组织设立了一系列配套运作机制，以实现《国际货币基金协定》的宗旨。运作机制主要包括组织管理程序、业务开展方式以及成员权利行使三个方面：

首先，在组织管理程序上，作为国际货币基金组织的最高权力机构，理事会通常每年在基金组织和世界银行年会上召开一次会议，必要时也可以召开特别会议。理事会决定主要政策问题，但将日常决策权赋予执行董事会。执行董事会除了每周的定期会议及负责向理事会作例行年度报告外，还要时常开会讨论成员出现的重大经济发展问题以及国际金融领域出现的重大事件等。总裁由执行董事会选举产生，一般情况下没有投票权，只有在执行董事会表决过程中，出现赞成与反对双方票数相同时才投下决定性的一票。

其次，在业务开展方式上，国际货币基金组织的业务主要围绕监督、磋商与协调、资金融通等方面展开。为了促进国际货币合作，维护国际金融体系的稳定，基金组织要对成员的货币汇率政策及汇率制度实施监督。在成员

---

① 何志华、王志军："浅谈国际货币基金组织改革的必要性"，载《武汉工业学院学报》2000年第 2 期，第 62 页。

权利行使方式上，每个成员在加入基金组织时都要缴纳一定数额的款项，即认缴份额。

最后，在表决模式上，国际货币基金组织的许多政策和业务决定都需要特定多数票才能通过，例如份额的调整、特别提款权的分配、章程的修改等重大问题需要理事会85%的赞成票。因此，拥有17%左右份额的美国，拥有国际货币基金组织一切重大决策的单边否决权。正是基于投票权上的优势，美国在该组织的各项活动中起着决定性作用，该组织始终是霸权国主导控制下的一个国际机制。①

三、国际货币基金组织存在的问题

（一）内部决策机制的合法性遭受质疑

与世界贸易组织采用的"一成员一票"的决策机制不同，国际货币基金组织的决策机制采用加权投票表决制。投票权由两部分组成，每个成员都有250票基本投票权以及根据各国所认缴的份额所得到的加权投票权。由于各国的基本票数一样，而在实际决策中起决定作用的则是加权投票权，因此，事实上，国际货币基金组织的决策程序采用的是份额制。国际货币基金组织作为一个国际性的金融合作机构，其资金来源于各成员加入组织时依据本国国民收入、黄金外汇储备、国际贸易程度等指标进行的认缴。在这种决策机制下，该认缴份额不仅决定着成员可从组织中获得的贷款的最高限额，更为重要的是，它决定了成员在组织中发言权的大小和投票权的多少。由于美国等几个发达国家所占份额巨大，使得国际货币基金组织成为它们的金融政策代言人。

国际货币基金组织现有187个成员，重要决策——例如份额的调整、特别提款权的分配、章程的修改等——都需要85%的票数才能通过。这决定了拥有15%以上的投票权份额，就是拥有"有效自卫份额"，即可以一票否决，

---

① 而且，在没有改变自己把持IMF重大事务的基本格局的同时，美国决策层还在图谋给中国等份额提高的国家增加额外的义务。参见李本："国际货币基金组织份额制改造与中国的进路分析"，载《法学论坛》2010年第2期，第89页。

确保该组织不会通过明显不利于自己的决议。美国凭借其世界第一经济大国的地位，拥有 16.77% 的投票权、17.09% 的份额，长期拥有一票否决的权益；欧盟通过"老欧洲"各国的合力，也拥有"有效自卫份额"，单是德国（5.98%）、法国（4.94%）、英国（4.94%）加起来，就达到了 15.86%，而欧盟合并投票权和份额竟高达 31.98% 和 32.38%。所以，美国在改革中让渡的份额仍不能撼动其在组织中的霸主地位，美国还拥有着对需要 85% 多数投票支持的重大事项的一票否决权。[①]

（二）监管机制及危机应对能力不足

随着经济全球化的发展，西方发达国家的触角延伸到了全球各个角落，也不可避免地把资本主义的固有矛盾扩散到了世界各地，其对资本利益最大化无止境的追求使得全球化的金融危机一触即发。因此，牙买加体系下的国际货币基金组织，其主要职能也由初建时的维持固定汇率转变为金融监管与危机救助，在国际金融领域承担着"危机防范者""危机管理者"和"危机贷款人"三重角色，相应地，国际货币基金组织的监管机制主要由危机预警、政策监督、危机援助三部分组成。

国际货币基金组织作为"危机防范者"，就是要在金融危机爆发伊始甚至危机爆发之前对成员作出预警，争取将危机扼杀在萌芽之中，避免危机的加剧与蔓延，以维持国际金融秩序的稳定。然而，不论是 1994 年的墨西哥金融危机，1997 年的亚洲金融风暴，还是 2008 年始于美国次贷危机的全球金融海啸，国际货币基金组织都没能起到其本应发挥的预警作用。2009 年 3 月，国际货币基金组织终于在其新闻发布会上公开承认了其在危机预警上的不力。

（三）现行国际货币制度的内在缺陷

2008 年金融大海啸震荡了整个世界的金融市场，也进一步暴露了牙买加体系的内在缺陷。迄今为止的各种国际货币制度都存在其固有的缺陷，虽然在布雷顿森林体系瓦解之后，牙买加体系呈现出的国际储备多元化、汇率制度多样化、国际收支调节多渠道化等灵活性顺应了当时世界经济动荡混乱的

---

① 刘涛："IMF 份额改革符合各方利益"，载《证券时报》2010 年 11 月 8 日，A03 版。

特点，但是牙买加体系并没能从根本上改变金融大国操控国际货币体系的不平等和不公平现象，也没有建立起稳定的国际货币金融秩序。伴随着世界经济格局的变化以及国际金融合作的加强，现行的国际货币制度早已无法适应国际金融形势的变迁。

国际货币体系的动荡与危机折射出国际货币领域合作的失衡与低效，这种体系隐含的不平等、不对称，使其与历史上的金本位、金汇兑本位、布雷顿森林体系相比，具有更大的内在不稳定性。一轮又一轮的金融危机也充分暴露了当前国际货币体系的内在缺陷和系统性风险。改革势在必行。在内外交困的环境下，IMF 不得不启动了针对其治理结构的改革。IMF 在2006 年 9 月的新加坡年会上启动了名为"份额与声音"的改革，旨在提高新兴市场国家在 IMF 中的份额，以及增强最不发达国家在 IMF 中的发言权。①

四、改革的难点

目前国际社会上对国际货币基金组织改革的要求越来越强烈，提出的方案也是千差万别。由于改革必然牵扯到成员现有利益格局的调整，因此，各国均从自身的角度出发，不仅发展中国家同发达国家之间存在难以调和的利益之争，就连发达国家内部声音也难以统一。从这些现有的改革呼声来看，国际货币基金组织改革不存在全球化的共同利益和统一版本，仍然是主权国利益制衡的体现。局部问题考虑得多，全局问题考虑较少，各种方案均缺乏整体适用性，导致改革之路遍布荆棘，使得国际货币基金组织的改革陷入知易行难的困境。集中表现在 3 个问题上。

（一）决策机制失衡

2008 年美国次贷危机引爆全球金融海啸，而国际货币基金组织却无法释放足够的能量来及时有效地浇熄这场金融大火，因此，美国极力呼吁国际货币基金组织增资，企图让其他国家为美国金融危机买单的同时，继续享有对

①　详见刘骏民、李凌云："'双本位'国际货币体系与全球金融危机"，载《亚太经济》2009 年第 5 期。

国际货币基金组织不合理的霸权，使得广大发展中国家改革的矛头直指决策权失衡这一最为敏感的部位。

国际货币基金组织的决策机制仍沿袭布雷顿森林体系成立时遗留下来的规则，即成员在国际货币基金组织中权利的大小与其基金份额的多少成正比。在组织成立七十余年来，少数发达国家占据绝大多数投票权的状况从未改变，广大发展中国家的要求始终难以得到合理体现。发展中国家认为，随着其经济实力的增长，其有能力在国际社会上承担更多的经济责任，也有必要赋予其更高的国际地位，而现有的份额分配方案已经无法公正客观地反映当今的国际经济格局，因此，特别呼吁改变份额分配方案，提高其在国际金融领域话语权。然而，基于投票权总数的恒定，有人增加，就要有人减少，因此，欧美等发达国家必然不肯放弃手中的控制权。在发达国家与发展中国家的投票权博弈过程中，发达国家利用现有控制力一直试图阻挠投票权向着公正合理的方向改革，发展中国家渐渐失去对国际货币基金组织的信心和积极性，凸显出国际货币基金组织在发展中国家被边缘化的趋势。

（二）贷款条件的取舍

根据国际法领域的主权原则，国际货币基金组织并不是凌驾于主权国家之上的国际组织，其与成员以及其成员之间均为平等主体，相互之间不存在管辖权。但是，由于国际货币基金组织的特殊使命，在其实际运行过程中又必须被赋予一定的权威性来实现其金融监管职能。由于缺失明确具体的法律制度，国际货币基金组织在职能履行中若用力过小，则难以实现其维持金融稳定应有之义，而用力过猛，则又有过度干预主权之嫌。发展中国家作为新兴经济体，由于金融市场相对脆弱，其发生金融危机的概率往往比发达国家大得多，相比之下，其更需要获得国际货币基金组织的金融援助。然而在发达国家掌控下的国际货币基金组织进行融资援助的同时，往往掺杂了很多非经济因素，伴随着欧美等发达国家政治霸权的渗透。所以，如何把握成员主权让渡的程度便成为双方争执的焦点。

（三）对金融援助职能的分歧

在美国看来，作为布雷顿森林体系的产物，国际货币基金组织当初设立的初衷之一就是为了弥补私人资本的供给不足。而伴随着国际私人资本的急剧膨胀，国际货币基金组织可控制的资源无论在规模还是在流动性上均不可与其同日而语，因此，国际货币基金组织不应该再继续将职责的重点放在向成员提供资金援助上，而应该停止中长期贷款业务，把有限的资源集中于维持国际金融体系的稳定上，在金融救助领域仅保留危机发生后的短期资金融通。相反，发达国家呼吁国际货币基金组织的金融救助职能应不断淡化，并逐渐让位于私人资本。然而，现实中很多发展中国家并不能从国际金融市场上获得必需的救助与发展资金，尤其是长期陷于国际收支失衡问题的贫穷重债国，国际货币基金组织的金融援助具有重大的现实意义。广大发展中国家认为，美国之所以建议削弱国际货币基金组织的援助职能，本质是为了推行其私人资本在全球的进一步扩张。因此，发展中国家坚持强化国际货币基金组织的金融援助职能，仅承认私人资本作为互补的援助方式，强烈反对缩小国际货币基金组织的援助规模与救助范畴。

此外，发达国家和发展中国家在国际货币基金组织监管原则和适用范围等方面也存在分歧，发达国家提出了很多针对发展中国家的监管要求，而其自身则置之度外，发展中国家则要求所有的国家都要遵守国际货币基金组织的监管准则。

五、结语

面对距离全球性金融危机，国际货币基金组织可提供的救援资金却严重匮乏。显然，国际货币基金组织急需大量融资。国际货币基金组织的困境并非仅靠一纸融资可行性报告就能够解脱，它更多地折射出国际货币基金组织改革的迫切。因此，必须重新评估国际货币基金组织的作用和对该组织的要求，以使该组织适应新的全球货币与金融体系，去除它的官僚之风和立足发达国家利益的霸气，使它真正融入当今的金融体系中，在民主与公平的国际氛围中为各国提供必要的资金援助和切实有效的政策指导，在真正意义上重新担当起金融危机拯救者的角色。

第七章　国际金融公司

国际金融公司（International Finance Corporation，IFC）正式成立于 1956 年 7 月，总部设在华盛顿，它是世界银行的下属机构之一。国际金融公司与世界银行集团的其他机构密切合作并互为补充，但它在法律和财务上是独立的，它拥有自己的章程、股东、财务制度、管理体系及工作人员。

一、国际金融公司的成立及宗旨

作为一个国际组织，国际金融公司的宗旨是通过鼓励会员国，特别是欠发达地区会员国的生产性私营企业的增长，来促进经济发展，并以此补充国际复兴开发银行的各项活动。国际金融公司明确指出，其使命是通过民营部门推动可持续发展。为此，国际金融公司在向新兴市场中的公司和金融机构投资和帮助培养经营技能的活动中，通过创新性方法解决发展过程中遇到的挑战，并将其积极的发展影响视为良好经营实践不可分割的一部分，将主要精力集中于迫切需要投资的国家。①

自 1956 年成立以来，国际金融公司已对 140 个国家的 2990 家公司承诺了 370 亿美元以上的自有资金贷款，并且安排了 220 亿美元的银团贷款。国际金融公司与世界银行集团的其他机构——国际复兴开发银行、国际开发协会、多边投资担保机构以及解决投资争端国际中心共同开展工作，但它也具有法律和财务方面的独立性。其 175 个成员为它提供股本，并共同决定着它的政策。②

---

① 《创新影响可持续发展——国际金融公司的承诺》，国际金融公司 2003 年度报告，第一卷，封三。

② 同上，封二。

二、国际金融公司的法律地位

作为世界银行的下属机构，国际金融公司依照《国际金融公司协定》建立起自己的内部组织构架，并承担起监督和保障《国际金融公司协定》实施的职责，完全符合国际组织的基本特征。

国际金融公司具有完全的法律地位，独立的法律人格。国际金融公司在法律和财务上都是独立的，具有其自己的章程、股东、财务制度、管理体系及工作人员。1993 年 4 月 28 日修订的《国际金融公司协定》第 6 条明确规定，国际金融公司具备完全的法人资格，尤其拥有缔结契约的能力、收购和出售不动产及动产的能力以及制定法律程序的能力。《国际金融公司协定》的上述规定，直接表明了国际金融公司的国际法律地位，说明国际金融公司是一个具有独立国际法律人格的国际组织。

三、国际金融公司的基本文件

国际金融公司的主要基本文件包括《国际金融公司协定》和 1980 年修订的《国际金融公司协定附则》。

《国际金融公司协定》（Agreement of the International Finance Corporation），1956 年 7 月 20 日订于华盛顿，后又根据 1961 年 9 月 21 日、1965 年 9 月 1 日、1980 年 2 月 18 日和 1993 年 4 月 28 日四次修订。根据该协定，成立了"国际金融公司"。

《国际金融公司协定》共 9 条，1980 年 2 月 18 日补充修订了《国际金融公司协定附则》，共 17 节。协定及附则对国际金融公司的宗旨、组织机构和业务范围等都做了明确的规定。

四、国际金融公司的组织机构与运作

（一）国际金融公司的治理结构

通过理事会和董事会，国际金融公司的成员为公司的项目和活动提供指导。每个国家都任命一名理事和一名副理事。国际金融公司的管理权属于理事会，而理事会则将其大部分权力授权给由 24 位董事组成的董事会。每位董事的投票权根据其所代表的资本份额来确定。董事们定期在位于华盛顿特区的世界银行集团总部召开会议，以评议和决定投资项目，并对公司的管理提供全面的战略指导。董事们还为 5 个常设委员会中的一个或多个委员会服务，这些常设委员会的目的是，通过对政策和业务过程的深入审查，帮助董事会分担其监督职能。例如审计委员会、预算委员会、发展效益委员会、人事委员会。[1]

（二）理事会

根据《国际金融公司协定》的规定，国际金融公司的最高权力机构是理事会，公司的所有权力归理事会所有。理事会和董事会在其职权范围内可以制定和实施开展公司业务所需的规章制度。

《国际金融公司协定》第 4 条第 2 款规定，理事会可以授权董事会代其行使权力，但以下权力除外：接纳新会员和决定它们的加入条件；增加或减少股本；冻结会员资格；裁决因董事会对本《协定》所作解释而产生的异议；安排与其他国际组织的合作事宜；决定永久停止公司运作并分割其资产；宣布红利；修订本《协定》。

对于国际金融公司理事会的表决，《国际金融公司协议》规定，公司面临的所有问题都应通过投票加以解决，多数票支持的意见即为表决结果。国际金融公司的所有会员均拥有两百五十票表决权，此外，每拥有一份股本则另增加一票表决权。理事会所有会议的法定人数都应超过理事人数的一半，行使不少于三分之二的总表决权。候补理事只有在理事缺席时方可行使表决权。但是，《协议》第 4 条第 2 款还作出了例外的规定，即公司可决定建立一种程序，使董事会对某一特定问题可采取不召开理事会的方式而获得理事的投票。

（三）董事会

董事会负责管理国际金融公司的日常运作，根据《协定》第 4 条第 4 款的规定，国际金融公司的董事会具有理事会下发的所有权力。

---

① 《创新影响可持续发展——国际金融公司的承诺》，国际金融公司 2003 年度报告，第一卷，第 5 页。

国际金融公司董事会依其职权应由银行的执行董事组成。执行董事的产生主要有两种方式：一是由兼为公司会员的银行会员指派；二是至少有一个兼为公司会员的银行会员在选举中投票使之当选。每个银行执行董事的候补董事依其职权也是公司的候补董事。如果指派董事的会员或投票使其得以当选的所有会员不再具备会员资格，该董事也应离职。

对于执行董事拥有的表决权，《协定》第 4 条第 4 款规定，董事会所有会议的法定人数应超过董事人数的一半，行使不少于 1/2 的总表决权。凡系银行的派任执行董事的公司董事享有任命他的会员在公司内应有的投票权。凡系银行的选任执行董事的公司董事享有在银行选举中使之得以当选的公司会员在公司内应有的投票权。每一董事应有的投票权应作为一个单位投票。候补董事在任命他的董事缺席时应有权代替其行使全部权力。

（四）主席、总裁和工作人员

世界银行行长依其职权也是国际金融公司董事会的主席，但是，除非双方票数相等时有权投决定票外，他没有投票权。他可以参加理事会会议，但在此类会议上无投票权。

国际金融公司总裁经由主席推荐并由董事会任命。总裁统领公司所有的业务工作人员，其应在董事会的指导和主席的监督下开展公司的日常业务，并在他们的总控制下负责公司官员及工作人员的组织、任命和解雇事宜。总裁可以参加董事会会议，但在此类会议上无投票权。

五、国际金融公司的会员资格

（一）会员资格的确认及申请

对于初始会员国的确认，《国际金融公司协定》第 2 条第 1 款规定：（a）公司的创始会员应为《协定》附录 A 列出的于第 9 条第 2 款（c）节规定的日期当天或之前获得公司会员资格的银行会员（1956 年 12 月 31 日银行结束营业之前）。（b）银行的其他会员有权按照公司规定的时间和条款申请获得会员资格。

国际金融公司对于会员国资格的申请采取开放态度。《国际金融公司协定》附则第 17 节规定：根据对协定附录 A 所列会员国可能作出的特别规定，任何银行的会员国提出申请书向公司陈述有关事实材料,均可申请为公司的会员国。在向理事会提交申请书时,董事会和申请国磋商后,应向理事会提出有关该会员国认缴股份数目的建议,以及董事会认为其他应由理事会规定的事项。

（二）会员的退出及冻结会员资格

对于有关会员的退出规定,《国际金融公司协定》第5条第1款明确指出:任何会员均可随时向公司的主要办公地点电传书面通知,宣告自己从公司退出。退出通知在抵达公司的当天即告生效。除此之外,《国际金融公司协定》第5条第2款进一步规定了冻结会员资格的相关事项,即公司可通过超过半数的理事行使多数表决权来冻结未能履行对公司义务的会员的会员资格,且资格被冻结的会员从资格冻结之日起一年内不再是公司会员,除非超过半数的公司理事表决同意恢复其正常会员资格。但是,《协定》第5条第2款规定,资格冻结期间,会员无权行使《协定》中除退出权以外的任何权利,但仍必须履行所有会员义务。

第八章　国际复兴开发银行

国际复兴开发银行[①]（International Bank for Reconstruction and Development，IBRD）孕育于第二次世界大战末期的国际环境，在美国主导下成立，是以美国为中心的战后国际经济体系的重要组成部分。作为"二战"后国际经济体系的重要组成部分，国际复兴开发银行为促进战后欧洲主要国家复兴、加快欠发达国家经济发展提供了大量资金，为全球经济发展作出了重要贡献，有力地维护了国际经济秩序。同时，国际复兴开发银行与其他国际组织相比，有许多自己的特点。

一、国际复兴开发银行的成立

在 19 和 20 世纪，垄断资本的国际竞争受到各国的相应支持。各国为解决国内因资本主义固有矛盾造成的经济困难而不断进行经济干预，竞相采取各种刺激出口和限制进口的措施，这影响和损害了他国利益，使国家间经济矛盾加剧和尖锐化，阻碍了国际经济的增长。两次世界大战后，由于金本位崩溃、世界性经济危机的发生，各国进一步通过经济法干预经济，如实施关税壁垒、外贸统制等措施，加剧了资本主义各国间经济关系的矛盾，营造良好的国际经济秩序势在必行。[②]

"二战"末期，世界经济力量对比发生重大变化。美国一跃成为世界最

---

① 国际复兴开发银行又称为世界银行，但是世界银行集团包括国际复兴开发银行、国际开发协会、国际金融公司、多边投资担保机构和争端解决国际中心五个机构。

② 余劲松、吴志攀主编：《国际经济法》，北京大学出版社、高等教育出版社 2005 年第 2 版，第 25 页。

大的债权国，黄金储备占世界的 2/3，对外贸易额占世界贸易总额的 32.5%①，在国际经济关系中的地位举足轻重。而英国和法国等老牌资本主义国家的经济遭到了严重破坏。"二战"前在国际货币体系中居于核心地位的英国，其经济实力和地位已经大大下降。与此同时，世界政治格局也发生了变化，经历反法西斯战争洗礼的社会主义国家苏联日益成为欧亚大陆的政治、军事大国，在战争走向尾声时与主要资本主义国家的矛盾逐渐浮出水面，国际社会东西分裂的趋势日益显著。

基于上述国际经济、政治背景，一方面，欧洲国家的复兴及欠发达国家的开发都亟需注入大量的长期资金，而私人贷款与对外投资无法满足这样的需求；另一方面，美国的实力与利益决定了美国力图在战后建立世界经济霸权。于是，在美国主导下，开展国际金融合作、提供复兴与开发贷款的金融机构应运而生。

美英两国，尤其是美国，在推动战后国际金融合作进程中扮演了领导角色。1943 年 4 月，美英两国政府同时分别公布了"稳定基金计划"和"清算联盟计划"；11 月，美国政府又公布了联合国家复兴开发银行协定草案。以计划的主要作者命名，美国的方案统称为"怀特计划"，英国的方案统称为"凯恩斯计划"。1943 年 9 月到 10 月间，美英两国政府就国际货币问题在华盛顿举行会谈。英国被迫接受"怀特计划"，与美国达成妥协。

1944 年 7 月 1 日至 22 日，44 个国家的代表在美国新罕布什尔州布雷顿森林召开联合国货币金融会议。这次会议以"怀特计划"为讨论蓝本，在美英合作操控下，确立了以美元为中心的国际货币体系，即"布雷顿森林体系"，并决定建立国际货币基金组织和国际复兴开发银行两大机构，会议通过了包括《国际复兴开发银行协定》在内的一系列文件，总称《布雷顿森林协定》。②

1945 年 12 月 27 日，美国等 28 国政府代表签署《国际复兴开发银行协

---

① 肖月、朱立群主编：《简明国际关系史》（1945—2002），世界知识出版社 2003 年版，第 3 页。

② 《布雷顿森林协定》包括三份文件：《联合国货币金融会议的最后决定书》以及《国际货币基金组织协定》《国际复兴开发银行协定》两个附件。

定》，国际复兴开发银行正式成立。1946 年 6 月 25 日，国际复兴开发银行正式营业。

二、国际复兴开发银行的法律地位

作为成员依据《国际复兴开发银行协定》所创设的机构，国际复兴开发银行建立起包括理事会、执行理事会及相关部门在内的一套内部组织架构，完全符合国际组织的基本特征①。

同时，《国际复兴开发银行协定》第 7 条第 2 款规定，"银行应具有完整的法人权利，特别是有权签订契约、取得和处置动产和不动产、进行法律诉讼。"并且，《国际复兴开发银行协定》第 7 条随后规定，国际复兴开发银行的资产免收扣押、档案豁免、资产免受限制、税收豁免，同时还享有通讯的特权、官员和雇员的豁免权与特权。《国际复兴开发银行协定》的上述规定直接表明了国际复兴开发银行的国际法律地位，说明它是一个具有国际法律人格的政府间国际组织。

1946 年 10 月 3 日，联合国经社理事会通过决议，"指令秘书长加强及扩展联合国与国际货币基金及国际复兴开发银行间之合作关系，并继续与该二组织之代表磋商，俾能尽早开始正式谈判"。② 1947 年 8 月 16 日，经社理事会通过了《联合国与国际复兴开发银行以及与国际货币基金组织所订立之协定草案》，提请联合国大会核准。③ 1947 年 11 月 15 日，联合国大会通过决议，核准了上述协定，两个布雷顿森林机构同一天成为联合国的专门机构，进入联合国系统。④

协定承认，国际复兴开发银行在经营上对联合国的政治机构保持其独立性。国际复兴开发银行与联合国建立密切关系，并在纽约联合国总部设立办事处。国际复兴开发银行的财务会计年报每年都要送联合国的经济和社会理

---

① 作为"国家联盟或国家联合体"的国际组织有如下五个基本特征：建立在主权国家基础上；依据并经由国家的正式协议而成立；设有一套承担一系列持续职能的常设机构；拥有某种自主权；具有国家间合作的职能。饶戈平主编：《国际组织法》，北京大学出版社 2000 年版，第 15 ~ 17 页。

② 联合国经济与社会理事会文件，《与各专门机构之联系》，E/241，1946 年，第 12 页。

③ 参见联合国经济与社会理事会文件，E/RES/92（V），1947 年，第 33 ~ 34 页。

④ 参见联合国大会文件，《与各专门机构之协定》，A/RES/124（II），1947 年，第 12 页。

事会上审议。国际复兴开发银行行长同其他专门机构的负责人一样，都是以联合国秘书长为主席的协调行政委员会的成员。

三、国际复兴开发银行的成员

（一）成员加入的规定

在成员加入方面，国际复兴开发银行仅对国际货币基金组织的会员国开放。《国际复兴开发银行协定》第 2 条第 1 款 "会员国资格" 明确规定，"一、银行的创始会员国应为国际货币基金组织的会员国，并在本协定第 11 条第 1 款所规定日期前正式参加银行者。二、基金的其他会员国按照银行所规定的时间和条件加入银行为会员国。" 换言之，凡参加国际复兴开发银行的国家必须以参加国际货币基金组织为先决条件，但国际货币基金组织的会员国并不一定要参加国际复兴开发银行。

具体而言，国际复兴开发银行的会员国有两类：创始会员国和纳入会员国。创始会员国应当首先是国际货币基金组织会员，其本国政府于 1945 年 5 月 1 日前签署《国际复兴开发银行协定》，并应将正式证书交存美国政府，说明其业已依照本国法律接受《国际复兴开发银行协定》，已经采取一切必要措施，以便履行协定规定之义务。而纳入会员国则是在 1945 年 5 月 1 日后签署《国际复兴开发银行协定》、并将正式证书交存美国政府的国家。各国政府自向美国政府交存证书之日起成为国际复兴开发银行会员国。同时，美国政府应将《国际复兴开发银行协定》的签字情况及按照相关规定交存证书的情况，通知其他会员国国家政府。各会员国政府应在签署《国际复兴开发银行协定》时，将其每股价格的万分之一用黄金或美元交给美国政府作为银行之行政费用。此项付款应记入按《国际复兴开发银行协定》第 2 条第 8 款所规定的应缴款帐内。

鉴于国际复兴开发银行在国际经济秩序方面的巨大作用，已有 180 多个国家成为国际复兴开发银行的会员国。

（二）会员国退出的规定

在成员的退出方面，国际复兴开发银行采取自愿原则。《国际复兴开发银行协定》第 6 条第 1 款明确指出，任何会员国得随时以书面通知国际复兴开发银行总办事处，退出国际复兴开发银行。在银行接到该项通知之日起，退出即生效。

（三）暂停会员国资格的规定

此外，《国际复兴开发银行协定》第6条第2款、第3款规定了暂停会员国资格的情形。主要有两种情形：第一，会员国不履行任何对银行的义务，银行经半数以上理事并持有过半数总投票权的表决，得暂停其会员国资格。该国自暂停会员国资格之日起一年后，除非以同样的多数表决恢复其资格外，即自动终止为会员国。第二，任何会员国在其丧失国际货币基金组织会员国资格三个月后，即自动丧失其为银行会员国的资格，除非经银行总投票权四分之三的多数通过允许该国仍为会员国。在暂停资格期间，该会员国除有权退出外，不再享有本协定规定的任何权利，但仍应对全部债务负责。

另外，在暂停任何会员国资格之前，执行董事会应考虑此一事项，并将指责它的事实，在合理时间内通知该会员国，并应允许该会员国有适当机会口头及书面就该问题进行申述。执行董事会应向理事会建议他们认为应采取的适当行动。该项建议及理事会讨论该问题的日期应通知该会员国，并给予合理时间，使其能在此时间内口头及书面向理事会就该问题进行申述。任何会员国可自行选择，对此款规定弃权。

综上可见，《协定》在成员加入和退出上基本采用了自愿原则。但是，与退出条件相区别，成员的加入需要有一前提，即成为国际货币基金组织的会员国。

四、国际复兴开发银行的组织机构与运作

1965年12月7日修订的《国际复兴开发银行协定》对国际复兴开发银行的组织机构做了原则性规定，在此基础上，1980年9月26日修订补充了《国际复兴开发银行协定附则》，这两个法律文件对国际复兴开发银行的内部机构、各自的职能和运作方式作了详细规定。

根据《国际复兴开发银行协定》第5条的规定，国际复兴开发银行由一个理事会（Council）、若干执行董事（Executive Directors）、一名行长（Director）及其他官员和工作人员组成，以执行银行所决定的职责，即国际

复兴开发银行的组织系统包括决策机构（即理事会和执行董事会）和行政管理机构（由行长、若干副行长和工作人员组成）。

（一）理事会

理事会是国际复兴开发银行的最高权力机关，即最高决策机关，有权对《协定》项下国际复兴开发银行权限范围内的所有事项作出决定。具体而言，理事会的职权包括：批准新会员及决定其加入的条件；增加或减少银行资本总额；暂停会员资格；裁决对执行董事解释本协定所产生的异议；安排与其他国际机构的合作办法（暂时性和行政性的非正式安排除外）；决定永远停止银行业务及其资产的分配；决定银行净收入的分配。此外，理事会有权裁决执行董事在解释银行协定方面发生的争执、批准修改《协定》、批准解散银行等。

理事会由每一成员委派理事和副理事各一位组成。按银行协定，副理事只有在理事缺席时才有投票权。两者任期均为 5 年、可以连任。成员一般都委任财政部长或中央银行行长担任理事。理事会除行使必须由其行使的职责外，将协定赋予它的一般职权委托给执行董事会代行。

理事会以会议形式开展工作，包括定期会议和特别会议。全体大会的定期会议（即年会）每年举行一次。理事会年会应按理事会决定之时间和地点召开；但如执行董事会因特殊情况认为必要时，执行董事会得改变该年会的时间和地点。

理事会特别会议可在任何时候由理事会或执行董事会召开。在有五个银行会员国或共持有总投票权四分之一的银行会员国要求召开时亦应召开。如任何银行会员国要求执行董事会召开理事会特别会议，行长应将该项请求及要求召开的理由通知全体银行会员国。在每次年会上，理事会应选择一名理事作为主席，及至少两名理事作为副主席，其任期至下次年会结束为止。主席缺席时，主席所指定之副主席应代执行其职责。

理事会任何会议的法定人数应为过半数并持有不少于 2/3 总投票权的理事参加。任何理事会会议如果不足法定人数，得随时由到会理事的多数决定休会，而无需提出休会的通知。

国际复兴开发银行实行加权表决制。每一会员国享有 250 票，每持有股份1股（票面额为10万美元）另增加一票。除另有特别规定外，国际复兴开发银行"一切事项均依多数票决定之"。这种表决制度对主权平等因素考虑较少。这种以持股数量确定投票权多寡的表决制度，确保了美国等少数发达国家对这一国际组织的主导权。

（二）执行董事会

执行董事会简称执董会，是负责组织银行日常业务的机构，行使由理事会授予的职权，但理事会的职责不得委托给执行董事。目前，执董会由24名执董组成，其中5人由拥有股份最多的5国（美国、日本、德国、法国、英国）政府委派，其余19人由其他成员的理事按地区分组选举产生。中国和沙特阿拉伯及俄罗斯由于有一定的投票权，作为独立选区可以各自单独选举一位执行董事。联合选区选举产生的执董，按联合选举他（她）的各国所拥有的投票权总数投票。但每一选举产生的执行董事所代表的投票权总数只能作为一个统一单位使用，不能分开使用。

每一执行董事应指派一副董事，在其本人缺席时，全权代行其职权。指派副董事的执行董事出席时，副董事可参加会议，但无投票权。董事应继续任职至其继任人被派定或被选出为止。如果某一选任董事在其任期终了前缺职超过90天以上时，应由原选举该前任董事的理事另选一董事以继其未满的任期。当选的票数必须过半数。在执行董事缺席期间，由副董事代行其职权，但不得再指派副董事。

执行董事应常驻银行总办事处办公，并根据银行业务需要经常集会。执行董事每次会议的法定人数应为过半数董事，并持有不少于半数的总投票权。事实上，执行董事会很少进行正式投票，因为实际上大多数决定是在意见一致的情况下作出的。另外，执行董事得在其认为有必要时，酌情设立各种委员会。委员会的成员不必限于理事、董事或其副职。

（三）其他行政管理机构

银行管理机构由行长、若干副行长、管理层及工作人员组成，具体的机构有：行长、业务评估部、金融部、业务部、经济与调研部、人事与行政部、对外联络部、法律部、秘书处。这些行政管理机构都是国际复兴开发银行日常运作的重要机构。

行长（即总裁）由执行董事会主席兼任，负责银行的日常事务。在行长的领导下，国际复兴开发银行的员工分为下述几个部分：业务评估部，该部主任直接对执行理事会和行长负责，负责银行贷款效果的评估；金融部主要负责银行的金融业务，并就金融政策提供意见；业务部主要负责银行的发展与援助项目，包括关于相关国家整体经济或部门经济战略的制定以及国际复兴开发银行贷款的谈判与签订等；经济与调研部事实上是国际复兴开发银行的研究单位，负责国际经济的发展与研究，以便银行对会员国的情形有足够的了解与理解，及在制定方案时参考；法律部负责国际复兴开发银行的法律工作，包括银行的贷款活动的法律问题，银行内部行政和人事方面的法律问题，并就国际复兴开发银行协定的解释提供建议。①

关于行长人选，据说在成立国际复兴开发银行和国际货币基金组织时有过这样的默契，银行行长由美国人担任，国际货币基金组织总裁由欧洲人担任。目前行长人选一般由美国总统提名，由银行董事会选举通过。

作为一个国际机构，国际复兴开发银行向各个成员招聘管理和技术方面的人才，原则上会考虑各国人员数量的平衡，但是没有严格的指标或比例。国际复兴开发银行的工作人员来自100多个国家，但根据《国际复兴开发银行协定》规定，不论是行长、还是副行长或是一般工作人员，在执行国际复兴开发银行任务时只向国际复兴开发银行负责，不向任何国家负责。成员政府必须尊重国际复兴开发银行职员职责的国际性质，不能对他们在履行官方职务时施加任何影响。

此外，国际复兴开发银行还设立了顾问委员会和贷款委员会。② 根据《国际复兴开发银行协定》第3条第4款的规定，负责贷款报告的委员会，应由银行指派。每一个这样的委员会，应包括代表项目所在地会员国的理事所选的专家一人，以及银行技术人员一人或数人，以协助贷款事项的办理。

---

① Dinesh Bahl, World Bank and International Finance Corporation，美国华盛顿：世界银行，1983年版，第13页。转引自王贵国：《国际货币金融法》，法律出版社2007年第3版，第187页。

② 参见《国际复兴开发银行协定》第5条第6款、第7款。

五、国际复兴开发银行的国际组织法特征

综上，从国际组织法的视角考察，与其他国际组织相比，国际复兴开发银行具有以下几项重要特征：

第一，国际复兴开发银行现已成为一个具有广泛代表性的、全球性、专业性的政府间国际组织。国际复兴开发银行的成员遍布欧洲、美洲、亚洲、非洲、大洋洲。

第二，国际复兴开发银行是一个相对"自由出入"的国际组织，允许成员自愿退出的相对开放型的国际组织。如前所述，其退出程序十分便捷，完全取决于加入国的意愿，国际复兴开发银行现有成员几乎难以构成任何制约。

第三，在国际复兴开发银行的几个主要工作机构中，理事会和执行董事会承担的职责相对重要，并与发放贷款密切相关。

第四，行长是国际复兴开发银行机构中一个至关重要的角色。

第五，国际复兴开发银行实行加权表决制，并且在重要事项的决策上采用秘密投票方式。

六、国际复兴开发银行对中国的影响

国际复兴开发银行是中国改革开放以来积极利用外资的一条重要渠道。在改革开放初期，国际复兴开发银行资金在中国利用的外资总额中所占的比例较高，此后，随着各种来源的外资的增长，国际复兴开发银行资金所占比例相对有所下降，但仍然是重要的外资来源。国际复兴开发银行贷款期限较长、利率较低，在中国利用的外国中长期优惠资金中占有突出的地位。

国际复兴开发银行对中国贷款覆盖了大部分省、直辖市、自治区，遍及国民经济的许多重要部门，一方面弥补了中国建设资金的不足，另一方面也为中国引进了先进的技术和管理经验，并培养了一批各领域的人才。

总之，作为当今一个具有广泛代表性的全球性、专业性的政府间国际组织，国际复兴开发银行为帮助非发达国家发展经济、构建良好的国际经济秩

序做出了巨大贡献。认识国际复兴开发银行的发展历史、组织架构和运作规则，把握国际复兴开发银行的国际组织法特征，是加强与国际复兴开发银行合作、发挥好其平台作用的重要前提。中国应当充分发挥自身的外交影响力，联合其他国家一同实现自己的目标。另一方面，我国也可以通过购买方式增加自己在国际复兴开发银行的股份，以发挥更大的国际金融影响力。

第九章　上海合作组织

上海合作组织前身是"上海五国"合作机制，正式成立后，在坚持其宗旨和原则的前提下，设置了健全的机构，不断扩大合作范围，增强了维护地区和平、促进地区发展的能力。上海合作组织业已成为世界上重要的区域性国际组织之一，中国在其中发挥着重要的作用。

一、上海合作组织概况

上海合作组织（Shanghai Cooperation Organization，SCO），简称上合组织，前身是"上海五国"会晤机制。1996 年 4 月 26 日，中国、俄罗斯、哈萨克斯坦、吉尔吉斯斯坦、塔吉克斯坦五国元首在上海举行会晤。自此，"上海五国"会晤机制正式建立，旨在加强边境地区信任和裁军的谈判进程。2001 年 6 月 15 日，该机制国家元首在上海举行第六次会谈，并签署《上海合作组织成立宣言》，上海合作组织正式成立。

上海合作组织设置下列机构：国家元首会议（上海合作组织最高机构）；政府首脑（总理）会议；外长会议；各部门领导人会议；国家协调员理事会（上海合作组织日常活动的协调和管理机构）；秘书处（上海合作组织常设行政机构，设在北京）；地区反恐怖机构（上海合作组织常设机构，设在塔什干）。

上海合作组织的宗旨是：第一，加强各成员之间的相互信任与睦邻友好；第二，鼓励各成员在政治、经贸、科技、文化、教育、能源、交通、环保及其他领域的有效合作；第三，共同致力于维护和保障地区的和平、安全与稳定；第四，建立民主、公正、合理的国际政治经济新秩序。[1]

---

[1]　参见"'上海合作组织'成立宣言"，载《国务院公报 2001·25》，第 32 页。

上海合作组织的原则：以"互信、互利、平等、协商、尊重多样文明、谋求共同发展"的上海精神为成员相互关系的准则；严格遵循《联合国宪章》的宗旨与原则；相互尊重独立、主权和领土完整，互不干涉内政，互不使用或威胁使用武力；成员一律平等；相互协商解决所有问题；不结盟；不针对其他国家和地区；对外开放；重视并尽一切必要努力保障地区安全。①

二、上海合作组织的合作内容

上海合作组织主要在 7 大领域进行合作。

第一，经贸领域。成立十多年来，区域经济合作的法律框架、组织机制和发展目标已经确立，合作机制不断完善，合作规模和合作领域不断扩大，区域内贸易和投资环境逐渐完善。②

第二，安全领域。上海合作组织在安全领域取得了令人瞩目的成就，包括不断健全法律法规，日趋完善合作机制，联合军演成效明显，联合反恐进展迅速。此外，各方还签署了禁毒合作协议、合作打击犯罪协定等多个安全合作文件，将合作范围逐步扩展到战略安全、防务安全、执法安全、信息安全、禁毒、反洗钱、打击跨国有组织犯罪等广泛领域，使安全合作范围不断扩大。③

第三，文化领域。《上海合作组织宪章》规定的合作方向之一是"扩大在科技、教育、卫生、文化、体育及旅游领域的相互协作"。至今，上海合作组织已经成功举办了多届成员文化艺术节，举行了多次成员文化部长会晤，制定了成员多边文化合作计划，以推进多边文化合作。④

第四，教育领域。自 2006 年签署《上海合作组织成员国间教育合作协定》以来，各成员政府全面加强了教育领域的一体化建设。短短几年，上海

---

① "'上海合作组织'成立宣言"，载《国务院公报 2001·25》，第 32 页。

② 参见汪巍："上海合作组织经济、安全领域合作有利于地区稳定与繁荣"，载《和平与发展》2011 年第 5 期，第 37 页。

③ 同上，第 39~40 页。

④ 参见李葆珍："上海合作组织的文化合作探析"，载《河南社会科学》2011 年第 3 期，第 176~177 页。

合作组织成员在教育领域确立了多层面合作机制。既有官方，又有民间；既有政府，又有学校。①

第五，科技领域。2010 年 5 月 14 日"上海合作组织成员国首届科技部长会议"决定，建立上海合作组织科技部长定期会晤机制，并决定设立上海合作组织成员常设科技合作工作组，各方同意开展科技联合科学研究；联合组织举行培训班、研讨会、展览；共同培养人才、建立创新机构、实验室和科学中心，以及各方协商的其他方式开展多边科技合作。

第六，交通领域。制订了上海合作组织成员公路协调发展规划、确定新的公路基础设施示范项目、上海合作组织成员交通领域人员培训和经验交流、共同消除国际道路运输领域现存障碍、加强民航、铁道领域合作以及与观察员国交通领域合作等。2011 年 6 月 15 日，在上海合作组织成员元首理事会第十一次会议上，各与会国家元首都强调加强包括交通在内的多领域合作。

第七，环保领域。环境保护已经成为人类在当代发展经济、谋求幸福的必要行动，而且成为国际合作的必要内容，因为环境污染不再是一国问题，而是跨国界的严重问题。在环保技术、措施及其研究等等方面加强合作十分必要，这也是上海合作组织宗旨的内在要求。

三、中国与上海合作组织的关系

从"边界谈判"到"上海五国"再到上海合作组织，中国与上海合作组织的成立、发展、扩大息息相关。中国在上合组织的框架下与成员发展多边合作，对亚欧及整个世界产生重大影响，不仅有利于中国周边环境的稳定，而且有利于中国实现构建和谐地区的愿望。

中国是"上海五国"会晤机制的成员，也是上海合作组织的创始成员。2001 年，"上海五国"国家元首在上海签署了《上海合作组成立宣言》。在历届峰会上，中国国家主席都出席并发表重要讲话，推动达成了许多领域的合作文件，并积极促进吸收观察员国、对话合作伙伴，签署了众多富有成效

---

① 徐海燕："上海合作组织教育合作述评"，载《俄罗斯中亚东欧市场》2012 年第 7 期，第 48 页。

的宣言、文件。中国与上海合作组织的成员、观察员国之间的合作交流频繁不断，在多个领域开展了广泛有效的合作。中国总理倡议或参与签署的合作文件数目众多，类别各样，充分说明了中国对于上海合作组织合作重要性和必要性的重视。中国与上海合作组织的贸易额的增加有利于促进中国经济增长。①

例如在能源建设领域，中国与哈萨克斯坦合资兴建的全长 960 多公里的中哈管道一期工程"阿塔苏——阿拉山口"段在 2011 年正式投入使用，它打通了从里海经俄罗斯、哈萨克斯坦、乌兹别克斯坦、吉尔吉斯斯坦到中国的能源运输大走廊。②

四、上海合作组织面临的问题

首先，在上海合作组织中，中国更多关注经济合作，而俄罗斯坚持以安全合作为重心。解决这个分歧的关键是协调好多个领域的共同发展问题。其次，俄罗斯对上海合作组织框架内经济合作积极性不够高。对此，双方应该增进共识，进一步加强在上海合作组织框架内的经济、安全、文化、政治、军事等方面深层次合作，加固两国战略协作伙伴关系的根基。最后，吸纳新成员问题。虽然中国可能从伊朗、巴基斯坦成为成员上增加对抗美国的砝码，但是也同时会遭到美国的敌视，这对组织本身以及其他成员的发展也是不利的。③

五、未来展望

上海合作组织成员总面积约占欧亚大陆总面积的3/5，其成员、观察员国、对话伙伴国目前为止共 14 国，合作领域覆盖面广，对东亚、中亚、北亚以及周边地区的和平与发展已经做出了巨大的贡献。基于下列理由，上

---

① 见孟延军、李豫新："中国与上海合作组织贸易对中国经济增长贡献的实证分析"，载《科技和产业》2008 年第 9 期，第 37 页。

② 吴颖蕾："上海合作组织框架下中国与中亚地区的经济交流"，载《商业文化》2011 年第 8 期，第 187 页。

③ 霍孟林："上海合作组织未来发展需要解决好的几个问题"，载《学术论坛》2008 年第 10 期，第 69 ~ 71 页。

海合作组织在解决好面临的问题的同时，一定会更加充分利用自己的地区和综合优势，促进成员以及周边国家的经济发展和地区和平。第一，西方民主政治模式的缺陷为上海合作组织前行提供更大的发展空间；第二，欧美经济衰退为"上合经济圈"带来极大发展契机；第三，上海合作组织依然是各成员维护各自利益不可或缺的战略依托；第四，上海合作组织依然是各成员应对非传统安全威胁的重要安全屏障；第五，上海合作组织仍然是各成员未来发展经济的重要平台。①

① 赵鸣文："上海合作组织未来十年发展前景"，载《国际问题研究》2011 年第 6 期，第 77 ~ 80 页。

第十章　亚洲基础设施投资银行

亚洲幅员广阔、人口众多，目前拥有较快的经济发展速度，同时也面临诸多挑战。整个亚洲都是以新兴市场国家和发展中国家为主，基础设施落后牵制着这些国家的发展。基础设施建设可以为一国经济发展注入持久动力，但建设这样的大项目，私人投资难以胜任，多数国家政府也无资金实力。[1] 中国提出筹建亚洲基础设施投资银行，愿向包括东盟国家在内的本地区发展中国家基础设施建设提供资金支持，正是为了解决亚洲基建资金短缺问题，促进亚洲地区互联互通建设和经济一体化进程，从而促进亚洲区域经济发展。亚洲基础设施投资银行是中国主导发起、用于发展亚洲地区基础设施项目的金融组织，旨在补充资金缺口，实现互联互通和经济一体化。[2]

一、亚投行概况

亚洲基础设施投资银行（Asian Infrastructure Investment Bank，AIIB）简称亚投行，是一个亚洲区域多边开发机构，以支持基础设施建设为重点，法定资本 1000 亿美元，在北京设立总部，金立群担任首任行长。

中国、越南、马来西亚、印度等 21 个首批意向创始成员的财长和授权代表于 2014 年 10 月 24 日在北京签约，决定成立亚洲基础设施投资银行。到 2015 年 4 月 15 日，亚投行意向创始成员全部确定。在原有意向创始成员同意基础上，包括以色列、阿塞拜疆、瑞典、葡萄牙、南非、冰岛、波兰在内

---

[1]　卢芳华："亚投行的创建与大国博弈"，载《思想政治课教学》2015 年第 5 期，第 50 页。
[2]　祝庆："亚投行与亚开行的比较"，载《时代金融》2017 年第 7 期，第 62 页。

的 57 个国家成为亚洲基础设施投资银行意向创始成员。同年 6 月 29 日，创始成员在北京签署亚投行基本文件《亚洲基础设施投资银行协定》，规定了宗旨、成员资格、股本等具体内容；2015 年 12 月 25 日，《亚洲基础设施投资银行协定》正式生效，标志着亚投行正式成立。经过两年的发展，截至 2017 年 12 月 19 日，厄瓜多尔、白俄罗斯、库克群岛和瓦努阿图四个国家加入亚投行，亚投行成员达到 84 个。

亚投行的治理结构分理事会、董事会、管理层 3 层。理事会是最高决策机构，每个成员在亚投行有正副理事各 1 名。董事会有 12 名董事，其中域内 9 名，域外 3 名。管理层由行长和 5 位副行长组成。

亚投行业务定位为准商业性。初期，亚投行将主要向主权国家的基础设施项目提供主权贷款。针对不能提供主权信用担保的项目，引入公私合作伙伴关系模式。亚投行也会通过成立一些专门的基金进行投融资，进而保证资金规模。亚投行还将考虑设立信托基金，通过亚投行和所在国政府出资，与私营部门合理分担风险和回报，动员主权财富基金、养老金以及私营部门等更多社会资本投入亚洲发展中国家的基础设施建设。[①]

二、亚投行的国际法律人格

法律地位，即法律上的人格或称为权利能力，指法律主体享受权利与承担义务的资格。国际组织的法律人格，是它依法独立享有权利和承担义务的一种资格。在国际组织法上，国际组织的法律地位即为其法律人格。一个国际组织在法律关系中并不当然具有法律人格，其法律人格往往取决于缔约方签订的基本文件中的规定。《亚洲基础设施投资银行协定》作为亚投行的基本文件，是亚投行法律人格的重要来源。2015 年 11 月，《亚洲基础设施投资银行协定》获得全国人大常委会通过。2015 年 12 月，俄罗斯批准《亚洲基础设施投资银行协定》条款的法令获得签署。此后，菲律宾、缅甸、老挝等成员相继批准《亚洲基础设施投资银行协定》。具有国际法律人格的国际组

---

① 石晋：“亚投行与亚开行的职能错位与融合”，载《现代商贸工业》2016 年第 13 期，第 95 页。

织能够在有关国家的国内法中取得完全独立的法律地位。[①] 随着该协定在各成员方国内的认可和接受，其国际法律人格也得到认可。

研究亚投行的国际法律人格必须考察其基本文件《亚洲基础设施投资银行协定》，从法定股本、业务运营、机构设置、利润分配四个方面进行分析。

首先，根据规定，亚投行的法定股本为一千亿美元。法定股本对应的是法人，非法人机构无法定股本一说。可见，亚投行除了具有多边投资开发机构法律地位，还具有国际法人性质的法律地位。

其次，业务运营。亚投行以稳健原则为原则开展由亚投行普通资本提供融资业务的普通业务和服务于自身宗旨，以亚投行所接受的特别基金服务于特别业务。两种业务可以同时为同一个项目或规划的不同部分提供资金支持，但在财务报表中应分别列出。开展业务的方式包括直接提供贷款、开展联合融资或参与贷款、进行股权投资、提供担保、提供特别基金的支持以及技术援助等。这些业务形式与商业银行的业务基本重叠，具有浓厚的商业色彩。

再次，在机构设置上，亚投行设立理事会、董事会、一名行长、一名或多名副行长，以及其他必要的高级职员与普通职员职位。在理事会、董事会、管理层的三层管理架构中，理事会具有最高权力，董事会负责亚投行主要运营；与股份公司制的股东会、董事会、管理层的管理机制高度相似。理事会是亚投行最高决策机构，相当于现代公司制中的股东大会。[②] 亚投行总部设在中国北京，可在其他地方设立机构或办公室。这些机构或办公室的运营也具有商业性质，类似于股份有限公司的分公司，反而不同于其他国际组织的派出机构。

最后，利润分配。《亚洲基础设施投资银行协定》第18条对净收入的分配和处置有如下规定："一、理事会至少每年都应在扣除储备资金之后，就银行净收入在留存收益或其他事项以及可分配给成员的利润之间的分配做出决定。任何将银行净收入分配用作其他用途的此类决策应依照第28条规定以超级多数投票通过。二、上一款中提及的分配应按照各成员所持股份的数量按比例完成，支付的方式和货币应由理事会决定。"储备资金好比股份有限

---

① 饶戈平主编：《国际组织法》，北京大学出版社2000年版，第113页。
② 杨紫莱："亚投行的治理结构及其与其他国际金融机构的比较研究"，载《金融经济》2016年第24期，第131页。

公司的法定公积金，提取法定公积金后按股份将净利润分配给股东。亚投行的利润分配机制拥有浓厚的获利性和商业性。只不过其股东为政府，而普通股份有限公司为自然人或法人。

从这些规定可以看出，亚投行在国际法上具有法律人格，拥有法人地位。具有国际法律人格的国际组织能够在有关国家的国内法中取得完全独立的法律地位。因此，亚投行具有国际法人性质。

三、亚投行的多边投资开发机构性质

亚投行是中国倡导的以投资亚洲基础设施为重点的多边投资开发机构，属于国际法上的国际组织范畴。通过对亚投行的成立背景、机构组成、成员性质、机构职能等方面的分析，可以看出，亚投行具备区域性多边投资开发机构法律性质，既包括政府间多边性开发机构也包括非政府间多边开发机构两种性质。

（一）多边投资开发机构

根据《亚洲基础设施投资银行协定》中对亚投行业务运营的规定，亚投行主要以直接提供贷款、进行股权投资、提供担保、开展联合融资或参与贷款、提供特别基金的支持以及技术援助等方式开展普通业务和特别业务。其中，普通业务以包括法定股本、担保收回的资金、贷款或授权募集的资金等亚投行普通资本提供融资的业务；特别业务是指为服务于自身宗旨，以亚投行所接受的特别基金开展的业务。银行可以向任何成员或其机构、单位或行政部门，或在成员的领土上经营的任何实体或企业，以及参与本区域经济发展的国际或区域性机构或实体提供融资。在符合银行宗旨与职能及银行成员利益的情况下，经理事会多数投票同意，也可向非成员提供援助。

亚投行业务主要服务于亚太地区，区域性非常明显。以援助亚太地区国家的基础设施建设业务为主，职能上具有较高的专门性，具有投资开发机构的特性。成员已达80多个，多边投资开发机构的定位是明显而确切的。

但是，其政府间及非政府间法律性质还需要进一步探讨。

（二）政府间多边投资开发机构

在目前学术界，亚投行属于政府间性质的亚洲区域多边开发机构是主流的观点，主要表现在其成员性质、机构特权、职能以及决策机制四个方面。

首先，亚投行成员数量超过亚洲开发银行和欧洲复兴开发银行，已经成为世界第二大多边开发机构。84 个成员方均为拥有领土主权的国家政府。根据《亚洲基础设施投资银行协定》中关于成员资格的规定，不享有主权或无法对自身国际关系行为负责的申请方，应由对其国际关系行为负责的银行成员同意或代其向银行提出加入申请。[①] 从亚投行现有成员的性质来看，亚投行具有明显的政府间的法律性质。

其次，亚投行基本文件《亚洲基础设施投资银行协定》第 9 条规定：银行在各成员境内享有相关豁免权、特权及免税权。其中，银行的全体理事、副理事、董事、副董事、行长、副行长及高级职员和普通职员，包括为银行履行职能或提供服务的专家和咨询顾问，其以公务身份从事的行为享有法律程序豁免，同时在入境限制、外国人登记要求、国民服役、外汇管制方面也享有豁免和特权。

国际组织的特权与豁免是指国际组织及其职员在执行职务时享有一定的特权与管辖豁免。[②] 亚投行本身享有相关豁免权、特权及免税权，办事人员也享有司法豁免权和其他豁免和特权。这一般是政府间国际组织才享有的待遇。具有总部和分支机构、享有司法豁免权往往是大型政府间组织才享有的机构特权，这样可以保障这些政府间国际组织的正常运行。因此，从机构特权上看，可以认为，政府间国际组织是亚投行具有的特性。

再次，亚投行主要有以下四项基本职能：推动区域内发展领域的公共和私营资本投资，尤其是基础设施和其他生产性领域的发展；利用其可支配资金为本区域发展事业提供融资支持，包括能最有效支持本区域整体经济和谐发展的项目和规划，并特别关注本区域欠发达成员的需求；鼓励私营资本参与投资有利于区域经济发展，尤其是基础设施和其他生产性领域发展的项目、企业和活动，并在无法以合理条件获取私营资本融资时，对私营投资进行补充；并且为

---

① 台湾当局在 2016 年 4 月提出加入亚投行，根据规定，亚投行行长金立群表示，台湾地区需透过中国财政部申请才能加入亚投行。台湾当局认为此要求"有损台湾尊严"，拒绝以这种方式加入亚投行。

② 鄂晓梅："简析国际组织特权与豁免的理论依据"，载《内蒙古大学学报（哲学社会学科版）》2000 年第 5 期，第 97 页。

强化这些职能开展的其他活动和提供的其他服务。汇成一句话，其职能就是支持本地区成员方的基础设施建设，并且重点支持本区域欠发达成员的需求。根据其职能安排，以帮助成员方的基础建设为主。而目前成员方均为拥有领土主权的政府，因此，从职能上看，亚投行具有政府间国际组织的特性。

最后，从决策机制上看，亚投行的权力机关是理事会，理事会拥有一切权力。理事会由每个成员在理事会中的代表构成，每个成员任命一名理事和一名副理事。每个理事和副理事均受命于其所代表的成员。亚投行的权力直接来源是每个成员方的理事或副理事，而理事或副理事均受命于其代表的成员，也就是说，亚投行的权力最终都来自每一个成员，每一个政府。因此，决策机制决定了亚投行具有政府间国际组织的特性。

因此，亚投行具有政府间多边投资开发机构的性质。

（三）非政府间多边开发机构

亚投行不仅具有政府间多边开发机构的法律性质，还同时具有非政府间多边开发机构的法律性质。

从成员资格上看，《亚洲基础设施投资银行协定》中仅规定了亚投行成员资格向国际复兴开发银行和亚洲开发银行成员开放。不享有主权或无法对自身国际关系行为负责的申请方应由对其国际关系行为负责的银行成员同意或代其向银行提出加入申请。并没有将不享有主权或无法对自身国际关系行为负责的申请方拒之门外，对申请方是否必须为政府也没有明确规定。虽然到目前为止，84 个成员方均为享有主权的国家政府，但随着亚投行的不断发展，不享有主权或无法对自身国际关系行为负责的申请方，可以通过对其国际关系行为负责的银行成员同意或代其向银行提出加入申请，成为亚投行的一员。亚投行秘书处曾收到台湾申请加入亚投行的申请书，中国外交部部长也表态，欢迎台湾以合适身份加入亚投行。[①] 如果这些实体成功加入，则亚投行成员不再是单纯的拥有主权的政府，随着非政府实体的加入，亚投行也将具备非政府间国际组织的特性。

---

① 徐桂权、方若琳等："主体建构与利益博弈：现实建构主义视角下亚投行报道的框架分析"，载《国际新闻界》2016 年第 6 期，第 49 页。

从资金来源上看，亚投行采用银行模式＋基金模式的混合模式，其对应亚投行由普通资本提供融资业务的普通业务和特别业务两种业务形式。银行模式主要是指借助银行现有的成员实缴资本，即银行现有资金进行投融资活动。但是，亚投行初始法定资本中实缴资本仅为 200 亿美元，仅靠其既存资金规模，很难满足各国庞大的借贷需求。因此，需要其他方式筹集资金以满足资金需求。《亚洲基础设施投资银行协定》第 16 条规定，银行可以根据相关法律规定，在成员或其他地方通过举债或其他方式筹集资金。随着民间资本的进入，亚投行非政府间组织的性质便有所加重。

此外，亚投行引入公私合作伙伴关系模式，由会员国政府共同出资，以本国养老金、国家基金以及私营部门等社会资本投资亚洲发展中国家的基础设施建设，既拓宽了各成员方个人资金的投资渠道，又丰富了亚投行的资金来源，达到投资者、亚投行以及受贷投资项目三赢的效果。[1] 私营部门的加入，也给亚投行增加了非政府间色彩。因此，亚投行具有非政府间多边投资开发机构的法律性质。

四、亚投行的发展趋势

综上所述，亚投行是一个兼具政府间和非政府间多边投资开发机构的组织，同时还具有国际法人性质的法律地位。其中，政府间多边投资开发机构仍然是其主要法律性质。

目前，政府间多边投资开发机构仍然是亚投行最主要法律性质，国际法人性质的法律地位其次，最后是非政府间多边投资开发机构。这肯定不是亚投行最终的法律地位，这种状态的产生更多是由于亚投行成立时间过短，目前的发展不够充分。随着亚投行的不断发展，业务的不断更新，非政府间多边投资开发机构的法律性质将有所增强，政府间多边投资开发机构的法律地位将有所削弱。原因如下：

首先，亚投行从筹建到正式成立到现在，势如破竹。不但亚洲区域内的国

---

[1] 廖中新、蔡栋梁、高菲："亚投行运营模式及其发展前景"，载《财经科学》2016 年第 3 期，第 38 页。

家踊跃加入，就连英、法、德、意等欧洲发达国家也史无前例地对中国筹建亚投行给予了高度重视和热烈回应。① 随着亚投行的不断发展，组织必然越来越壮大，成员方将会越来越多。虽然到目前为止，84 个成员方均为享有主权的国家政府，但是，不享有主权或无法对自身国际关系行为负责的申请方，可以通过对其国际关系行为负责的银行成员同意或代其向银行提出加入申请，成为亚投行的一员。随着非政府实体的加入，亚投行非政府间国际组织的特性将会有所加强。

其次，随着世界经济的复苏，占全球经济总量 1/3 的亚洲经济发展具有重要意义，拥有全球百分之六十的人口，是当今世界最具经济活力和增长潜力的地区。但很多国家因为资金的限制，铁路、桥梁、港口、公路、机场等基础建设严重不足，限制了经济的发展。根据亚洲开发银行的推算，未来十年内，亚洲域内的基础设施建设的总需求量高达八万亿美元。② 亚投行仅仅依靠由其自身普通资本提供融资业务的普通业务显然与这一需求相去甚远。将会引进更多私人资本来弥补地区资金需求总量的短缺。更多私人资本的加入，将对亚投行政府间多边投资开发机构的性质有所冲击。

最后，公私合作伙伴关系模式将会成为亚投行项目合作的重要形式，亚投行需要开展与商业金融机构的合作，以公私合作伙伴关系模式放大杠杆效应，更有效地调动、配置市场资源。③ 亚投行需要学习世界银行和亚开行以公私合作伙伴关系模式运作项目的方式。④ 很多成熟的国际开发银行都采取这种模式融资，亚投行可以学习这些成功经验，吸收公共和私人资本，最终争取达到投资者、亚投行以及受贷投资项目共赢的效果。随着私营部门的加入，亚投行非政府间性质将会有所增强。

综上，亚投行的法律地位是一个以政府间多边投资开发机构为主，兼具部分非政府间多边投资开发机构和国际法人性质的国际组织，随着其不断发展，非政府间多边投资开发机构的法律地位将有所提升。

---

① 朱宏春："中国如何应对亚投行治理和运营中的挑战?"，载《南方金融》2015 年第 6 期，第 11 页。

② 李拴民、欧任国："浅论亚投行的战略意义"，载《商》2015 第 7 期，第 163 页。

③ 刘东民、李远芳、熊爱宗、高蓓："亚投行的战略定位与业务创新模式"，载《国际经济评论》2017 年第 5 期，第 159 页。

④ 谢世清、胡东："亚投行的国际挑战与应对策略"，载《亚太经济》2017 年第 1 期，第 43～44 页。

第十一章　七十七国集团

七十七国集团（The Group of 77）成立于 1964 年，是一个国际经济组织。它是发展中国家为加强协调与团结，维护发展中国家合法权益，扭转其在国际贸易中被动地位，推动建立国际经济新秩序而逐渐形成并发展起来的多边组织，它为推动南南合作、南北对话和促进第三世界国家的经济发展作出了积极贡献。

一、七十七国集团的成立背景

七十七国集团的前身是七十五国集团。1963 年第 18 届联合国大会讨论召开贸易和发展会议时，73 个亚、非、拉国家和南斯拉夫、新西兰共同提出一个联合宣言，形成"七十五国集团"。后来，肯尼亚、韩国、越南加入，新西兰宣布退出。[1]

1964 年 6 月 15 日在日内瓦召开的第一届联合国贸易和发展会议上，发达国家和发展中国家在一些重大问题上产生尖锐分歧。77 个发展中国家和地区联合起来，再次发表了《77 国联合宣言》，要求建立新的、公正的国际经济秩序，并组成一个集团参加联合国贸易和发展会议的谈判，因而该集团被称为七十七国集团。目前，七十七国集团共拥有 134 个正式成员。

二、七十七国集团的主要文件和特点

在七十七国集团的发展历程中，其主要文件有：《75 国集团联合宣言》、

---

[1]　丁丽莉："77 国集团"，载《国际资料信息》2001 年第 4 期，第 29 页。

《77 国联合宣言》。宣言的发布是它成立的标志，也是指引它各项行动的纲领。在它运行的 50 多年中，达成了《阿尔及尔宪章》《利马行动纲领》、《开罗宣言》、第一个多边全球贸易优惠制文件、《德黑兰宣言》《77 国集团关于国际合作的实质性纲领》《关于发展中国家之间经济合作的部长声明》等文件，补充了最初宣言的内容，对各成员既有约束，又有权益保障，是正常运行、更好发挥作用的保证。

作为发展中国家集团，七十七国集团主要有以下特点：其一，它主要关注的是发展中国家的经济权益、经济合作、技术合作以及"集体谈判能力"。其二，它反对发达国家的控制、剥削和掠夺。其三，它的主要活动方式是举行成员部长级会议。其四，它是一个松散的磋商机制，采取协商一致的原则作出决定，不设总部、秘书处等常设机构，也没有章程和预算。其五，其成员众多，超过了联合国大会成员的 2/3。

三、七十七国集团的主要活动

20 世纪 60 年代中期至 70 年代末期，七十七集团的联合奋斗是卓有成效的。先后达成了《阿尔及尔宪章》《利马行动纲领》，组成了 24 国政府间集团，达成若干《行动纲领》，成立了一些工作小组，提出了集体自力更生方案和关于发展中国家间经济合作的优先项目的第一个中、短期行动计划。还讨论了追加资金政策、获得供应等问题。[①] 通过不懈的努力，七十七国集团促使联合国的各种机构通过了比较公平合理和有利于发展中国家的决议，尤其是七十七国集团率先提出在国际贸易往来中对发展中国家实行"非互惠的普惠待遇"等原则，使得关税贸易总协定的体制实现了局部的改进。而联合国 1974 年通过的《建立国际经济新秩序宣言》《各国经济权利和义务宪章》，也是首先由七十七国集团在联合国贸易和发展会议上酝酿、发动、磋商、论证，再提交联合国大会并作出了决议的。

20 世纪 70 年代之前，七十七国集团的活动基本上集中在联合国贸发会

---

① ［墨］何塞·阿方索·莫雷拉斯："国际经济谈判年表（1944—1981）"，苏振兴、吴锦荣译，载《国际经济评论》1982 年第 8 期，第 75～79 页。

议上，之后才决定在联合国所有专门机构的总部里都设立七十七国集团的非形式协调组，并逐渐在主要的国际经济组织中建立了机构。①

在 20 世纪 80 和 90 年代的部长级会议上，还相继达成了《开罗宣言》、第一个多边全球贸易优惠制文件、《德黑兰宣言》《77 国集团关于国际合作的实质性纲领》《关于发展中国家之间经济合作的部长声明》等文件，在国际社会上发挥了重要作用。

进入 21 世纪，七十七国集团继续在气候谈判领域发挥显著作用，"77 国集团加中国"成为发展中国家与发达国家在气候领域谈判的重要武器。② 在国际气候谈判中，"77 国集团加中国"坚决反对承担量化的减排义务，这不仅提高了发展中国家集团在谈判中的地位，也提高了中国在发展中国家的地位和影响。③ 这在《联合国气候变化框架公约》《京都议定书》以及"巴厘岛路线图"中都得到明显体现。"共同但有区别的责任"原则是"77 国集团加中国"在国际气候谈判中的重大成果。④

四、七十七国集团与中国

中国不是七十七国集团的成员。这是多种原因作用的结果。首先，七十七国集团的前身七十五国集团成立于 1963 年，是在第 18 届联合国大会讨论召开贸易和发展会议时提出的，七十七国集团是 1964 年在第一届联合国贸易和发展会议上成立的。而中国在 1971 年才恢复在联合国的合法席位，所以，当时没有参加。其次，中国恢复联合国合法席位后也没有加入，主要是考虑七十七国集团成员众多，又采取协商一致的原则作决定，国家利益很难平衡。但是，中国一直支持七十七国集团的正义主张和合理要求，与其保持良好合作关系。中国自 1994 年开始每年向其捐款，是最大的捐助国。

1991 年 3 月，在联合国环境与发展大会筹备会上，中国同该集团首次以

①　赵穗生："不结盟运动和七十七国集团的国际经济活动发展初探"，载《世界经济》1984 年第 6 期，第 42 页。

②　肖兰兰："气候领域的'G77 + 中国'"，载《世界环境》2009 年第 6 期，第 42 页。

③　李计广、张军生："发展中国家集团与中国"，载《现代国际关系》2013 年第 3 期，第60 页。

④　肖兰兰："气候领域的'G77 + 中国'"，载《世界环境》2009 年第 6 期，第 42 页。

七十七国集团 + 中国的方式共同提出立场文件，开始形成七十七国集团 + 中国的合作模式。之后，这一模式从最初的环境与发展领域扩展到经济、社会、联合国财政与预算等领域，在国际气候谈判中尤为突出，中国参与程度也不断深化。

但是，随着中国总体实力的不断增强，七十七国集团和中国的关系开始发生变化。例如在 2008 年金融危机爆发后的哥本哈根会议上，七十七国家集团中的最不发达国家因美国将对其的援助与中国承诺减排绑定在一起，而向中国提出承诺减排要求。最终，七十七国集团 + 中国合作机制在决策程序上并未达成一致意见，法律上实际上形成了"内部有区别责任"，七十七国集团 + 中国合作机制内部出现了较为明显的利益分歧。[①]

五、结语

七十七国集团 + 中国模式是世界格局多极化浪潮的时代产物，也是提高第三世界国家国际话语权，推动世界格局多极化的核心力量。在这种合作模式下，虽然也会有利益分歧，但是核心利益是基本一致的，立场是基本一致的，这就有利于在国际社会中为发展中国家争取利益，是一种守望相助的良好态势。为了维护这种良好的协作关系，需要妥善处理利益分歧。

在过去五十多年中，七十七国集团为发展中国家争取合法权益，提高谈判能力，促进南南合作和南北对话，在发展中国家的成长过程中扮演了举足轻重的角色。七十七国集团 + 中国模式给七十七国集团的成员、给中国、给世界多极化带来了多样的成果，这种模式应该巩固，并争取扩大其影响。

---

① 孙学峰、李银株："中国与 77 国集团气候变化合作机制研究"，载《国际政治研究》2013 年第 1 期，第 98 ~ 101 页。

第三编

其他问题

第一章　政府间国际组织的
法律地位和作用

国际组织是国际社会政治、经济和文化发展到一定阶段的产物，是国家间多边关系发展的产物，包括政府间国际组织和非政府间国际组织。本章只讨论政府间国际组织，本章中所称国际组织也均指代政府间国际组织。政府间国际组织是若干国家为特定目的以条约建立的常设机构，[①] 其基本特性是政府间国际组织的参与者是国家而非自然人。即政府间国际组织是国家之间的组织，而非凌驾于主权国家之上的世界政府；与国际会议不同，政府间国际组织设有常设机构，具有相对的持续性和稳定性；依据国家间的正式协定；拥有一定的自主权和单独意志；具有合作职能。

一、政府间国际组织的法律地位

探讨政府间国际组织的法律地位，必须先分析国际组织的法律人格。国际组织的法律人格包括国际法意义上的法律人格和国内法意义上的法律人格。[②] 国内法意义上的法律人格因各个国家国内法的不同而不同，在此不涉及。

所谓"国际人格"，是指具有独立参加国际关系并直接承受国际法上的权利和义务的能力的实体，具有国际人格的实体才能成为国际法的主体。[③] 在国际法的发展初期，只有主权国家被认为是国际法的唯一主体。即基本上否定了国际组织是国际法上的主体。

---

① 梁西：《国际组织法（总论）》，武汉大学出版社 2001 年版，第 4 页。
② 王铁崖主编：《国际法》，法律出版社 1995 年版，第 534 页。
③ 饶戈平主编：《国际组织法》，北京大学出版社 2000 年版，第 101 页。

但是，随着国家间交往的不断深入，国家间的合作形式也日趋多样，国际组织的出现则将这种合作推向了一个新的高度。国际联盟的建立，特别是第二次世界大战后联合国的建立，使得既有的国际法律秩序发生了巨大的改变，国家之间为了实现共同的政治、经济、社会、文化等目的，自愿结合成各种类型的国际实体，国际组织纷纷涌现出来。① 这些国际组织能与国家平等地进行交往，参与国际立法活动，对维护国际和平与安全，对促进世界经济的发展，对增强各国人民的友好往来，起到了单一国家所不可能起到的作用。国际实践的发展对传统国际法形成有力的冲击，使得国际法不得不承认，不仅国家是国际法的主体，国际组织也应当具有国际人格，也应成为国际法的主体。

国际组织成为现代国际法主休，是国际关系不断发展的结果。任何国际组织都是国家基于一定目的而创建的。一个国际组织为了完成其宗旨和目的的需要，必须与国家及其他国际组织发生各种关系，从而成为国际关系新的参加者。

作为国际法的主体，国际组织一般具有缔约权、对外关系权、继承权，享有与其地位相符的特权与豁免，拥有缔结合同和提出法律诉讼的权利。除此之外，具有国际法人格的国际组织，以当今世界上最大的国际组织——联合国为例，还拥有其他三项重要的权利。第一，拥有武装力量的权利。第二，对某些领土的管辖权。第三，对其工作人员职能性的保护权。

目前，几乎所有的国际法学派都承认国际组织在行使其职权的范围内具有国际法人的地位，但对国际组织的国际法律人格的基础与渊源还存有争论。主要有两种代表性的学说，一种是实证法学派理论，另一种是自然法学派。实证法学派认为，国际组织是以国家间多边条约为基础而建立的，国际组织的机构、职权范围、议事程序以及成员的权利和义务都以该基本文件为根据，因此，其职权也只能严格限定在该组织的基本文件的范围之内。自然法学派主张，国际组织的国际法律人格是国际组织固有的权利，是根据国际法成立国际组织的一种必然结果，这种法律人格使国际组织能够从事国际活动，也包括了那些基本文件中所没有预见到的任何职权。②

---

① 详见王雨："现代国际组织国际法律人格研究"，载《人大研究》2007 年第 9 期。
② 饶戈平主编：《国际组织法》，北京大学出版社 2000 年版，第 106～107 页。

二、政府间国际组织的机构及职能

根据基本文件，政府间国际组织追求特定目标，其活动领域、活动方式、机构设置、成员组成等都服从于这一目标。如果说各机构存在差别的话，那就是承担了国际组织活动的不同职能。任何国际组织均不会单纯地从某一特定标准出发，或仿效他人决定自己的机构设置。因此，只有将不同机构承担的职能作为标准，才能从众多国际组织中归纳出具有代表性的机构设置。

基于此，可以将政府间国际组织依据其职能划分为以下几类。

（一）议事与决策机构

这类机构是国际组织根据各自的基本文件设立的最高权力机关，由全体成员组成，负责该组织全面工作。无论是普遍性的国际组织还是区域性或专业性的国际组织，这一机构向全体成员提供了讨论其业务领域所有相关事项的论坛，并就重大问题作出决策。这类机构通常被称为大会、全体大会等。

（二）执行与主管机构

这类机构一般是由本组织中部分成员组成，在一定任期内轮换。机构的成员由本组织高一级的议事与决策机构选举产生。执行与主管机构负责具体处理本组织承担的专业性问题。这类机构通常被称为理事会、董事会等。

（三）行政与管理机构

这类机构负责国际组织正常活动运转中的所有后勤事务，向本组织提供各项活动的管理服务，并执行各机构制定的方针与政策，落实各业务机构制定的各项活动计划与方案。这类机构通常被称为秘书处，其最高首长被称为秘书长、总干事或执行秘书等。

（四）辅助与工作机构

在国际组织运转中，除以上议事与决策机构、执行与主管以及行政与管理机构外，在不同级别建立一定数量的辅助与工作机构也是必不可少的。辅助与工作机构是指各国际组织及其主要机关根据其基本文件的规定而设立，是实现本组织目标、完成各机构职能所必需的工作性机构。

（五）司法机构

司法机构指的是在国际组织中设立的专门负责审议和处理法律问题和通过司法手段解决国际争端的机构。① 这类机构通常被称为法院等。

三、政府间国际组织在国际社会中的作用

从宏观角度来考察，政府间国际组织的作用可以概括为两个方面。首先，作为其主要的功能，可以在那些为大多数国家带来利益的领域提供国家间多边合作的平台。在许多情况下，国际组织不仅提供了国际合作的场所，而且能提供将这些决定转化为行动的行政机制。政府间国际组织的另一重要功能，是为各国政府间的交往沟通提供多种渠道，以便在问题出现时易于找到和解的领域和可行的处理方式。特别是在冲突发生的情况下，国际组织的介入不仅有助于冲突各方化解敌意，而且可使其他国家得以发挥影响力，以防止可能威胁许多国家利益的破坏性行为的发生。在这两方面的作用中，国际组织都是作为一种工具或助手出现，协助和促进现代国家体系更好地发挥职能，其作用表现为主权国家间活动的一种协调。

具体地说，政府间国际组织的作用至少可以表现为以下六个方面的职能：

第一，国家间交往的论坛。政府间国际组织可作为各国代表非正式会晤和讨论问题的便利场所，特别是当对话因为种种原因不便在其他地方举行时。

第二，管理者。在一系列专门性、技术性领域，例如卫生、邮政、气象、原子能等，政府间国际组织能够充当管理者、调整者的角色。

第三，分配功能。一些政府间国际组织担负着某种资源或资金的分配职能。

第四，增强成员的军事能力。政府间国际组织一向被创立用以增强国家的军事能力。

第五，维持和平。政府间国际组织也提供维持和平服务。

第六，超国家的政治职能。在很少的情况下，政府间国际组织有权作出对成员有拘束力的决定，即使没有获得全体一致的同意。②

---

① 饶戈平主编：《国际组织法》，北京大学出版社 2000 年版，第 155～159 页。
② 同上书，第 7～9 页。

然而，作为政府间国际组织，作用并不都是积极的，也有消极的影响或者局限性。联合国、国际货币基金组织和世界贸易组织是世界上重要的 3 个国际组织，在国际组织局限性方面主要以该 3 个组织为例。

联合国多次成为大国推行霸权的工具。以否决权为例，联合国的否决权制度原本是希望大国在解决涉及国际和平与安全的重大问题方面能够友好协商，精诚合作，防止某些国家为了自己利益独断专行，保证一致行动的民主与公正。不过，在冷战时期美苏对峙的局面下，超级大国为了谋取安全方面的相对获益，联合国安全理事会的否决权成为保护它们自身与各自集团利益以及攻击对方的最常用武器之一。《联合国宪章》设置否决权的意义不仅没能实现，反而成为超级大国争权夺利的武器。

国际货币基金组织作为对世界金融市场起主要调节作用的国际经济组织，在 1997—1998 年的全球金融震荡中显露出其机构及运行机制的缺陷，缺乏危机前的预警机制，而且国际货币基金组织提供的援助附加苛刻的条件，以至于成员不到万不得已不寻求国际货币基金组织的贷款。[1]

世界贸易组织制定的关于贸易全球化的规则，同样是在发达国家主导下形成的，较多地体现了发达国家的利益。世界贸易组织在推动贸易全球化、缩小南北差距、保障成员之间公平受益方面，也应承担义不容辞的责任。[2]

四、结语

政府间国际组织在当今国际舞台上发挥着举足轻重的作用。它们是民族国家最大限度实现国家利益的平台；是协调组织各国统一行动，有效处理国际争端的重要场所。衡量一个国家的对外交往能力是否充实，一个政府的对外政策是否成熟，非常重要的一个标志是其对国际组织的理解和参与程度。

---

[1] 王德迅、张金杰编著：《国际货币基金组织》，社会科学文献出版社 2004 年版，第 186~192 页。
[2] 饶戈平主编：《全球化进程中的国际组织》，北京大学出版社 2005 年版，第 35 页。

第二章　非政府间国际组织的法律地位及作用

近年来，非政府间国际组织（NGO）在数量和覆盖范围上都有了显著的提高。但是，至今为止，其是否拥有国际法主体地位还在探讨之中，鉴于其无论是在专业目的方面还是在促进国际法的发展方面都有不可忽略的作用，相信在未来的发展过程中，其可能逐渐取得国际法主体资格。

非政府间国际组织主要是相对于政府间国际组织而言的，非政府间国际组织的兴起是 20 世纪后期重要的政治和社会现象之一。① 由于非政府间国际组织更接近普通人的利益，所以能更好地为普通人服务。与政府间国际组织相比，非政府间国际组织更加接近普通民众，往往在市场失灵的领域，在政府组织不能、不愿意、不便于干预的领域工作。非政府间国际组织行使的是相对于国家权力的社会权力。在民主化国家和多元化社会，其能量很大，有巨大的影响力和支配力，能够左右社会经济、政治、文化和社会生活的许多方面。

一、非政府间国际组织概况

（一）非政府间国际组织的特点

政府间国际组织要满足 5 大要件：成员是主权国家、依据国际协定、设立固定机构、依国际法建立、拥有国际法律人格。所有未满足上述 5 大要件的国际组织都被归结为非政府间国际组织，这表明，非政府间国际组织一般

---

① 那力："非政府国际组织发展现状"，载《国际资料信息》2002 年第 3 期，第 24 页。

受私法而非公法的约束。由于私法是国家内部的法律，故有学者甚至认为，非政府间国际组织不是国际组织，不承认非政府间国际组织的法律人格。[①]

关于非政府间国际组织的定义，据联合国经社理事会第 288 号决议：任何国际组织，凡不是经由政府间协议创立的，都被认为是为此种安排而成立的非政府间国际组织。由此可以推断出非政府间国际组织的几个特点：

其一，并非由政府间协议创设，具有非官方的性质；

其二，是联合国视野下所承认的"国际组织"。联合国曾经被认为是只有主权国家才能参加的一个论坛，但是随着国际形势的变幻，非政府间国际组织也被认为是国际舞台上的重要角色。《联合国宪章》第 71 条规定了联合国处理与非政府间国际组织关系的原则，根据这一原则，经社理事会通过了第 1296（XIIV）号决议及其附件一"理事会与非政府组织之咨商办法"，具体规定非政府组织享有的咨商地位的条件与程序。

其三，覆盖范围广泛，涉及诸多领域。例如政治、经济、科学技术、文化、宗教、人道主义等，这些属于全球性问题。[②]

其四，目的是为了促进国际合作。在全球化的过程中起到了不可忽视的作用。

（二）非政府间国际组织的发展历程

非政府间国际组织的历史发展通常要追溯到 1846 年世界传教联盟的建立，与政府间组织几乎同时产生。其他比较著名的有：国际红十字会（1863年）、国际法协会（1873 年）、国际议会联盟（1889 年）、国际商会（1919年）等。从全球化发展的角度看，初期的非政府间国际组织分为两类：一类是行业性的，例如 1865 年成立的国际电报联盟，1875 年成立的万国邮政联盟等。这些国际组织现虽已成为联合国的专门机构，但它们最早都曾是非政府间国际组织。另一类是普遍性的，例如 1863 年创建的国际红十字会等。

在联合国成立不久后的 1948 年，联合国经社理事会给予 41 个非政府间

---

① 周华荣："论国际组织的类型——以政府间国际组织和非政府间国际组织类型为视角"，载《重庆科技学院学报（社会科学版）》2008 年第 11 期，第 48～49 页。

② 刘传春："全球化进程中的非政府间国际组织"，载《华中科技大学学报（社会科学版）》2002 年第 5 期，第 53 页。

国际组织顾问地位。1998 年，经过联合国确认的有参加其会议资格的非政府间国际组织达 1350 个。与联合国公共信息部有关系的非政府间国际组织在 1968 年为 200 个，到 2000 年有 1550 个。至 2002 年，世界上存在约 30000 个左右非政府间国际组织。①

二、非政府间国际组织的法律地位

（一）非政府间国际组织国际法主体资格的争论

1910 年在比利时布鲁塞尔，国际协会联盟（the Union of International Associations）召开了世界代表大会，当时已经开始讨论非政府间国际组织的法律地位问题。但是到 1994 年世界贸易组织建立时，《关于争端解决的规则与程序的谅解》既没有允许一个机构为了公共利益方面的考虑对某些成员方政府提起诉讼，也没有允许任何私人或非政府间国际组织直接参与到争端解决机制中去。② 但从那时起，要求给予非政府间国际组织直接参与争端解决机制的法律人格的呼声愈加强烈，延续至今。

一种观点认为，国际法主体是能独立参加国际关系并直接在国际法上享受权利和承担义务，并具有独立进行国际求偿能力者。由此，国际法主体具备 3 个要件：独立参加国际关系的能力；直接承受国际权利和国际义务的能力；独立进行国际求偿的能力。③ 拥有上述要件的主体一般为国家，在一定条件和一定范围内为政府间国际组织和正在争取独立的民族，非政府间国际组织不具有国际法主体资格。④

而持相反观点的学者认为：第一，非政府间国际组织与政府间国际组织之间，非政府间国际组织相互之间共同制订或通过的一些重要文件，以及非政府间国际组织就一些重大国际问题提出的建议往往具有重大国际影响力，有些文件还被一些国家认可和实施，或直接转化为国际法律性文件，或通过

---

① 那力："非政府国际组织发展现状"，载《国际资料信息》2002 年第 3 期，第 24 页。
② 武兰芳："非政府间国际组织的国际法律人格限制性评析"，载《华北电力大学学报（社会科学版）》2007 年第 2 期，第 71 页。
③ 王铁崖：《国际法》，法律出版社 1995 年版，第 64 页。
④ 王超、张健："论非政府组织若干国际法问题"，载《内蒙古农业大学学报（社会科学版）》2005 年第 3 期，第 260 页。

国内立法以国家强制力保障其实施。第二，政府间国际组织同非政府间国际组织进行联系，这一事实在一定程度上承认了其在国际关系中的地位。第三，某些非政府间国际组织的成员既可以是国家机关，也可以是一国内部的民间团体或个人成员。第四，越来越多的国际社会成员（国家、政府间国际组织）承认某些非政府间国际组织具有国际法主体资格。①

持反对意见者的几个论点不足以论证非政府间国际组织具备获得国际法主体资格的基本条件。例如其论述的第一点所阐述的内容只能证明非政府间国际组织在很多领域协同政府间国际组织发挥着重要的作用，即便是制订了一些具有国际影响力的文件，也不足以证明其能承担国际法上规定的义务并享有国际法上的权利，从而享有国际法主体资格；其中第二点，则更具有国际舆论上的嫌疑，因为政府间国际组织的承认虽然在很大程度上可以增强非政府间国际组织的综合实力，但对于承认其国际法主体资格还有一定的差距。上述四点理由中最具说服力的是其中的第三点和第四点，非政府间国际组织吸纳国家机关作为成员，在很大程度上可以增强其在国际社会承担国际责任从而享有国际法上的权利的能力，而越来越多的国际社会成员，包括国家都在逐渐承认非政府间国际组织的国际法主体地位，其实是非政府间国际组织在未来获得应有的国际法地位的最为重要的保障。

可见，对非政府间国际组织的国际法主体地位存在截然相反的论点，应当作何选择？未来的发展趋向如何？

（二）非政府间国际组织国际法主体地位的发展趋势

按国际法主体性的范围可将其划分为拥有有限能力的和无限能力的国际法主体，即部分的和完全的国际法主体资格。② 希望赋予非政府间国际组织完全的国际法主体资格还具有一定的困难，但是，如果认为，非政府间国际组织是拥有有限能力的国际法主体，即拥有部分的国际法主体资格，这种观点有一定道理。

---

① 黄世席：“非政府间国际组织的国际法主体资格探讨”，载《当代法学》2000 年第 5 期，第 69 ~ 70 页。

② 葛勇平：“香港国际法主体地位及其缔约权限的理论与实践”，载《比较法研究》2007 年第 5 期，第 51 页。

原因在于，其一，参与国际关系的局限性。非政府间国际组织所从事的活动主要关乎普通民众，这一方面凸显了非政府间国际组织的优势，另一方面却也使得其参与的国际关系受到一定的限制。其二，享有有限的国际法上的权利。以得到普遍承认的国际法主体的国家为例，其享有的国际法上的权利包括诸如独立、平等、自卫、外交、缔约、国际求偿等。相比而言，非政府间国际组织所能享有的权利较少。其三，在国际诉讼能力上的局限性。当前非政府间国际组织不能直接向国际法院提起诉讼，只能以"法庭之友"的身份参与诉讼，请求发表咨询意见，尽管有些争端解决机制正在向非政府间国际组织开放，但它们的参与还是非直接的、非正式的。[①]

总体而言，现阶段认定非政府间国际组织具有部分的国际法主体资格，是恰当的。而随着非政府间国际组织在国际社会的作用日益增加，其国际法主体地位也会发生相应的变化。从内部条件看，非政府间国际组织总体上其规模都很小，其掌握的资源较之最弱小的国家还要缺乏。从外部条件看，非政府间国际组织还主要停留在通过国际舆论执行措施的阶段，其行为不具有强制性，在很多场合起到的作用比较微弱。当然，这并不意味着非政府间国际组织的作用并不明显，恰好相反，从非政府间国际组织出现的那天起，其就在诸多方面的发展过程中起到了极其重要的作用。

三、非政府间国际组织的作用

(一) 非政府间国际组织的专业作用

非政府间国际组织一般会有一个专业性的目标，这一目标一般会与普通民众的生存与发展密切相关，涉及多个领域。在实现这些目标的过程中，非政府间国际组织发挥了重要作用。以下仅以环境和人权为例。

在环境保护方面，绿色和平组织等国际组织在唤醒人们的环境意识、推动环境保护国际会议的召开和环境立法制止严重损害环境的行为、推动可持续发展战略的实施等方面起到了重要的作用。没有绿色和平组织等国际组织

---

① 刘超、夏清瑕、刘正、张颖：《国际法专论》，知识产权出版社 2004 年版，第 53 页。

的努力推动就不会有今天国际环境保护的成绩，也不会有今天的国际环境法的发展。①

在人权保护方面，2001 年，大赦国际为 81 个国家的 408 宗人权案件启动紧急行动网络，其中 117 宗案例取得良好结果。② 大赦国际还设立了专家网就不同的人权主题开展活动，例如"儿童网络"保护儿童的权益；"医疗网络"开展医疗和紧急救助行动；"公司网络"旨在敦促公司坚持人权。

（二）非政府间国际组织对国际法发展的促进

促进国际立法的发展是非政府间国际组织实现专业作用的重要手段之一，然而，其手段所达成的结果却远远比其目的本身更为重要。例如，在 20 世纪 80 年代末到 90 年代初，在联合国《全面禁止核试验条约》和《禁止化学武器公约》的缔结过程中，随处可见非政府组织的身影。再例如，在联合国制定限制使用常规武器公约过程中应运而生的国际禁雷运动中，非政府组织活动异常活跃，最后促成 1997 年《禁止使用、储存、生产、转让并销毁杀伤人员地雷公约》的达成。在环境方面，1992 年在里约热内卢召开的联合国环境与发展首脑会议通过的《里约环境与发展宣言》和《21 世纪议程》等文件，都是在吸收非政府间国际组织参与起草的文件基础上制定的。

非政府间国际组织也努力促进国际法的执行，例如国际刑法高级研究院、美国律师协会等组织成功地推动建立了国际刑事法庭，使实施种族灭绝等罪行的罪犯受到惩罚，使罪行的受害者得到正义和公正的对待。

虽然在实际的活动过程中，非政府间国际组织存在不尽如人意的地方，但是，无论是专业作用还是在促进国际立法、执法方面的作用，非政府间国际组织的目的都是为了国际社会更为稳健的发展和人类的进步，值得肯定。

四、结语

从出现至今，非政府间国际组织无论是从数量还是从涉及的领域都在不

---

① 那力："论非政府间国际组织（NGO）在国际环境法中的作用和地位"，载《2001 环境资源法学国际研讨会论文集》，第 741 页。

② 盛红生、贺兵主编：《当代国际关系中的"第三者"：非政府组织问题研究》，时事出版社 2004 年版，第 330 页。

断增长，表现出强大的生命力。虽然至今为止，其国际法主体地位受到一定的质疑，但毋庸置疑，其正按着事物的发展规律前进，其国际法主体资格得到确认也只是时间问题。因为在当今的国际社会中，非政府间国际组织所起到的作用不可忽略，无论是从专业组织的专业角度还是从非政府间国际组织促进国际法的发展角度看，非政府间国际组织都会在未来的发展进程中扮演更为重要的角色。

第三章　欧盟成员资格的
取得标准与丧失

在满足一定的标准和条件，并通过规定的程序之后，申请国方有望加入欧洲联盟。但是，随着欧盟的不断扩大，出现的难以避免、需要合理解决的问题越来越多。2017 年，发生了英国脱欧事件。2017 年 3 月 16 日，英国女王伊丽莎白二世批准"脱欧"法案，授权英国首相特蕾莎·梅正式启动脱欧程序；2018 年 3 月 19 日，欧盟与英国就 2019 年 3 月英国脱离欧盟后为期两年的过渡期条款达成广泛协议。可见，成员资格的丧失问题不仅仅是学者的预见，而是成为现实。一般而言，存在成员的退出或被开除或被中止权利三种可能性。

一、欧盟成员资格的取得标准

早在 1992 年 6 月，欧盟委员会在提交给欧盟首脑会议的一份报告中就明确提到了"东扩"这个问题。1993 年 6 月，欧盟哥本哈根首脑会议考虑到各国发展差距等因素，同时又强调不应因此削弱或牺牲欧盟之"深化"，故明确规定了入盟候选国必须达到的 3 项标准：第一，以民主及法制国家为保证的制度上的稳定，保护人权，尊重和保护少数民族；第二，有效运行的市场经济，并能够承受欧盟内部的竞争压力；第三，必须在入盟前接受欧盟的法律成果，包括《欧洲联盟条约》关于政治联盟和经济货币联盟的规定。这些标准被称为"哥本哈根标准"。[1] 欧盟明确表示，只有在上述条件得到满足时，入盟才有可能实现。在一国考虑其加入欧盟的可能性之前，该国必须证明它能够满足上述 3 项基本的成员标准。

---

① 详见 BULLETIN EC 1993。

根据 1997 年《阿姆斯特丹条约》（以下简称"阿约"）第 49 条第 1 款的规定，每一个尊重该条约第 6 条第 1 款所规定的基本原则的欧洲国家均可申请成为欧洲联盟的成员。这些基本原则是自由、民主、尊重人权、基本自由权和以法治国。但是，在申请国满足入盟条件的情况下，欧洲理事会和欧盟成员保留是否同意其加入的决定权。

上述基本原则和"哥本哈根标准"是不容谈判的，但在入盟的谈判过程中，有 31 个具体明确的衡量领域供判断候选国是否及在多大程度上符合入盟标准。这些议题是：自由的商品贸易、自由的人员流动、自由的服务贸易、自由的资本流通、公司法、竞争政策、农业、渔业、交通政策、税收、经济与货币联盟、统计、社会政策和就业、能源、工业政策、中小企业、科学和研究、教育和培训、电信和信息技术、文化和视听媒体、结构政策措施的地方政策和协作、环境、消费者政策和健康保护、司法和内政方面的合作/刑事案件方面的警务和司法合作、关税联盟、外交关系、共同的外交和安全政策、金融监督、金融和财政规定、公共机构和其他。

在苏联模式中发展了四十多年的中东欧国家为达到"哥本哈根标准"，首先必须进行社会转型。欧盟 2005 年东扩十国与历史上的四次扩大有根本性的区别，前四次扩大都是在西方的经济和政治体制之内进行的，而在该次考虑加入的中东欧国家中，除塞浦路斯和马耳他之外，皆为前社会主义体制国家。只有在这些国家进行了卓有成效的社会转型之后，才有足够的条件加入欧盟。

二、欧盟成员资格的取得程序

欧洲宪法条约草案第一部分第 58 条规定，联盟向所有尊重本宪法第一部分第 2 条所指的联盟价值观[1]、并承诺发展联盟价值观的欧洲国家开放。[2] 此

---

[1] 该条规定，联盟以尊重人的尊严、尊重自由、民主、平等和法制以及尊重包括少数人的权利在内的人的权利等价值观为基础。在一个以多元化、非歧视、宽容、正义、休戚与共和男女平等为特点的社会里，上述价值观是各成员的共同价值观。参见欧共体官方出版局编：《欧洲联盟法典》（第三卷），苏明忠译，国际文化出版公司 2005 年版，第 6 页。

[2] 参见曹卫东编译：《欧洲为何需要一部宪法——附译〈欧洲宪法条约草案〉》，中国人民大学出版社 2004 年版，第 159 页；还可参见欧共体官方出版局编：《欧洲联盟法典》（第三卷），苏明忠译，国际文化出版公司 2005 年版，第 36 页。

外，任何愿意成为联盟成员的欧洲国家均应向理事会提出申请。理事会应将上述申请通知欧洲议会和各成员的国家议会。理事会同委员会磋商后以及在征得欧洲议会多数同意的认可后，以全体一致同意作出决定。然后，各成员应与候选国家缔结加入联盟的协定，该协定应写明加入的条件和方式。最后，各缔约方应根据其各自的宪法规定，对上述加入联盟的协定予以批准。①

三、欧盟成员资格的丧失

随着欧盟的不断扩大，出现的难以避免和合理解决的问题越来越多，姑且不论出于何种原因或考虑，可以预见，将来极有可能发生成员资格的丧失问题。而且，就一组织而言，有加入就有退出或开除或中止权利，这是十分逻辑的。

如果条约中没有关于终止、废止或退出条约的规定，则原则上缔约方不得废止或退出条约。② 这一论断显然不能排除实际发生废止或退出条约的可能性。按照国际法的一般规定，在一定条件下，成员资格可能丧失。分为下列三种情况：第一，被组织开除。开除是国际组织使其成员丧失成员资格的一种最激烈的方式。例如在 1939 年，苏联因入侵芬兰被国际联盟除名；1954年，捷克斯洛伐克因拒绝履行财政义务被世界银行除名。第二，被组织中止权利。这种一时失去的权利在一定条件下可以被恢复原状。它与终止权利相区别。第三，主动退出组织。前两种情形都带有惩罚性质，而主动提出退出组织的请求无惩罚性质，但需要经过一定的预告期，例如国际劳工组织规定的预告期为 2 年，期满后退籍生效。③

（一）欧盟成员的开除

欧盟各条约中没有关于开除成员的规定。既然没有有关规定，可以考虑修改条约，创设新规则。由于根据阿约第 48 条，修改条约的提案以所有成员

---

① 参见同上，《欧洲联盟法典》（第三卷），第 36 ~ 37 页。

② 参阅于 1980 年 1 月 27 日生效的《维也纳条约法条约》第 56 条，其中规定："一、条约如无关于其终止之规定，亦无关于废止或退出之规定，不得废止或退出，除非：（a）经确定当事国原意为容许有废止或退出之可能；或（b）由条约之性质可认为含有废止或退出之权利。二、当事国应将其依第一项废止或退出条约之意思至迟于十二个月以前通知之。"

③ 梁西：《国际组织法（总论）》，武汉大学出版社 2002 年版，第 28 ~ 30 页。

（包括可能被开除的成员）的同意为前提，所以，创设开除条款的可能性不在考虑之列。①　其实，如果仅一个成员时常反对欧洲一体化的各项政策，即可促使开除一事无从谈起。原因在于，成员的这种拒绝或反对在国际法上常常是合法的行为，若对此予以制裁或惩罚，则意味着否认了国家主权平等原则。

值得争议的开除情况是，一欧盟成员持续地作出严重违反联盟条约的行径，但却不属于联盟条约第 7 条（阿约）所列事项。在此，则其他联盟成员及主管的共同体机构有义务通过欧洲法院的违约审判程序促进提出对该国的评判。若仍无济于事，那么，从采用最后手段（Ultima ratio）的意义上说，相对于持续违约的联盟成员，就不能再要求坚持善意履行条约的诸成员继续持守条约条文了。鉴于欧洲法院的相关判决没有得到实际执行的可能，必须依据一般国际法准则对违约国实施开除。对上述严重违反多边条约情形的处理，可考虑适用《维也纳条约法公约》第 62 条第 2 款中规定的方式方法，赋予其他缔约方中止违约方权利或终止与违约方和约的效力的权利。当然，由于阿约第 7 条第 1 款中的程序在原则上排除适用《维也纳条约法公约》的可能性，所以，考虑适用该条款必须满足两个前提条件，即不适用联盟条约第 7 条第 1 款（阿约），并且不涉及重新恢复对条约的忠诚。②

（二）欧盟成员被中止权利

在此必须指出，开除是国际组织针对严重违约情形采取的终极解决措施，适用之前，应当采用中止违约方权利的方式处理问题，只有在证明此法无用或出现无法容忍的情况时，才考虑适用开除的方式。根据阿约第 7 条第 1 款，根据1/3 以上成员或委员会的建议，在欧洲议会同意的前提下，在理事会要求该违约成员政府发表意见之后，理事会可通过一致意见认定，"一成员严重地、

---

①　在1992 年 6 月，丹麦举行全民公决，结果是拒绝通过《马斯特里赫特条约》。作为对此事件的反应，有关人员曾考虑，是否可以通过全体成员先集体退出欧洲共同体，然后再彻底重建共同体的方式来解决问题。这仅仅是一个设想而已，但并非完全不可能。1993 年 5 月，经过再次全民公决后，丹麦终于批准了马约，马约于同年 11 月 1 日起生效。此后，无人再提这个"集体自己开除自己"的想法。

②　So Matthias Pechstein/Christian Koenig, Die Europaeische Union. 3. Aufl. , Tuebingen：Mohr Siebeck Verlag 2000. Rn. 464.

持续地违背本条约第 6 条第 1 款所列举的基本原则的情况存在"。① 根据阿约第 7 条第 4 款，在此例的表决中，该违约成员的投票无效；其他成员的弃权票不影响决定的效力。一旦理事会作出认定意见，它即可通过多数决机制决定，中止该违约成员原本拥有的源自联盟条约的一些权利，包括投票权。同时，该违约成员继续受出自于联盟条约的义务的拘束。②

中止一成员的投票权利势必带来一定的后果，理事会必须对此加以密切关注，特别是顾及对一些自然人和法人的权利的影响，以及在共同的外交和安全政策领域及刑事案件方面的警务与司法合作领域的影响。众所周知，欧洲联盟是根据 1992 年 2 月 7 日缔结的、1993 年 11 月 1 日生效的《马斯特里赫特条约》建立的，其宗旨是深化欧洲一体化进程、加强政府间合作。在欧洲联盟的框架下实行双轨制体系：共同体体系和两个政治领域的政府间合作体系（共同的外交和安全政策和刑事案件方面的警务与司法合作），三者共同构成欧盟的 3 大支柱。③ 由此可见，对这两个领域造成的影响将对整个欧盟具有重大意义。例如在以全体联盟成员名义实施的对外政策方面，当违约成员的投票权被中止时，该国仍然负有支持的义务，由此，其他拥有投票权的成员将有权利独立作出有关决定，而不必征得该违约成员的同意。同理适用于对修改联盟条约和新成员加入的表决。这与联盟条约第 23 条第 1 款所规定的弃权具有完全不同的性质。弃权的成员并无贯彻实施联盟决定的义务，但认可该决定对联盟的拘束力。④ 被中止投票权的违约成员必须履行各项义务，否则，可能会招致联盟更严厉的处罚。

除了投票权利可能被中止之外，其他权利也可能被中止，例如诉讼权

---

① 在奥地利，由于奥地利自由党（Freiheitliche Partei Oesterreichs）成功进入了维也纳联邦议会，当时欧盟的另外 14 个成员对该国实施了政治制裁，时间从 2000 年 1 月底起到 9 月止。这一制裁并非基于阿约第 7 条，而是条约中未事先规定的一种报复性措施，而且有违反共同体法的嫌疑。

② 参见欧洲联盟条约（阿约文本）第 7 条第 2 款第 1 段第 1 句和第 2 段。

③ 这就是欧洲联盟（European Union）大厦下的所谓三大支柱（Three Pillars）：欧洲各大共同体（European Communities）、共同的外交和安全政策（Common Foreign and Security Policy）和司法与内务领域的合作（Cooperation in the Fields of Justice and Home Affairs）。若按欧共体原来的三个共同体分别计算，可以是五大支柱，由于欧洲煤钢共同体条约已经失效，也可称为四大支柱。相关但不完全相同的描述与评论可参见黄德明："略论欧洲共同体与欧洲联盟的法律人格"，载《法学评论》1998 年第 6 期，第 99 页。

④ 参见欧洲联盟条约（阿约文本）第 23 条第 1 款第 2 段第 2 句。

（欧共体条约第227、230和232条）。被中止的权利不仅适用于联盟条约范畴，还包括欧洲共同体各条约范畴。可见，鉴于此种处罚将导致违约成员处于极其尴尬和无权的境地，任何一个成员政府在作出决定之前，都应该与其他成员深入协商、权衡利弊、谨慎从事。然而，因被中止某些权利而暂时"无权"的成员并非"无助"的成员。欧洲法院对在上述两个领域被中止权利的情形无权监督，与此相反，被中止权利的成员能够对共同体法律体系中的相关措施向欧洲法院提出异议。若该中止行为被证明是违反共同体法律规定的，因而无效，则中止的效力在共同体体系内必须被取消，而在共同的外交和安全政策和刑事案件方面的警务与司法合作领域却不受影响。无效的法律行为仍然被有效地执行，这是违背法治原则的。当然，人们很难想象，这样的非法中止会在那两个领域持续下去。最可能的结果是，鉴于欧洲法院的介入及其具有权威性和合法性的判决，欧盟领导机构寻找到其他适当的处理方式和方法，例如开除或修改条约或促使该成员退出联盟。

欧洲宪法条约草案第一部分第59条规定，当有成员有严重破坏该宪法第一部分第2条所指联盟的价值观的明显危险性时，理事会可根据三分之一成员的，或欧洲议会的，或委员会的附带理由的提案并征得欧洲议会的同意意见后，以其成员的五分之四多数同意制定欧洲决定，以便对上述危险性进行确认。在作出此项确认前，理事会应倾听有关成员的申辩意见，也可按照同样的程序向有关成员提出建议。另外，理事会应对导致上述确认的理由是否仍然有效进行定期检查。[1] 上述确认一经通过，理事会可以特定多数同意作出中止有关成员享有因实施本宪法所产生的部分权利的决定，包括该有关成员政府代表在理事会的投票权；同时，有关成员根据本宪法所承担的义务必须继续予以履行。[2] 为了本条的目的，有关成员在欧洲理事会或理事会的代表不得参加投票表决；在统计第1款和第2款的票数时，有关成员不包括在内；弃权票不妨碍第2款所指欧洲决定的通过。[3]

---

[1] 欧洲宪法条约草案第一部分第59条第1款和第2款。参见前引《欧洲联盟法典》（第三卷），第37页。

[2] 欧洲宪法条约草案第一部分第59条第3款。同上书。

[3] 欧洲宪法条约草案第一部分第59条第5款。同上书，第38页。

（三）欧盟成员的退出

不论是在欧共体基础条约中还是在欧盟成立条约中，我们都找不到关于欧共体或欧盟成员退出的规定。由此或可推论，欧盟成员的退出或开除是不可能的。但是，1997 年《阿姆斯特丹条约》却存有关于解除欧盟成员资格的可能性的规定。如上所述，根据阿约第 7 条第 1 款，当欧盟理事会一致认定，当一成员严重地、持续地违背阿约第 6 条第 1 款所列举的基本原则的情况存在时，该国的成员资格可能被解除。

德国联邦宪法法院在其马斯特里赫特判决中指出，在愿意接受长期成员资格的基础上签署无限期有效（阿约第 51 条）的（欧洲）联盟条约的联盟国家，也可以通过与此相悖的行动最终取消这一归属性。① 该论断中的"联盟国家（德语：Unionsstaaten）"使用的是复数，非指单个成员。换句话说，如果联盟国家通过一致决定来解除联盟条约，或进行条约变更，由此导致一个或几个联盟的成员被开除出联盟，这些可能性无论如何是存在的。如果一联盟国家试图单方面主动退出联盟——或称单方废约，由于阿约第 51 条规定，联盟条约无限期有效，所以，任何联盟国家的单方解约权不适用。② 此外，阿约第 49 条规定，联盟成员的增加必须基于联盟整体且必须全体联盟成员依国际条约法同意，因此，在相反的退出情形中，单方面的解约权也不被认可。

鉴于欧洲原子能共同体条约、欧洲共同体条约和欧洲联盟条约均属于国际法上的国际条约，当一联盟国家在特定情况下无法继续留在联盟内时，则应考虑适用《维也纳条约法公约》。根据该条约第 62 条，在一些严格前提限制下，缔约时的情势发生重大变更可以成为条约终止或成员退出的合法依据。③ 条约的终止指条约由于某种法律事实和原因而使条约自动失去效力，从而解除当事国履行条约的义务。通常分为九种情况，其中，第九种单方废约在两种情况下是被允许的：一方违约和情势变迁。适用情势变迁的逻辑前提是"一切条约都假定情势不变原则"，若情势有变，则"情势不变条款"（clausula rebus sic stantibus）可为单方废约或修改条约提供理由。

①　德国联邦宪法法院判例集 BVerfGE 89, 155（190）。

②　可参考比较欧共体条约第 312 条（阿约文本）。该条规定："欧共体条约无限期有效"。

③　例如，1926 年中国废除 1856 年与比利时签订的含有领事裁判权的条约，即以"情势变迁"为根据。参见邵津主编：《国际法》，北京大学出版社、高等教育出版社 2014 年版，第 393 页。

根据现代国际法的通说，此处的情势非指默示的、可通过惯常的解释查实的条约条件，而是指依据某项补充的条约解释可以客观地判断出的、当事方据此可作出理智期待的现有条约条件。仅当此条件出现了根本性的无法预见的变化时，当事国才能提出终止或者退出条约。① 伊恩·布朗利指出，"情势不变"原则是一个客观的法律规则，只有当特定事项发生时才适用；由于当事国一方必须援引它为理由才能终止条约，所以它不能自动导致条约终止。国际法委员会以及《维也纳条约法公约》将确定边界的条约排除在该原则之外，目的就是为了避免造成显失公平的情况。②

但是，在对待联盟条约中的特别修改程序（阿约第 48 条）时，由于可能发生滥用援引"情势不变"条款的情形，所以，对是否允许援引该条款是有争议的。在允许援引的情况下，那些无法实现修改联盟条约目的的联盟成员可能会考虑单方终止成员资格，或者要求暂时解除自己的条约义务，借此来对其他成员施加压力。这种情况是应该被避免的。此外，共同体条约包含一系列的保护条款和紧急状态条款，当涉及成员的某些重大利益或成员出于经济原因无法履行条约义务时，可以考虑适用这些条款。③ 共同体条约第 227 条（马约文本，即原条约第 170 条）规定，任一成员如果认为另一成员未能履行依照本条约应该履行的各项义务中的某一项义务，该任一成员可向欧洲法院提起诉讼。提起诉讼之前，该任一成员应将此事提交委员会，请求予以解决。委员会在给予有关成员以书面或口头方式提出辩驳意见的机会后，应就此提出附理由的具体意见。若委员会在该任一成员提出请求后三个月内未提出意见，不受此影响，该成员可向欧洲法院提起诉讼。由此可见，若一些成员的权益受到另一些成员违约行为的侵害，此权益最终会得到欧洲法院的保障。所以，《维也纳条约法公约》第 62 条所述情形不易发生。当然，有关退出情形有可能在货币联盟中的敏感领域产生。对此，欧洲联盟将无力有效地阻止该种事实上的退出情形发生。④

---

① 参见［德］沃尔夫刚·格拉夫·魏智通主编：《国际法》，吴越、毛晓飞译，法律出版社 2002 年版，第一章，边号 130。

② ［英］伊恩·布朗利：《国际公法原理》，曾令良、余敏友等译，法律出版社 2003 年版，第 682 页。

③ 例如共同体条约第 59 条和第 95 条第 5 款。

④ Matthias Pechstein/Christian Koenig, Die Europaeische Union. 3. Auflage, Tuebingen: Mohr Siebeck Verlag 2000. 边号 462.

欧洲宪法条约草案第一部分第 60 条第 1 款规定，任何成员均可根据其本国宪法的规定作出关于退出联盟的决定。① 第 2 款规定，决定退出联盟的成员应将其意图通知欧洲理事会，欧洲理事会应为此目的提出指导方针。联盟根据此指导方针同决定退出联盟的成员缔结旨在确定退出方式的协定，此协定还应对双方的未来关系框架作出安排。理事会在征得欧洲议会的同意意见后，以特定多数同意缔结关于退出联盟的协定。第 3 条规定，自上述退出协定生效之日起，或自第 2 款所指通知之后的两年期满之日起，本宪法停止适用于该有关成员；除非欧洲理事会在与有关成员达成一致意见后以全体一致同意作出关于延长上述期限的决定。②

四、结语

若想加入欧洲联盟，需要符合若干具体标准和条件，并通过既定的谈判和核查等过程。作为欧盟的特征之一，欧盟组织结构的复杂性将长期存在。对于尚无先例的成员资格丧失问题，主要有开除、终止权利和主动退出三种可能性，在国际法范围内涉及国际条约法和国际组织法的法律原则、规定和习惯法，在欧洲法范围内还包含了欧盟各成员之间的国际关系问题和共同的对外政策问题，十分庞杂。从欧洲一体化的历史进程和近年来扩大的态势分析，欧盟内部已经产生了诸多难以解决的问题和分化瓦解的潜在因素，一旦欧盟国家赖以联合的基本情势发生根本性的变化，作为具有特性的国际组织的欧盟必将面临如何依据法理和法律法规应对的问题。③ 正在进行中的英国脱欧程序是本书理论论证的实践补充。

---

① 欧共体官方出版局编：《欧洲联盟法典》（第三卷），苏明忠译，国际文化出版公司 2005 年版，第 38 页。
② 同上，第 38～39 页。
③ 本章部分内容发表于葛勇平："论欧盟成员国资格的取得标准与丧失"，载《法学评论》2009 年第 5 期，第 65～69 页。

第四编

教　学

第一章　模拟试题

开卷笔试

平时成绩 20 分；期末成绩 80 分。

（第 1、2 题任选一题；第 3、4、5 题任选两题。共回答三题。）

1. 试述政府间国际组织在国际法上有哪些特征。（20 分）

2. 《联合国宪章》与《国际联盟盟约》有何不同？（20 分）

3. 试述联合国大会和安理会的组成及其职权。（30 分）

4. 在德国、日本、印度和巴西四国中任选一国，试分析它申请成为联合国安理会常任理事国的优势和劣势。（30 分）

5. 试述欧洲联盟未来发展中几个令人困惑的问题。（30 分）

答题技巧：逻辑体系清晰。

关注基本概念；关键点/词/句；具体分析陈述；自己的见解。

参考答案可在本书中找。

第二章 案例点评

案例 1：1949 年国际法院对"为联合国服务而受损害的赔偿案"的咨询意见

咨询意见认定：离开了主权国家的授权，任何国际组织在法律上的权利能力和行为能力都不可能存在；国际组织的法律人格只能在执行其法定职能及达成其组织宗旨所必需的范围内才能得到承认。

点评：国际组织的职能范围是受其基本文件严格规定的。梁西先生称之为"职能性原则"，这种法律人格的职能局限性是国际组织法律地位的一个重要特征。因此，相对于国家的国际法主体性而言，国际组织的法律人格是派生的、受限制的。

案例 2：1950 年中华人民共和国诉美国武装侵台案

1950 年 9 月 29 日，安理会在厄瓜多尔提出的邀请中华人民共和国参加会议的议案时，该议案以 7 票赞成、3 票反对、1 票弃权获得通过。随后，台湾代表向安理会主席提出，因该议案遭到了两个常任理事国的反对，应属于实质性问题。安理会主席认为，既然对该议案是否属于程序性问题存在疑问，只好投票表决。表决结果是 9 票赞成、1 票反对、1 票弃权。主席当即宣布该议案为程序性问题。台湾代表不服，并援引《四国声明》为依据。安理会主席指出，根据《安理会暂行议事规则》，当判断一项议案是否为程序性问题时，应由主席裁定。除非有 7 个以上的理事国不同意他的裁定。台湾代表认为，安理会主席无权裁定此类事项。主席只好将其裁定付诸表决，结果无任何投票，即无任何赞成、反对或弃权票。主席宣布，既然无人要求推翻其裁定，则其裁定为有效。

点评：此案例的意义在于，双重否决权实际上被安理会主席依《安理会暂行议事规则》第 30 条而来的裁定权所取代。

案例 3：1971 年南非统治纳米比亚案

国际法院在 1971 年 6 月 21 日发表的咨询意见认为，由于南非不顾安理会 1971 年 1 月通过的第 276 号决议，继续统治西南非（纳米比亚），安理会于 7 月 29 日通过第 284 号决议，要求国际法院就南非在纳米比亚的继续存在对各国造成的法律后果发表咨询意见。针对此案，南非当局向国际法院指控第 284 号决议无效，从而认为，国际法院无权就此案发表咨询意见。南非的理由是，在安理会表决该项议案时，英、法两个常任理事国弃权。国际法院指出，安理会的长期实践表明，常任理事国的自愿弃权并不妨碍安理会通过决议，而且任何理事国的弃权并不表示其反对议案所规定的事项。

点评：此案表明，要阻止安理会就非程序性问题通过决议，常任理事国必须投反对票。

案例 4：1980 年"国际法院的管辖权"

（事实）

X 国于 1980 年向国际法院提交申请，要求对其与 Y 国之间有争议的大陆架的界线进行划定。X 国认为国际法院有权管辖此案，其法律根据如下：X 国与 Y 国 1977 年依据《国际法院规约》第 36 条第 2 款作出的声明，将本国与他国将来发生的争议置于国际法院的管辖范围。然而，X 国在其声明中有如下保留，即对国际法院管辖权之承认不涉及领土主权的问题。

另外，X 国与 Y 国于 1958 年签订了《关于和平解决争端的条约》，并在联合国条约集第 449 卷予以公布。依据该条约，两国间若产生国际法上的争议，双方应共同诉诸国际法院。

Y 国对国际法院的管辖权提出异议，因为根据它的观点，上述法律文件不足以作为管辖权的法律依据。它特别援引了 X 国在其声明中的保留。

（注解）

只有各国采纳《国际法院规约》第 36 条这一选择性条款，声明承认国际法院的管辖权，将本国与任何一个承担相同义务的国家将来发生的所有或特定类型的争议置于国际法院的管辖范围内；或者当争议发生时，各国承认国际法院的临时管辖权。在这种情况下，国际法院才行使对这些国家的管辖权。

X 国和 Y 国都是联合国成员，并且都是联合国 1958 年《大陆架公约》的缔约方。

根据《联合国海洋法公约》第 76 条规定，沿海国的大陆架包括其领海以外依其陆地领土的全部自然延伸，扩展到大陆边外缘的海底区域的海床和底土。

问题：如何根据当事国提出的不同法律根据判断国际法院的管辖权？

解答提纲：

1. 基于依《国际法院规约》第 36 条第 2 款所做声明而产生的管辖权

1.1. 保留的效力

1.2. 界定大陆架是否涉及领土主权的问题

2. 基于 X 国与 Y 国《关于和平解决争端的条约》而产生的管辖权

2.1. 形式上的要件

2.2. 内容上的要件

3. 结论

案例 5：1985 年突尼斯诉利比亚大陆架案

国际法院指出，"根据法院的意见，假如两国政府事实上对法院判决的意义和范围持相反的意见，就足以证明争端的存在"。

点评：此案涉及《联合国宪章》第 27 条第 3 款、第 34 条和第 35 条关于情势和争端的区别，以及大国作为争端当事国被强制在表决中弃权的规定。是对大国行使否决权的一种限制。

第三章 模拟会谈"联合国安理会改革新闻发布会"

关于"联合国安理会改革新闻发布会"的计划书①

会议时间：

会议地点：

会议主席团（主持人）组成：

出席会议人员：

安理会常任理事国代表（中国、法国、俄罗斯、英国、美国）

申请国家代表（巴西、德国、印度、日本）

记者及其他国家代表

会议内容安排：

1. 主持人发言，宣布会议开始及会议安排。

2. 各申请国代表陈述。

每个国家派一人进行陈述，另派一人将所陈述内容概要书写在黑板上（书写内容包括优势和不足。）

陈述顺序按各国家首字母的排列顺序进行，依次为：巴西、德国、印度、日本。

3. 常任理事国代表提问。（可向任意一个申请国代表提问）

---

① 本计划书出自 2005 年 11 月葛勇平在哈尔滨工业大学法学院讲授国际组织法课程时指导 2003 级本科生草拟。各国发言稿由学生根据任课教师的指导和要求撰写。本章所列内容，仅供参考。

会议前半段结束，总时长控制在 50 分钟以内。

休息 5 分钟

会议后半段开始，总时长控制在 50 分钟以内。

4. 记者及其他国家代表提问。（可以选择常任理事国和申请国代表中的任意一位进行提问。）

5. 自由提问。（在座所有人员可以相互提问、回答。）

6. 主席团会议总结。主持人宣布会议结束。

任课教师总结。

各国各机构代表发言稿

联合国安理会改革新闻发布会发言稿（主持人发言）

各位先生，各位女士，大家好！今天，我们在这里召开有关联合国安理会改革的新闻发布会。下面，我简单介绍一下联合国安理会改革问题的由来。

众所周知，联合国是第二次世界大战后建立的最主要的、有着最广泛代表性的政府间的国际组织，代表着世界各国的共同利益。《联合国宪章》是各会员国共同意志的体现，是联合国一切活动的法律依据。宪章规定，联合国的宗旨是维护国际和平与安全，发展国家间的友好关系，进行国际合作，以解决国际经济、社会、文化和人道主义问题，并促进各国对人权的尊重。为此，各会员国都有义务遵守《联合国宪章》规定的基本原则。即 1. 所有会员国主权平等；2. 所有会员国都要善意履行宪章规定的义务；3. 各会员国应以和平的方式解决国际争端；4. 各会员国不得以武力相威胁或使用武力；5. 在采取集体安全行动时应予以协助；6. 确保各非会员国遵守上述原则；7. 联合国不得干涉在本质上属于任何国家国内管辖的事项。

而联合国宗旨的实现和原则的贯彻，离不开安理会的有效运作。安理会是联合国中唯一负有维护国际和平与安全的主要责任并有权采取行动的机构。安理会由五个常任理事国（中国、法国、俄罗斯、英国和美国）和十个非常任理事国组成。非常任理事国由联合国大会选出，任期 2 年。每一个理事国有一个投票权，实质性问题的决议应以九个理事国的可决票通过，其中应包括五个常任理事国的同意票。

在 60 年的发展历程中，联合国对世界的和平与发展作出了不可磨灭的贡献。

在裁军和军控方面，联合国大会每次都把裁军列为重要议程，并设立"裁军委员会"负责相关工作。特别是作为安理会常任理事国的俄罗斯与美国，在削减战略核力量方面的合作对推动世界和平与安全有重要意义。

在缓和地区冲突方面，联合国大会和安理会发挥了重要作用。在亚洲，它推动阿富汗、柬埔寨问题的政治解决；促使两伊战争双方握手言和；使海湾战争、黎巴嫩内战以及塞浦路斯武装冲突和平解决。在非洲，它促使安哥拉停止内战；推动索马里各方停火；支持纳米比亚民族自决；谴责卢旺达大屠杀。在拉丁美洲，它促成萨尔瓦多、尼加拉瓜内战结束；劝说危地马拉交战双方放下武器。

另外，联合国安理会与各专门机构一道，在促进各国的经济合作、科技、文化的交流，救济和安置难民、维护妇女和儿童的合法权益，关心老年人和残疾人的福利等方面作出很多工作。

然而，随着世界形势的发展，虽然和平与发展仍是当今时代的主题，但是我们看到，和平与发展面临越来越严重的挑战。在政治领域，非传统安全问题凸现，恐怖主义和跨国犯罪日趋严重。在经济领域，南北贫富差距不断扩大。在这样的国际状况面前，一些国家趁机推行新干涉主义，对中小国家的独立和主权构成严重威胁，并从政治领域扩大到经济领域，以政治要挟为交换条件，向发展中国家施加经济压力，作为干涉内政的手段。[①] 科索沃战争、阿富汗战争和伊拉克战争就是例证。联合国的权威遇到前所未有的挑战。正如安南秘书长在第 58 届联大上强调的那样，"伊拉克战争暴露了国际社会中的重大分歧"，"伊拉克战争使集体安全原则和联合国的应变能力受到了严峻考验，在联合国 58 年的历史中，其前景从来没有如此糟糕"，联合国"已处于十字路口"，必须进行"大幅度改革"。

---

① 李铁城："世纪之交联合国面临的挑战"，载《外交学院学报》1996 年第 3 期，第 38 页。

面临新的形势和挑战，联合国安理会必须改革。常言道："千里之行，始于足下。"我们相信，在各国的共同努力下，联合国改革特别是安理会改革一定会取得成就。

巴西代表发言 - Ⅰ

巴西应该成为联合国安理会常任理事国

一、巴西加入联合国安理会常任理事国的基本立场

巴西（还有德国、日本、印度、尼日利亚等国）被认为是最有望入选安理会常任理事国的候选国家，这些国家一直在为获得安理会席位而努力寻求支持。从它们的方案看，目的明确、态度一致，其基本立场是：在时间上尽快实现扩大；在类型上支持常任理事国和非常任理事国数目同时扩大；在否决权问题上，虽然它们大都表示，愿意限制否决权的使用或不单独使用否决权，但同时也提出，新旧常任理事国应该具有同等权力。[①]

巴西国际问题专家席尔瓦指出，联合国改革方案尽管有多套，但巴西、日本、印度和德国四国为候选国是板上钉钉的事。目前，改革报告中的第一套方案还是符合实际的，即增加6个常任理事国，亚洲2席、非洲2席、欧洲1席和美洲1席，另增加3个任期2年的非常任理事国。按照这一方案，美洲1席将由巴西担任，欧洲是德国，亚洲是日本和印度，非洲现有埃及、尼日利亚和南非竞争，国际社会不应对其干预，应由非洲国家内部通过协商推选产生。[②]

---

① 详见李东燕："对安理会改革及其方案的比较分析"，载《世界经济与政治》2001 年第11 期。

② "谁能成为联合国新常任理事国？"，载环球时报网络版，http://www.southcn.com/news/international/gjsp/200412080409.htm，2005－11－01 访问。

二、巴西符合加入的条件

（一）新增安理会成员资格标准

第一，贡献原则。《联合国宪章》规定，安理会成员是对联合国维持国际和平与安全或其他方面有重大贡献的国家，至于对联合国的贡献体现在哪些方面，并没有具体的规定和标准。这一点也得到不少会员国的支持，认为这样可以加强安理会的力量和效率，增加联合国的资源。有些方案试图制定出参数，将会员国对联合国的贡献进行量化分析。经常提到的贡献标准包括人口、财富、对联合国维和行动的贡献、交付会费情况等。

但也有许多国家反对以财政贡献和实力作为衡量对联合国贡献大小的标准，认为这样有悖于国家不论大小一律平等的原则。它们指出，联合国不是"富国俱乐部"，不是"董事会"，安理会席位不能买卖。例如卡塔尔代表曾说，如果德国对联合国的贡献是1亿美元，"如果这就是常任理事国席位的价格，我们当然出得起，我可以建议我的政府一年出1.1亿美元竞争这一席位。"

第二，地域分配原则。宪章规定，选举理事国时要考虑地域上的公平分布，但如何划分地域没有规定。在安理会和经社理事会1963年扩大时，逐步发展起来一种地域划分原则，现已基本被接受，形成了5个地区选举组，它们是非洲组、亚洲组、东欧组、拉美和加勒比组及西欧和其他国家组。但一些国家对这种传统的划分方式提出质疑，认为它有许多不合理的地方。例如，一些国家抱怨，现有的地区选举组划分不平衡，有的组大，国家多；有的组小，国家少。例如非洲组有53个国家，西欧和其他国家组有27个国家。澳大利亚、新西兰及一些南太平洋国家被划归了"欧洲与其他国家组"，因此，它们多次提出重新划分选举组的建议。

第三，公正代表原则。除了强调地理分布的均衡性、代表性外，许多国家代表还提出，选举安理会成员应该遵循公正、平等的原则。发展中国家在安理会中缺乏代表，安理会成员过多照顾了大国利益，忽视了广大中小国家的代表权。因此，我们不仅要强调地域概念，也要强调国家集团的代表性。墨西哥代表指出，如果新增5个常任理事国，那么在常任理事国中，欧盟将有 3 个, 北约将有 4 个, 8 国集团将有 6 个, 安理会便成为一个欧洲国家和发达国家的特权集团, 不符合代表性和平等原则。

(二) 巴西对于这三个原则的立场

安理会的扩大首先必须遵循两项原则: 一是国家不分大小、强弱, 一律平等, 反对只接纳一两个经济发达的大国作为常任理事国, 而把发展中国家排除在外, 决不能把安理会变成 "富国俱乐部"; 二是接纳新成员要按地域均衡分配。不应过分强调经济和军事实力。

在联合国 189 个会员国中, 南方发展中国家约占 3/5。因此, 联合国的任何改革措施不能只考虑少数发达国家特别是大国的利益和意见, 必须同时考虑发展中国家的利益和意见。只有正确处理好两者的关系, 改革才能顺利进行。在扩大安理会成员包括增加常任理事国的问题上, 不能像美国等少数西方大国主张的那样, 只允许德、日两国成为常任理事国, 而不考虑给予发展中国家应有的席位。

联合国安理会扩选还要处理好国家利益与全球利益之间的关系。每一个国际组织都程度不同地履行两种功能, 即国际秩序的工具和会员国国家政策的工具。"一方面, 国际机构追随一定的国际目标, 并以国际秩序的名义而工作; 另一方面, 会员国带着同原来一样的利益加入这些机构。"联合国也基本上是这种情况。各主权国家总是根据自己的切身利益、权利和利害关系而不是根据整个集体的共同利益来确定自己的立场。[①] 因此, 占联合国五分之三的南方国家利益本应得到更多的关注。可是, 它们在安理会中却缺乏足够的代表, 例如常任理事国中没有来自非洲和拉美国家的成员。巴西是拉美地区的最佳代表。

(三) 巴西本身的条件很具有代表性

巴西是发展中大国, 其经济实力约占南美国内生产总值的 47%, 是世界第 8 大经济实体, 也是拉美新兴的 "经济龙"。巴西经济始终保持强劲的增长势头, 堪称拉美新兴市场国家经济发展的典范。巴西是南方共同市场的轴

[①] 钱文荣: "方案多、分歧大联合国改革必须处理好的十大关系一场充满激烈争论甚至尖锐斗争的改革", 载《国际展望》2001 年第 8 期, 第 4～9 页。

心国，其经济发展水平在南方共同市场内具有举足轻重的地位，加上巴西和南美洲国家之间紧密的地缘和经济关系，使得巴西经济的走向能够决定整个地区的发展趋势。

西班牙比斯开银行公布的一份报告显示，拉美经济前景为人看好的主要原因是：占拉美国内生产总值一半以上的巴西和墨西哥两国经济运行平稳，进入国际信贷市场容易，而且出口产品价格稳定。巴西经济增长对拉美经济增长起到了积极作用。今年以来，阿根廷、乌拉圭、墨西哥、智利等国的经济也都取得了较大增长。在拉美国家中，巴西是外资流向的首选国家，巴西对外资的吸引力在世界上居第 4 位。因此，巴西是拉美国家在联合国安理会的最合适的代表。

巴西国土面积 850 多万平方公里，是拉丁美洲面积最大的国家。位于南美洲东南部，与多个国家相邻。北邻法属圭亚那、苏里南、圭亚那、委内瑞拉和哥伦比亚，西邻秘鲁、玻利维亚、南接巴拉圭、阿根廷和乌拉圭，东濒大西洋。人口约 1.7 亿（2000 年），占世界人口的 2.8%，居拉美首位。巴西自然条件得天独厚。横贯北部的亚马孙河是世界上流域最广、流量最大的河流。亚马孙森林面积占世界森林面积的 1/3，其中大部分位于巴西境内。巴西与巴拉圭合建了被誉为"世纪工程"的世界第一大水电站伊泰普水电站。巴西矿产资源丰富，其中已探明的铁矿砂储量为 650 亿吨，产量和出口量均居世界第一位。铀矿、铝矾土和锰矿储量均居世界第三位。

巴西是拉美第一经济大国，有较为完整的工业体系，工业产值居拉美之首。钢铁、汽车、造船、石油、化工、电力、制鞋等行业在世界享有盛誉，核电、通信、电子、飞机制造、信息、军工等领域的技术水平已跨入世界先进国家行列。巴西是世界第一大咖啡生产国和出口国，有"咖啡王国"之称，甘蔗和柑橘的产量也居世界之首。大豆产量居世界第二，玉米产量居世界第三。巴西是仅次于美国和德国的世界第三大糖果生产国。全国可耕地面积约 4 亿公顷，被誉为"二十一世纪的世界粮仓"。巴西是南美钢铁大国，为世界第六大产钢国，也是拉美第一、世界第九汽车生产大国。巴西的旅游业久负盛名，为世界十大旅游创汇国之一。

巴西是个爱好和平的国家。奉行独立自主，不干涉别国内政的外交政策。提出外交政策的重点是为经济服务。注意加强同第三世界国家的关系。

三、巴西加入应该得到大国支持

大国在联合国的建立、成长过程中发挥了重大的、甚至是决定性的作用。在国际关系中，"大国"就是指那些综合国力强大的国家，具体到联合国范围内就是指美、俄、中、英、法五个安理会常任理事国和正在谋求安理会常任理事国席位的德、日等国家，关于联合国安理会改革的争论主要围绕安理会常任理事国的数目和常任理事国的否决权两个问题展开。提出改革要求的国家既有德、日两个具有全球性影响的大国，也有印度、巴西这样的地区性强国，更有广大中小国家。

联合国不应沦为少数几个大国推行本国对外政策的工具。大国对联合国的影响不仅反映在联合国的结构和运行机制上，还反映在诸如联合国秘书长的任命、联合国的财政、对和平构成威胁与侵犯人权标准的选择以及安理会决议的实施等许多问题上。因此，应该增加发展中国家的常任理事国席位，改变五大国运行机制。

联合国的另一项重要职能就是促进经济和社会发展。对不发达国家的援助需要注入资金，环境保护需要大国承担更多的责任，改变不合理的国际经济秩序、解决发展中国家的债务危机需要大国拿出实际行动。联合国是个提出问题、交流看法的场所，解决问题则更需要大国的合作。[①] 巴西的加入当然需要大国的支持。

既然是改革，就应摒除以前的不合理状态。例如，大国仅仅扶持对己有利的国家，反对对它们不够顺从的国家，这就是不合理的。在联合国安理会改革问题上，美国支持少数西方大国成为常任理事国的努力遭到安理会其他常任理事国和发展中国家的抵制。[②] 改革的重点应放在强调加强联合国在促进发展方面的作用，而不是一味地为了压缩精简机构和节省开支。当年非统

---

① 详见于铁军："关于大国与联合国关系的几点看法"，载《欧洲》1995 年第 6 期。

② 详见陈德民："从科索沃危机看美国的国际新秩序"，载《教学与研究》1999 年第 10 期，第 26～31 页。

组织主席、津巴布韦总统穆加贝指出："把联合国变成一个纯粹的政治机构的任何企图将会排斥联合国在发展中的作用。"因此，发展中国家的代表更应得到大国的支持。

巴西代表发言 – Ⅱ

巴西成为常任理事国的主要理由

安理会改革涉及的主要问题包括：否决权的问题；扩大发展中国家参与的问题；地区平衡的问题；历史的问题；联合国存在基础的问题；折中方案的问题。

巴西奉行独立自主、不干涉别国内政的外交政策。提出外交政策的重点是为经济服务。注意加强同第三世界国家的关系。

巴西成为常任理事国的主要理由有三项：

第一，巴西是南美洲影响最大的国家（人口、面积、经济实力等），现在南美洲在安理会的影响太小。

第二，巴西政治环境好，奉行独立自主的外交政策，为维护世界和平作出了较大的贡献。

第三，其他几个国家都不宜成为常任理事国，日本对历史问题不负责任的态度，亚洲国家的反对，安理会不是董事会，不能以交纳会费的多少决定是否应该成为常任理事国；德国所在的欧洲已有将近三个名额，若德国成为常任理事国，对其他地区的国家不公平，而且德国作为发达国家，若再成为常任理事国就会使安理会在更大程度上成为一个富国俱乐部，这样对广大发展中国家也不公平；印度和巴基斯坦的民族矛盾，使得印度在维护世界和平方面的能力受到怀疑，它若成为常任理事国只会使得印巴地区更加不稳定。而相对来说，巴西比以上几个积极谋求成为常任历理事国的国家更具有优势。

德国代表发言 – I

联合国安理会常任理事国的扩选
——德国代表阐述改革的意见

德国一直以来都提倡对联合国安理会进行一次深远的改革。就目前安理会的组成状况来说，几乎所有的联合国成员都认为，它不能起到"代表"的作用，不能反映当今的世界局势，且其运作缺乏透明度。尤其是伊拉克战争引发的联合国内部危机，更凸显了改革的重要性。而我们知道，"安理会的合法性（legitimacy）取决于它在多大程度上代表了所有的国家和地区"，因此，为了保证安理会决议合法、合理和被有效执行，我们必须对它进行改革。

首先，这次的安理会扩选必须充分反映当代世界局势的变化，例如非殖民主义趋势、冷战的结束和全球一体化，其组成必须真实反映当前地缘政治的现状。这意味着南部所有地区都必须在常任理事国中有所代表。那些在非洲、亚洲和拉丁美洲扮演主要角色的国家应该在安理会中获得常任席位。如果常任理事国的构成能够更广泛和均衡地代表各大洲的利益，将会增强各成员的归属感和责任感，从而激励他们为联合国的宗旨和使命做出长期的贡献。

其次，安理会的扩大也要考虑那些正在为，和将要为维护世界和平和安全做出突出和持续贡献，并致力于实现联合国宗旨和使命的国家。我们德国加入联合国 30 多年来，在维护世界和平与安全方面的成绩是斐然的：像延长《不扩散核武器条约》的期限、禁止实验核武器、在伊拉克问题上保持自己的立场等；另外，德国现有 7800 多名士兵参与联合国的维和行动，是世界上出兵最多的国家之一。我们还做好了承担更大责任的准备。我们的支持者有法国及其他主要的欧盟国家、俄罗斯和日本。而鉴于我们对世界反恐战争所做出的贡献，我肯定，我们的朋友美国也将会支持我们。

再次，就改革的具体方案而言，我们不赞成那种"夹生的或过渡性方案"。我们主张，常任理事国和非常任理事国同时扩大，增加 5 个常任理事国、4 个非常任理事国，使安理会成员扩大到 24 个。同时，新增的常任理事国应与现任国家享有同等的权利。这种方案既能提高参与度，又能充分扩大安理会的代表性。相信有了更多国家的更多参与，改革后的安理会定能在维护世界和平与安全面前有更良好的作为。

德国代表发言－Ⅱ

德国努力成为安理会新常任理事国的历程

一、德国政府为成为安理会新常任理事国的各种表态

到 2003 年为止，德国对是否争取成为联合国安理会常任理事国的表态还一直比较谨慎，只是在一些场合提到"希望在安理会中有一个欧盟的席位"。

2004 年上半年，施罗德政府对外交政策进行了重大调整。3 月 19 日，施罗德总理在德国联邦安全政策学院发表演讲时首次提出，"德国视自己为安理会理事国的候选国。"不久，施罗德明确表示，"德国已经做好了承担安理会常任理事国义务的准备"。正在德国跃跃欲试，担负政治大国的责任，发挥政治大国应有的影响力时，联合国秘书长安南终于下决心要对联合国领导机构进行改革。为此，安南任命了一个专家委员会，准备在当年年底提交联合国安理会改革方案。这时，德国政府已经"暗暗下了决心"，准备通过联合国大会"强行表决的方式"，争取安理会常任理事国的席位。[①] 施罗德的外交顾问公开谈到，在有关安理会改革的方案尚未具体形成之前，德国必须明确表示想成为安理会常任理事国的愿望。德国《每日镜报》援引总理府官员的话说："如果我们现在不说我们所想要的东西，这是不负责任的行为。"《法兰克福汇报》则指出，德国政府认为，联合国的任何改革必然涉及安理会的扩大问题。如果不乘这次改革机会成为常任理事国，那么"几十年以后也不会有新的机会"。当年 7 月以来，德国副总理兼外长菲舍尔马不停蹄地访

---

① 柴野："德国成为安理会常任国路途遥远"，载《光明日报》2004 年 10 月 9 日。

问了安曼、阿联酋、印度、中国、巴基斯坦、斯里兰卡和孟加拉等国，接着还访问了澳大利亚、新西兰和几个南太平洋国家。菲舍尔出访的目的非常明确：游说各国支持德国成为联合国安理会常任理事国。[①] 德国、巴西、印度和日本四国领导发表联合声明，宣布将在今后的联合国安理会改革中相互支持，联合行动，争取成为安理会常任理事国。他们认为，在竞争联合国安理会常任理事国过程中，巴西、德国、日本和印度这四个国家各有优势，联合行动将能产生更大的影响力。四国还将进一步接触，商讨落实上述声明的具体措施。

二、德国提出的方案

第一，安理会应该进行改革。目前的安理会架构主要反映的是"二战"结束后的国际政治格局，所设的五个常任理事国也是代表了当时权力现实。联合国成立将近60年来，世界格局发生了变化，例如非殖民主义趋势，冷战的结束和全球一体化。尤其在伊拉克战争问题上，联合国安理会出现了前所未有的争执，如果安理会要想继续被视为一个举足轻重的国际机构，它就必须改革。

第二，德国主张，常任理事国和非常任理事国同时扩大，反对单独扩大非常任理事国。仅单独扩大非常任理事国不是真正的改革，不能改变现在的不平衡和不平等，也不能提高安理会的权威和信誉。增加5个常任理事国、4个非常任理事国，使安理会成员扩大到24个，这种方案既能扩大参与度，又能提高效率。德国同时认为，具有全球影响、具有维护国际和平与安全能力和愿望的国家才能成为常任理事国。新增常任理事国成员应分别从拉丁美洲、非洲和亚洲的3个发展中国家产生，另外两个常任理事国则应该是工业大国的德国和日本。菲舍尔同时公开了德国的"坚持"："夹生的或过渡性方案，既不必要、也没好处。"新常任理事国应该享有与现常任理事国同样的权力，在此基础上，愿意限制否决权的使用和不单独使用否决权。

---

① 黄泳："德国离联合国安理会门槛还有多远？"，载新华网2004年8月17日。

三、德国的有利条件

德国已经做好了承担安理会常任理事国义务的准备，愿意担负政治大国的责任，发挥政治大国应有的影响力。我们有能力也有理由争取安理会常任理事国席位。

在国际方面，首先，在近 60 年来，德国对在"二战"中的所作所为进行了深刻反省，再过两年就可以完成对受害者的赔偿。战后德国热爱和平，所做的努力也已经被国际社会普遍接受。尤其是近两年，德国作为安理会非常任理事国在国际事务中发挥了很大的作用。德国在外交上不再追随某个国家，作为国际政治大国的分量越来越大。德国在反对伊拉克战争方面态度鲜明，同联合国和其他热爱和平的国家坚决站在一起，赢得了国际舆论的高度赞赏。

其次，近些年来，德国对联合国事业以及国际维和行动的贡献越来越大。在财政上，德国是仅次于美国和日本的联合国第三大交纳会费国，分担的联合国会费占联合国正规预算的 8.93%，以及和平行动预算的 8.97%。德国为东帝汶每年支付约 3000 万美元，为科索沃每年支付约 4000 万美元。

在军事上，从 1973 年 9 月 18 日，联邦德国与民主德国同时被接纳为联合国成员起，联邦德国在不扩散核武器条约、禁止试验核武器以及成立国际刑事法院等问题上都扮演了重要角色。1990 年 10 月，德国国家实现统一之后，科尔领导的德国政府越来越多地向危机地区，例如巴尔干和索马里，派遣联邦国防军执行使命。1994 年，联邦宪法法院做出裁决，在联邦议院以简单多数通过的情况下，允许德国联邦军队在北约以外地区参与军事行动。在当今政府的领导下，在联合国授权下执行海外任务的联邦军士兵人数越来越多。德国现有 7800 名士兵参与联合国授权的军事行动，是阿富汗和巴尔干地区维和部队人数最多的国家。仅在阿富汗一地就有 2000 余名士兵冒着生命危险驻扎在那里。

在人事上，联合国总部以及在世界各地下属机构组织总计 18000 个较高职位中，有 750 个由德国人担任，在联合国秘书处负责岗位上工作的德国人有 123 名。德国工作人员在最重要的组织中所占比例约为 9%。

在国内方面，由于德国经济增长缓慢，施罗德政府又决意推行医疗和养老保险等社会福利制度的改革，红绿联盟特别是社民党在选民中威信下降。民意测验表明，社民党目前的得票率比主要的反对党基督教民主联盟落后将近一半。但是，施罗德政府在国际方面的表现是社民党的强项。舆论普遍认为，施罗德在 2002 年大选中之所以能够反败为胜，一个重要原因就是他敢于在伊拉克问题上与美国叫板。近来，除为德国争取安理会常任理事国地位外，施罗德还对北约进驻伊拉克的作用公开表示怀疑，要求把伊拉克的安全交给伊斯兰国家组成的维和部队负责，这些言论有可能唤起选民对红绿联盟外交政策的好感，从而得到选民的支持。

目前，德国的支持者有法国、俄罗斯和其他主要的欧洲国家，德国也与日本、印度和巴西承诺相互支持。因此，有把握在联合国大会投票时获得2/3国家的支持，也有信心得到联合国 5 个常任理事国中法、英、俄、中的支持。德国外交发言人曾说，"鉴于我们对世界反恐战争所做出的贡献，我肯定我们的朋友美国也将会支持我们。"

如果德国成为安理会的常任理事国，它将会成为欧洲利益有力的维护和倡导者，同时也能够进一步加强欧洲在联合国内部的合作。在当前形势下，不管是法律上还是政治上，欧盟都不是联合国或其主要机构的成员。德国将会为此目标做出长期努力。

四、对德国的不利因素

尽管目前的时机对德国跨入安理会门槛较为有利，然而，德国政府自知前进的道路并不平坦。大国特别是现有的常任理事国的态度，是联合国改革成败的关键，因为有关联合国的任何改革方案，都需要安理会五大常任理事国的一致同意。《德国之声》表示，除非发生奇迹，否则，德国在可以预见的将来绝对得不到成为常任理事国的足够票数。想成为常任理事国，不仅需得到所有 191 个联合国会员国中的 2/3 多数票，而且还需得到现有全部 5 个常任理事国的赞同票。

第一，美国的态度。美国曾是德国争当安理会常任理事国的主要支持者。但德国在伊拉克问题上顶撞美国后，美国是否还会支持德国已经成了一大悬念。自从德国出任安理会非常任理事国以来，美国在安理会内部遇到的麻烦比以往任何时候都要多。一位不愿透露姓名的美国外交官说，作为非常任理事国，德国在过去1年半时间内的表现"非常成问题"。并举例说，在德国成为安理会非常任理事国前，美国原本可以与欧洲国家就给予美国士兵国际刑事法院豁免权达成一致，但德国却挑起了有关争执。另外，德国在安理会内与法国联合起来反对美国对伊拉克动武，力阻授权美国对伊拉克动武的安理会决议草案获得通过，这也是美国反对德国出任安理会常任理事国的原因之一。

第二，欧洲一些国家的反对。早在科尔政府时代，意大利、西班牙等国家就明确表示，不赞成德国成为安理会常任理事国。意大利担心，一旦德国成为常任理事国，自己将成为唯一一个没有常任理事国地位的欧洲大国。认为如果联合国安理会一定要增加常任理事国的话，就没有理由将意大利排除在外。认为自己也有担任常任理事国的资格。

第三，其他所有每两年有望轮获安理会非常任理事国身份的国家，也不会愿意看到德国的申请获得成功。因为那样一来，如果安理会成员的总量不同时增加，它们进入这个最权威机构的机会显然就会更少。

第四，国际社会难以就新常任理事国成员名单达成一致。目前，除了德国外，日本、印度、巴西等国家也在谋求成为安理会常任理事国，而国际社会对这些国家资格的争议很大。尽管德国政府可以用自己在国际政治中所起的作用和贡献作为理由，但是，大多数国家除了会对柏林表达感谢外，并不会有更多动作。因为，给予常任理事国地位并不像授予功勋奖章那样简单。

第五，排除美国反对的因素，目前联合国安理会已经有3个欧洲的代表，英国、法国、俄罗斯，如果再加上一个德国，这与安理会遵循地域公平并考虑国家发展层面的原则不符。若实行第二种方案，设立没有否决权的半常任理事国，任期为5年。对德国的影响如何？所有非常任理事国两年任期结束必须让位，不存在紧接着重新当选的可能。根据新设想，像德国这样的中欧大国将来可以在安理会任职5年，任期结束后如果获得足够多赞成票可以连任。这种设想初听并非不合情理。如果大规模改革可能继续推迟，那么，为什么不确保自己的地位获得小幅提升？在安理会任职5年总比2年好。

但细想就会发现，这样做只会使德国受到损害。第一种情况，德国现在属于常任理事国席位首批候选国，但 5 年后不能确保连任。意大利、荷兰、西班牙、甚至瑞典等欧洲国家估计也会谋求获得 5 年理事国资格。也许，以前获得非常任理事国资格间隔不到 10 年，将来很容易超过 10 年、15 年甚至 20 年。

第二种情况，在德国人看来，这项建议之所以危险，是因为它可能得到众多支持，尤其是意大利、巴基斯坦、尼日利亚和阿根廷等国家。它们几乎不可能作为常任理事国，但是如果按照德国人的意愿扩大安理会，它们不得不担心自己会滑落到最低等级。许多较弱的发展中国家也可能感兴趣。如果较强竞争对手争夺 5 年任期，它们获得 2 年任期的希望就会增大。联合国秘书长安南肯定希望在结束第二个任期以前有所建树。扩大安理会，哪怕只是小规模扩大，对他而言也正是时候。他可能喜欢简单的改革方案。①

德国代表发言 – Ⅲ

德国的安理会常任理事国候选状况

一、德国候选的主要优势

在联合国安理会常任理事国之争中，德国最有力的一点理由是，他们对联合国最重要的使命——国际维和做出了实质性的贡献。"二战"结束近 60 年来，德国积极参与国际维和，是联合国的第三大出资国。其次，德国的国际影响力和国际形象不断提升，使其有资格要求常任理事国地位。在组建欧盟和欧盟东扩的过程中，德国作为欧洲传统大国发挥了主导作用。

如果把同是发达国家的德国与日本相比较，德国还具有两个重要的优势。一是"二战"结束之后，德国在战争反思方面一直表现比较主动，与拒绝承

---

① "德国担心安理会'小'改"，载《法兰克福汇报》，转引自《新闻晚报》2004 年 9 月 28 日。

认战争罪行的日本相比，德国的举动无疑为他们赢得了更多的支持分。第二是德国重视"与邻为善"。"二战"之前，德国四面是敌，如今，他们与邻国已经化敌为友。

二、德国候选的主要劣势

德国的第一个劣势在于，除了法国之外的欧盟其他大国，可能会出于欧洲内部力量制衡的考虑，反对其获得更多的国际权力。此外，在伊拉克问题上得罪了美国，也被认为是对德国不利的一个重要因素。

三、德国候选难逾三大障碍

尽管目前的时机对德国跨入安理会门槛较为有利，然而，德国政府自知前进的道路并不平坦，达到既定目标要克服三大障碍。一是美国的态度。美国曾是德国争当安理会常任理事国的主要支持者。但德国在伊拉克问题上顶撞美国后，美国是否还会支持德国已经成了一大悬念。二是欧洲一些国家的反对。早在科尔政府时代，意大利、西班牙等国家就明确表示不赞成德国成为安理会常任理事国。这些国家对德国并不服气，认为自己也有担任常任理事国的资格。三是国际社会难以就新常任理事国成员名单达成一致。

德国官员承认[1]，在新常任理事名单没有形成的情况下，联合国大会单独就德国资格进行表决的可能性微乎其微。但权衡利弊，并考虑到国际和国内的各种因素，德国政府可能会在今年联合国大会期间积极游说，再次明确表明自己有资格担任安理会常任理事国，并敦促联合国加快包括安理会组成在内的各项改革。

---

[1] 钱文荣："论联合国改革与联合国的未来"，载《世界经济与政治》2000 年第 3 期，第 7 页。

印度代表发言 - I

印度是安理会新增常任理事国的理想候选国

先生们、女士们：上午好！

现在，印度就申请加入安理会常任理事国席位发表意见。

印度是安理会扩大后新增常任理事国的理想候选国。印度人口全球第二、国土面积世界第七，也是世界最大的民主国家，而目前安理会常任理事国已有3个美欧国家，印度的加入不仅符合地域平衡原则，也可以提高发展中国家今后在联合国的地位，使安理会更具代表性。

目前，印度的申常计划得到了许多国家的支持。

在安理会常任理事国中的俄罗斯、法国、英国明确支持印度成为联合国常任理事国。普京支持印度成为联合国常任理事国，支持印度取得联合国常任理事国的否决权。普京指出，所有常任理事国必须拥有否决权，否则，这对联合国而言将是十分不完全正当的改革。英国首相布莱尔表示：支持印度争取联合国常任理事国席位，印度可以在国际舞台发挥更大作用。2001年11月1日，包括法国、俄罗斯、越南、亚美尼亚在内的一些国家在联合国大会发言时，强烈支持印度成为安理会常任理事国。俄副外长在发言时将印度称为亚洲地区"强大和名副其实"的候选国。①

此外，印、德、日、巴四国声明，相互支持竞争安理会常任理事国席位。2004年9月21日，四国领导人在纽约会晤后发表联合声明，将在今后安理会的改革中，相互支持竞争安理会常任理事国的席位。我们是扩大后的安理会常任理事国的合理候选国。基于这一共识，四国决定相互支持对方的候选资格。声明还说，非洲也必须有国家担任安理会常任理事国。

---

① "法俄越等国强烈支持印度成为安理会常任理事国"，http：//news. sina. com. cn/w/2001 – 11 – 02/391021. html。2005 – 10 – 20 最后访问。

四国将和其他有着相似看法的联合国成员一起，为推动联合国进行有意义的改革而努力。[①]

接下来，由 CDY 女士介绍印度的历史及在第三世界的影响；由 HYM 女士介绍印度对联合国的贡献；由 HZD 先生介绍印度今后的外交政策。

印度代表发言 – Ⅱ

印度的历史与在第三世界中的地位及影响

一、印度的历史

印度是世界四大文明古国之一，其文化历史悠久，具有连续性与稳定性。古代印度在诸多方面为人类做出了贡献：它的文学与艺术，特别是造型艺术和史诗蜚声世界；它是世界上宗教最多也是发源最早的圣地，素有"世界宗教博物馆"之称，对世界文化特别是东方文化产生了深刻影响；它还是世界东方交通、贸易最为活跃的国家，是东西方丝绸之路的要道，堪称"世界交通枢纽"。近代以来，印度掀起的轰轰烈烈的反英独立运动，进而成为亚非民族民主运动的一支劲旅，甘地的"非暴力不合作"思想被世人传颂，可以说，印度为东方民族解放运动作出了杰出贡献。

二、印度在第三世界中的地位和影响

现在的印度人口总数位于全球第二、国土面积世界第七、GDP 总值 5000 亿美元，可以说，印度是除中国之外的第三世界的最大代表。

（一）印度的国力

在经济方面，经过 50 多年来的努力，印度经济发展取得了举世瞩目的成就，综合国力有了明显加强，建立了一个庞大的、独立的、完整的国民经济

---

① "巴德印日相互支持竞争安理会常任理事国席位"，载 http：//news. sohu. com/20040922/n222174759. shtml。2005 – 10 – 20 最后访问。

体系。通过绿色革命，粮食不仅自给自足，而且还成为世界第三大粮食出口国；通过白色革命，成为世界上最大的牛奶生产国。印度不仅在南亚地区占有绝对的经济优势，就是在整个印度洋地区的所有国家中，其经济力量也是首屈一指的。

在教育与科技发展方面，印度政府重视科技和教育，积蓄发展后劲。重视大学教育、国防技术发展。

在军事力量方面，印度兵力总数位居美俄中之后，位列第四，是亚洲和发展中国家中唯一拥有航空母舰的国家。

（二）印度的角色与影响

印度在国际舞台上始终是一个活跃的角色，对第三世界的国际影响力不俗，主要有两个重要的表现，那就是与中国共同倡导了"和平共处五项原则"以及长期以来作为"不结盟"运动的"领头羊"。

"和平共处五项原则"成为各国处理相互间关系的基本原则，成为国际法的一个基本原则。自从尼赫鲁总理提出不结盟的思想与政策以来，印度一直在不结盟运动中处于领导地位，历届政府都强调"不结盟"是其外交政策的基础，努力发展与各国的关系，力争在地区和国际事务中发挥重要作用。

在海湾危机过程中，为了不致使不结盟运动发生分裂，印度提出了自己的和平方案，奔走斡旋。针对不结盟运动成员面临着发展这一共同的问题，印度提出，冷战后的不结盟运动重点应放在发展与合作上，增强第三世界集体自力更生的能力，以建立起基于和平、安全、经济和社会公正的世界新秩序。现在在不结盟运动的 3 个创始国中，南斯拉夫已经分崩离析，埃及作用也今非昔比，唯有印度地位还比较突出。凡此种种，为印度在第三世界保持乃至扩大影响创造了机会。

三、印度观点

（一）联合国安理会改革

反映"二战"结束初期力量对比的安理会常任理事国的构成已经不符合冷战后国际关系的现状，不具有普遍的代表性，其改革势在必行。

领土面积、人口、地缘政治优势、文化与精神发展、经济潜力、军事能力等应成为决定一个国家成为安理会常任理事国不容忽视的因素。

扩大发展中国家在常任理事国中的代表。印度的加入不仅符合地域平衡原则，也可提高发展中国家今后在联合国的地位，让安理会更具备代表性。

（二）印度对维护世界和平的贡献

自联合国成立至今，印度一直是联合国"蓝盔"维和部队的主力军。权威统计资料表明，从 1948 年联合国派出第一支维持和平部队到 1998 年 10 月，已有 1500 多名联合国人员在执行任务时丧生。其中，印度是继加拿大之后，牺牲人数最多的国家。此外，在所有 110 个派出维护人员的国家中，印度是第四大出兵国。许多印度舆论就此强调，将长期为国际和平做出重大贡献的印度排除在常任理事国之外，于情于理都说不过去。

（三）印度经济的潜力大。

印度某些投资环境甚至比中国还好。

印度代表发言 – Ⅲ

印度核问题

首先，印度的"核武器战略"贯彻了五项准则。

第一，核武器仅用于自卫，只有当自身受到核攻击时才使用它进行报复。

第二，强调"不首先使用"。目前在公开宣布拥有核武器的国家中，只有中国与印度作出这一承诺。但需说明的是，中印两国有明显不同。中国的核武器发展已经历了较长时期，达到相当的规模和水平，拥有"三位一体"的核反击能力（导弹、核潜艇、战略轰炸机），也就是有了可靠的、充分的"第二次打击"能力，因此敢于说"不首先使用"。但印度现阶段还不具备这一能力。

第三，不再进行地下和大气层核试验。

第四，将自己的核能力限制在最小规模。

第五，坚持主张最终实现核裁军。

其次，冷战结束并没有使印度的安全环境发生根本性的变化，冷战的结束与印度发展核能力之间没有必然的联系。印度对大国核裁军的现状感到失望，只能转向另一种思维。自20世纪80年代以来的思维基本上是一贯性的，印度要通过拥有核能力证明自己的实力。主要大国都有核武器，没有理由限制印度。事实上，一个国家使用核武器的概率微乎其微，但通过核能力展示实力的作用不可低估。印度将此看作是增强自信心的体现。所以，其他大国限制印度这样做是不公平的。印度发展核力量有战略上的意义，但并不是简单针对某一特定国家，例如巴基斯坦或中国，而是有多方面的复杂原因。确实，现阶段讨论核威慑对安全环境的改善时，考虑最多的是巴基斯坦、中国甚至美国。世界上还有英、法、俄等公开的核国家，还有伊朗、沙特、以色列、朝鲜等潜在的核国家。应该说，是地缘关系注定了印度战略安全涉及的范围包括南亚、中亚、西亚、印度洋地区、东南亚和东亚。

日本代表发言 – I

日本的无核政策

日本国宪法第9条规定："日本国民真诚祈求以正义与秩序为基础的国际和平，永远放弃作为国家主动发动的战争以及作为解决国际争端之手段而进行的武力威胁或行使武力，为了实现前款的目的，不保持陆海空军及其他战争力量，不承认国家的交战权。"日本国政府一直奉行无核政策。1956年的《原子能基本法案》将日本国的核研究、开发和使用限制在和平目的上，日本国政府还从这一年开始声称要恪守"核三不原则"，即禁止日本拥有核武器，禁止日本生产核武器，禁止日本引进任何的核武器。1967年12月，佐藤荣作首相在议会众议院发表讲话，第一次正式提出"不拥有、不制造、不运进"核武器。次年一月，他在议会中再次作了重申。1971年议会正式通过决议，自此，该原则被看成是日本的一项基本国策，后来的历届政府也都表示要坚持这项原则。佐藤荣作也因其致力于反对核扩散和提倡"无核三原则"而荣获 1974 年的诺贝尔和平奖，同时，在政治上为日本赢得了国际社会的赞誉。

1964 年，日本国批准了《部分核禁试条约》，1970 年签署《不扩散核武器条约》，议会在 1976 年 6 月 8 日正式批准。1996 年 9 月 24 日，在《全面禁止核试验条约》开放签署的当天，日本国就加入其中。事实上，日本国是最积极支持前两个条约的国家之一。尤其是，"《全面禁止核试验条约》是日本国最优先考虑的问题之一，日本公众对于核试验有着强烈的怨恨情绪。1995 年法国和中国继续进行核试验在日本所引发的强烈抗议，至今记忆犹新。"1998 年 5 月，印度、巴基斯坦进行核试验后，日本经济制裁的力度更大。1995 年 8 月 6 日，首相村山富市在第 50 届广岛原子弹死难者慰灵及祈祷和平大会上表示，"日本作为世界上唯一的遭受原子弹轰炸的国家，将恪守日本的和平宪法，放弃一切进行核武装的可能；在坚持'无核三原则'的同时，忠实履行日本对防止核扩散条约所承担的义务；为销毁核武器和世界的持久和平而努力"。

2000 年 8 月 6 日，森喜朗首相在广岛又说："人类历史上唯一遭受原子弹轰炸的日本有坚定的决心，不使广岛、长崎的悲剧重演。在遵守日本国宪法、坚持无核三原则的同时，将继续向世界呼吁实现没有核武器的世界和持久的和平。"2002 年，小泉首相也表达了同样的意思。由此可见，我们的立场始终是反核的。

日本代表发言 – Ⅱ

日本的主张和理由

一、日本的主张

日本政府认为，联合国需要改革，在不影响安理会职能的前提下，应扩大理事国的数量；日本在政治、经济等各个领域正发挥着不逊于常任理事国的作用；日本若能成为常任理事国，将竭尽所能履行职责。

二、日本的加入理由

（一）安理会改革的必要性

首先，五个常任理事国的国力正相对下降。联合国要成为真正有实效的国际组织，需要主要国家发挥作用。与 1945 年联合国成立时相比较，国际形势已经发生极大的变化。联合国会员国大幅增加，安理会由常任理事国和非常任理事国组成，但数量同现有成员数量不相称。因此，要适当扩大安理会席位，以达到不同地区、不同国家代表性的相对平衡。其次，国际社会出现了诸如国际恐怖主义和武器扩散等新的威胁。联合国有必要在制度上进行改革，安理会应该补充新的力量，增加常任理事国成员。第三，在新成员当中，以"联合国中心主义"为座右铭，且又有实力的日本理应占有一席。

（二）日本对联合国活动贡献巨大

日本历来追求以联合国为中心的国际协调，按照《联合国宪章》的宗旨忠实地履行会员国的职责，并用实际行动来维护联合国"维护国际的和平与安全"的权威性和不可动摇性：

第一，日本参加联合国名义下的国际维持和平行动。日本先后向安哥拉、柬埔寨、莫桑比克、萨尔瓦多等国派出自卫队人员参加维和行动，向柬埔寨、阿富汗、南非、巴勒斯坦、波黑等派出人员执行联合国监督下的选举与和平斡旋。尤其是对一些热点地区的和平与重建。例如 1992 年积极参与中东和平进程、参加柬埔寨复兴和阿富汗和平斡旋。通过这些活动，日本在国际上显示了实力。

虽然根据和平宪法，日本没有军事参与权。但是，根据 1992 年通过的《联合国维持和平活动合作法》，日本可以派出自卫队完成维和行动，小泉首相也提出，愿意在不修改现行宪法的基础上申请加入安理会常任理事国。

第二，日本积极参加联合国名义下的国际开发援助和人道主义援助，致力于帮助第三世界国家改善生活条件。日本利用经济力量对世界面临的贫困、疾病、难民、环境等问题和有关国家战后复兴提供援助，同时积极支持解决联合国开发计划署 1994 年提出的"人类安全保障问题"。1999 年 3 月，日本倡议在联合国设立人类安全保障基金，到 2000 年末已经提供近 100 亿日元的资金，实施了 8 个项目的援助。在联合国千年大会上，森喜朗前首相又倡议成立独立于联合国和各国政府的"人类安全委员会"，将在人力和资金方面提供最大限度的支持。①

第三，日本当选为非常任理事国次数最多，是联合国几乎所有专门机构的成员，并在环境计划署、儿童基金会等机构中任理事国。在联合国及其附属机构中占据要职人员最多。在联合国经社理事会等 18 个主要机构中，日本是世界上担任理事等要职最多的国家。通过谋取这些机构的领导职位，在机构内发挥实际作用，显示了日本的重要存在。前联合国副秘书长、驻柬临时权力机构干事长明石康，以及难民事务高级官员绪方贞子、世界卫生组织总干事增岛宏、3 次当选国际法院大法官的小田滋、联合国负责编制预算的财务主管高须等就是其中的突出代表。

第四，日本积极参加联合国活动，争取主导地位。日本人以往留给世界的印象是，参加国际活动或联合国会议时缺少独立性，总是跟随某一大国之后随声附和。从 20 世纪 80 年代开始，日本注意改变自身形象。日本加入联合国以来首次独立提出议案并获得通过是在 1985 年第 40 届联大会议上，针对联合国面临的严重财政危机，日本外相安倍晋太郎提出成立高级专家会议研讨解决方案的建议（亦称"贤人会议"），被大会通过。1986 年，"贤人会议"提交了改革报告书，提出改革建议达 72 项，其中包括联合国职员总数在三年内削减 15%（其中副秘书长、助理副秘书长等高级官员削减 20%），精减秘书处，合并重复机构，减少经费开支等内容。报告经大会长时间的审议，最后获得通过，使联合国的财政改革向前迈进了一大步。② 此后，在联合国许多议案的创制过程中，日本专家都全程加入，发挥重要作用，特别是有关柬埔寨问题的议案，日本专家都作为主要起草人参加，被称为"柬埔寨问题活字典"，在该问题的解决上被认为是事实上的常任理事国。③ 近年来，由日本主办的联合国有关会议也频频在日本举行。

① 详见孙承："论日本争当安理会常任理事国问题"，载《现代国际关系》2001 年第 8 期。
② 详见鲁义："安理会常任理事国——日本的目标与动向"，载《外国问题研究》1997 年第 4 期。
③ 详见林晓光："日本政府的'联合国外交'"，载《现代日本经济》1994 年第 2 期。

第五，负担着联合国整个财政收入的 19.5%，仅次于美国的 22%，超过安理会其他 4 个成员中、英、法、俄经济负担之总和。日本不能仅仅是提供经费，对经费的使用也应有发言权和决定权。

第六，日本是无核国家。国际社会正面临 60 年前的联合国创建者们无法想象的新课题，与恐怖的斗争、确保防止大规模杀伤性武器的扩散等。现在的常任理事国全都是有核国家，而日本是无核国家，并且是核武器的受害国。日本可以无核国家的立场在军备管理、裁军等问题上积极地独立地发挥作用。因此，日本能够为世界和平与发展不断作出贡献，尤其是在防止杀伤性武器的扩散等方面。

第七，亚洲拥占全球人口 3/5 和国民生产总值 1/4，有超过半数全球外汇储备，但在安理会 5 个常任理事国席位中只占一席。从世界范围来看，中日两国对世界的影响具有重大的互补性，中国在政治层面的影响力略大于日本，而日本在经济的影响力方面仍然远远超过中国，二者合作必能对世界造成深远影响。

总之，日本若能成为常任理事国，这将有利于联合国将来的活动。

日本代表发言 – Ⅲ

日本参与的联合国维和活动

众所周知，联合国的维和行动是联合国行使其维护世界和平职责的重要方式之一，也是一个联合国会员国应当承担的国际义务之一。从 1948 年 6 月至 2003 年 3 月，联合国一共设立了 55 项维和行动，其中有 42 项是在 1988 年以后设立的。而日本自 1956 年正式加入联合国并很快当选为安理会非常任理事国以来，对于集体维和行动，已经完全从一个消极被动的旁观者变为一个积极主动的参加者。截至目前，日本一共参加联合国维和行动 16 次，占总维和次数的四分之一强。

1988 年，日本首次向联合国阿富汗/巴基斯坦斡旋特派团派遣出第一名政务官，1989 年又向联合国纳米比亚独立支援团派遣出 27 名选举观察员，从此，日本开始正式参与联合国的维和行动。但在 1988 年到 1992 年之间，日本国内相关法律体制还不完备，只能在《宪法》和《自卫队法》的基础上，根据外务省的《处置法》向联合国维和行动派遣几次小规模的文职要员，所以影响也有限。

但随着 20 世纪 90 年代以后国内立法的不断完善，这一状况迅速有所改观。1992 年，国会通过了《国际和平合作法》，该法案为日本向海外派遣自卫队参与维和行动提供了明确而有力的国内法依据。接着，1994 年又通过了《自卫队法》修正案，1998 年再次对《国际和平合作法》作了修正。2001年，国会还通过了《恐怖对策特别措施法案》，使自卫队能够在战时开赴海外、冲破了海外派兵在法律程序上的限制。①

回顾日本这些年来所参与的联合国维和行动，可以总结出几个特点：

其一，在所派遣的维和人员组成上，日本所派出的人员主要包括政务官、选举观察员、文职警察、民政官、自卫队（包括设施部队、难民救援部队、空运队、司令部要员等）。

其二，在提供合作的方式上，日本维和人员主要从事难民救援、文职要员、自卫队（后方支援）、物资、资金支援等活动。

其三，所承担的经费上，日本对维和行动的贡献也越来越大，现在已成为仅次于美国的第二大会费国。

其四，在国际影响上，日本的维和行动也越来越得到国际社会的承认与支持。例如 1992 年积极参与中东和平进程、参加柬埔寨复兴和阿富汗和平斡旋。当时外务省人士说，在联合国内已经形成了统一认识，即"在柬埔寨问题上不听日本的意见不行"，"这种形势发展下去，日本进入常任理事国行列的道路便会自然开通"。

由此可见，日本所参与的维和行动都是出于人道主义的目的，以维护世界和平、促进共同发展为宗旨，一切都是在符合国际法和国内法的框架下进行的，是一个负责任大国的表现。而与承担如此众多义务相对应的，理应享

---

① 肖佳灵、唐贤兴主编：《大国外交：理论·决策·挑战》，时事出版社 2003 年版，第 96 页。

受更多的权利。只有对安理会进行改革，让日本成为常任理事国之一，才能达到此种权利和义务的平衡，也只有这样，才能使日本更好地发挥在联合国中应有的职能和作用，为共同维护世界和平做出更多的贡献。

意大利代表发言

意大利总理贝卢斯科尼于 8 月初致函美、中、俄、英四国领导人，申明意大利反对以简单增加常任理事国成员的方式改革联合国安理会，特别是反对增加德国和日本而将意大利排除在外的改革，强烈要求四国支持意大利的立场。他说，如果联合国安理会一定要增加常任理事国的话，就没有理由将意大利排除在外。因为意大利在国际政治、经济等领域发挥着重要作用，它为联合国提供经费的数额在各成员中占第六位，为联合国和平使命承担的任务占第二位，它还是以联合国为中心的多边主义和联合国目标的真诚支持者。

意大利的外长弗拉蒂尼并不掩饰意大利政府的"利益考虑"，声称这是一场关系国家根本利益的斗争。他甚至说，德国和日本为一己私利争做常任理事国，我们也必须捍卫自己国家的利益。如果他们对不起我们，我们也将对不起他们，这是我们的权利和义务。罗马的观察家认为，弗拉蒂尼说这番话自有其苦衷。从历史角度看，意大利曾与德国、日本共同结为第二次世界大战的"轴心国"，只是由于意大利后来退出"轴心"，转而同德国作战，没有被列入"战败国"；在当今现实中，意大利与德、日、英、法等国同属 8 国集团。如果德国和日本真的成为安理会常任理事国，那么意大利在欧盟和世界上的地位将大幅下落，彻底沦为二流国家。这是意大利所无法接受的。

意大利也深知，凭自己的实力难于同德日及其他人口大国竞争常任理事国席位，意政府认为，这一改革应当追求民主、透明、多边主义和有效决策的目标，而在现有基础上简单地增补几个常任理事国成员只能是一种"倒退"。意政府提出的具体改革方案是，将安理会成员扩大为 24 国。其中，现在的 5 个常任理事国的地位和权力不变；同时，在考虑对联合国资金和各项使命所做贡献的基础上，选择各地区有代表性的 7 至 8 个国家作为"半常任理事国"，每 4 至 5 年轮任一次；其余 11 至 12 个非常任理事国，由其他国家每两年一次轮流担任。①

可能是考虑到这样的方案还是会使德国和日本占便宜，并且也不利于争取众多中小国家的支持，弗拉蒂尼外长日前向联合国大会提出了新方案：维持现在的"五常"，不设"准常任理事国"，将非常任理事国的席位增加到 15 至 20 国，按地区平衡选举，给予发展中国家平等竞争的机会，以反映它们日益增长的国际作用。同时，意大利还主张，应当考虑欧洲一体化业已取得重大进展的现实，让欧盟在安理会占据一席。

意大利外长称，在安理会改革问题上的立场并不是针对德国的，两国之间的分歧应该友好地予以解决。

其他立场和声音

对于意大利的"反德"立场及其提出的这一最新改革方案，德国人斥之为"损人又不利己"。德国外长菲舍尔对意大利《晚邮报》发表谈话说：意大利应当自荐候选，诚实竞争，而不应阻挠联合国改革。意大利外长则回应说，德国争做安理会常任理事国是与欧洲政治统一的理想背道而驰，毁掉了欧盟作为整体进入安理会的目标。意大利虽然也考虑本国利益，但更主要的还是维护联合国民主与平等原则，在如此重大的问题上来不得半点马虎。

①　穆方顺："意大利为安理会改革发起外交战"，载《光明日报》2004 年 8 月 26 日。

第四章　模拟谈判 "南海六国七方会谈" 及学生感想

模拟谈判 "南海六国七方会谈"

对哈尔滨工业大学法学院《国际组织法》课程的最后一堂课，任课教师葛勇平组织学生分工合作，分配角色，进行了一次模拟谈判。模拟谈判分为三个部分，第一部分，各方代表发言。第二部分，各方代表私下谈判。第三部分，记者提问。

2011 年 9 月 29 日，南海六国七方国家和地区领导人第一次会晤在海南三亚举行，会晤由胡锦涛同志主持。越南、菲律宾、马来西亚、文莱、印度尼西亚、中国、中国台湾地区领导人应邀与会。美国、日本、韩国作为观察员应邀与会。本次会晤主题是 "共建和平南海"，议题包括国际形势、南海利益主张、未来发展问题以及各方合作。

模拟谈判后的学生感想

对 "南海六国七方和平会谈" 的总结与感想（学生 ZZ）

会晤过程中，马来西亚、中国台湾、印度尼西亚、文莱等四方与中国达成基本共识，通过和平协商手段，搁置争议，共同开发。中国方面以大国的姿态，表示不介意给予文莱等国多一些的利益，以换取南海以及周边地区的和平发展。而菲律宾和越南则坚持对南海部分岛屿提出主权要求，菲律宾外长提出不排除将南海争议提交联合国或者国际海事法庭解决的可能，并且暗示，菲律宾的行动将得到美国的经济和军事支持。越南方面则表示，可以与菲律宾共同行动。

我在本次会晤中扮演英国 BBC 广播电台记者的角色。作为南海主权争议的旁观者，我认为，当事各方应千方百计通过各种方式去争取更多的南海岛屿主权，以维护本国的利益。各方的妥协，所谓的"和平协商"并不能彻底解决南海的主权争议。首先，主权是一个国家存在的前提和基础，主权是否完整是国家尊严与国际地位的体现。为了地区的暂时和平而选择放弃主权是不明智的做法。其次，所谓的"和平协商"的结果不过是各方综合国力相互较量后暂时平衡的结果。随着时间的推移，各方发展不均衡导致综合国力的对比变化就会导致这种"平衡"的再次失衡。这就如同第一次世界大战后，西方列强对世界的瓜分，不可避免地导致第二次世界大战的爆发。到那时，南海问题历史更加悠久，各方利益关系更加错综复杂，解决难度必然要增大。

鉴于以上想法，我对中国方面提出了一些问题，例如，中国认为此次会议的重心在于商议如何划分各国在南海的界线，并提出应按照《联合国海洋法公约》进行划分？由于南海岛屿密集，按照《联合国海洋法公约》规定的方式划分，若出现两国甚至多国重叠区域该如何解决？中国代表在会晤中表示不介意给予周边小国更多利益以谋求南海及周边地区的和平发展，这样的做法是否考虑到国内民众的情绪问题？中国一直主张对于南海问题要"搁置争议，共同开发"，那么开发出来的利益以何种原则进行分配？中国的底线是什么？

会晤中，菲律宾和越南代表都曾表示，美国会对他们在南海的行动进行经济和军事方面的支持，与会的美国观察员也对这一说法给予明确肯定。我便向美国观察员提问：若美国对菲律宾和越南给予经济和军事支持，是否考虑到会影响中美关系？随后又请求中国对美国此举发表评论。

此次会晤最终以中国、中国台湾、马来西亚、印度尼西亚和文莱五方签署和平开发协议而落下帷幕。从协商会议的角度来看，多数与会代表达成初步共识，此次会晤是成功的。但我们应该认识到，现实中真正的协商会议取得成功谈何容易。

作为一个中国人，我认为在南海问题上，中国完全可以采取更加强硬和主动的态度，牢记邓小平在香港问题上说过的一句话——主权问题，不容谈判。

"南海六国七方领导人第一次会晤"讨论课心得（学生WJ）

《国际组织法》这门课程的最后一堂课是一堂十分生动、让人印象深刻的讨论课。我们模拟了"南海六国七方领导人第一次会晤"的情景，每个同学各自分工，各自扮演好自己的角色，让每个人都参与进来。

这次会晤是由越南、菲律宾、马来西亚、文莱、印度尼西亚、中国、中国台湾地区领导人应邀参加，美国、日本、韩国作为观察员应邀与会。同学们分别扮演不同国家的代表，而我的角色是一名新华社的记者。

在第一阶段，我主要是倾听各国代表的发言，记录了他们发言的要点，并根据他们的发言设想要提问的问题。到第二阶段，各方代表开始私下谈判，而我主要是跟踪采访，向印度尼西亚代表进行了提问，及时了解哪些国家就哪些问题已经达成了什么样的协议，准确、及时地了解各方谈判的结果。而在第三阶段对于我来说也是最重要的阶段——记者提问环节。

在提问这个环节里，我根据参加会议菲律宾代表的发言，对菲律宾代表提出了这样的问题，"如果将南海问题提交给联合国或者是国际法院从而得到了一份不利于菲律宾的裁决，那么菲律宾是否会严格遵守该决定？"同样，我也就此问题询问了中国代表。又因为在第二阶段，中国已与马来西亚达成了协议，我又对马来西亚的代表进行了提问："如果联合国或者是国际法院的裁决与中国和马来西亚达成的协议相冲突，那么马来西亚是执行裁决还是遵照协议？"马来西亚的代表给我的回答是：他们"会执行裁决"。

我认为，这次的讨论课很锻炼同学的反应能力。其实在这次讨论课之前，我已经设想了7个问题，但是在这堂课里没有一个用得上。因为同学们针对这次的讨论的主题各自有各自的观点，他们的发言、他们的态度都不是我能完全想到的，所以，我之前设想的问题就没有用得上，完全是依据同学们在课堂上的发言再去想自己要提问的问题。

通过这次课堂讨论，我认识到自己临场反应还是有待锻炼，尤其是我提问的刚开始，由于紧张还有些语无伦次，虽然到后来好了很多，但是总体来讲，我自己还不是很满意，今后会加强这方面的锻炼。如果以后有机会再参加这样的课程，我还要参加，希望能够有所进步。

南海问题讨论课的一些感想（学生 DTC）

一、内容提要

南海六国七方国家和地区领导人第一次会晤在 2011 年 9 月 29 日在海南三亚举行，会晤由胡锦涛同志主持。越南、菲律宾、马来西亚、文莱、印度尼西亚、中国、中国台湾地区领导人应邀与会。美国、日本、韩国作为观察员应邀与会。本次会晤主题是"共建和平南海"，议题包括国际形势、南海利益主张、未来发展问题以及各方合作。胡锦涛同志发表重要讲话，充分阐述中方对当前国际形势以及重大国际和地区问题的看法和主张，展望各方合作的前景，并介绍中国的发展情况。

二、有关我

在这次讨论课中，我有幸扮演胡锦涛同志的角色，在会议开始和结束阶段发表重要讲话。[①] 为了写好这两段谈话，我深感国家领导人的不易。在第

---

① 开始讲话：各位同事，女士们，先生们：很高兴同大家相聚在风景宜人的海南三亚，共商海南和平发展大计。首先，我谨代表中国政府和人民，并以我个人的名义，对各国领导人和代表来华与会，表示热烈的欢迎！近些年来，南海不断出现争端，周边国家纷纷对南海提出不同程度的主权要求，经过积极运作，有关各方齐聚三亚，通过对话和协商，增进交流与互信。中国将继续高举和平、发展、合作旗帜，坚持独立自主的和平外交政策。始终不渝走和平发展道路，始终不渝奉行互利共赢的开放战略。坚持通过对话和协商，以和平方式解决国际争端。各位同事，让我们携手前进，共同推动建设持久和平、共建繁荣的和谐世界，谢谢大家！

结束讲话：各方经过双边和多边的会晤，均取得了阶段性成果，达到了预期效果。下面我宣布，共建和平南海国际会议圆满落幕。

二阶段中，有关各方尝试通过谈判形成一致意见，我与各方进行双边会晤，试图达成《南海六国七方宣言》。我的目的是这样，既可以对国内人民有所交代，而且在国际上也会产生相应的影响力。但可惜的是，即使《宣言》中没有什么实质的内容，但是仍然没有得到越南和菲律宾的同意，最后在《宣言》中只有五方的签字。

三、一些感想

第一，关于中国代表团的谈判策略我起初是认可的，就是"是中国的我们不退让，不是中国的中国也不要"。我认为，中国有足够的依据捍卫主权，但是后期中国代表团的表现似乎让人失望，十分失望。

第二，对于（中国）台湾（地区）和中国的立场，值得记者关注。

第三，近期的一些实践表明，日本已经不同于韩国紧紧地依赖美国，日本更想在国际社会上有更多自己的声音，因此，日本代表团在这次讨论中表现令人失望。

第四，越南、菲律宾、美国、印度尼西亚（同学）代表的表现令人赞赏。

讨论课心得（学生 YLT）

本次课讨论南海问题，我代表的是中华人民共和国。

中方的主张是：中国政府一贯主张以和平方式谈判解决国际争端。这一立场同样适用于南沙群岛。中国愿同有关国家根据公认的国际法和现代海洋法，包括 1982 年《联合国海洋法公约》所确立的基本原则和法律制度，通过和平谈判妥善解决有关南海争议。同时，中国还主张搁置争议、共同开发，愿意在争议解决前，同有关国家暂时搁置争议，开展合作。

近些年来，越南、菲律宾等出兵强占南海一些无人岛礁，摧毁中国在南沙无人岛礁所设主权标志，抓扣或以武力驱赶中国在南海作业的渔民，对此，中方始终坚持通过外交渠道，以和平方式与有关国家商讨解决有关问题。这充分体现了中国维护地区稳定和双边友好关系大局的诚意。

总之，南海问题是中国与有关国家间的问题。中国政府要保护目前已经占有的岛屿；对于主权有争议的，我们愿意与其他国家协商。中国政府一贯主张通过双边友好协商解决与有关国家之间的分歧。中国与有关国家完全有能力、有信心妥善处理彼此的争议。

中国主张主权有自己的历史原因和国际关系方面的原因。中国是历史上最早发现并命名、最早开发经营和最早管辖南沙群岛的国家。根据《开罗宣言》和《波茨坦公告》的精神，中国于1946年收复南沙群岛，同时以一系列法律程序向全世界宣告中国恢复行使对南沙群岛的主权。

中方带着以上的主张，带着诚意参加了本次的会谈。经过与马来西亚、中国台湾、文莱和印度尼西亚的协商，我们达成了友好协议。很可惜的是，虽然我们带着诚意与菲律宾和越南协商，但最终没有达成协议。

本次讨论课我收获颇多。首先，我知道了国际会谈的流程、国家座次、发言顺序等讨论的基本要求。其次，我感受到了十足的火药味，国家间争取国家利益的激烈氛围，为了国家利益据理力争。我觉得，中国要取得谈判的成功，首先一定要与他们达成协议，得到周边小国国家的支持，这样才能对抗大国的干涉。再次，我深刻感受到了国家间谈判的难度，需要充分的准备，谈判技巧，应变能力，临场发挥能力等等，在这些方面我还差得很多，今天表现得不是很好，以后要在以上方面多多锻炼。最后，感谢老师给我们提供这次讨论课的机会，让我们得到锻炼，认识了自己。

附　录

附录一 联合国会员名单及加入日期

下列是联合国会员名单及加入日期，并对重要事项进行简要说明。

联合国共有 51 个创始会员国，在 1945 年加入成为会员，其中 49 个国家或其后继者至今仍然是成员（例如俄罗斯接替苏联的席位）。另外两个国家是捷克斯洛伐克和南斯拉夫，但是这两个国家皆已解体，而且他们的席位都没有后继者。最初，在 1945 年联合国成立后，"中华民国"一直作为中国的代表，但是在 1971 年 10 月 25 日，中华人民共和国取代"中华民国"在联合国中的席位，成为中国的唯一合法代表。

以下列出了至最新一个成员南苏丹在 2011 年 7 月 14 日加入后，全部 193 个联合国成员。并以国名之英文字母首字为序排列，**其中粗体代表创始会员国。**

全体会员国和它们的加入日期如下：（按汉语拼音次序排列）

A 加入日期

阿尔巴尼亚 1955. 12. 14

阿尔及利亚 1962. 10. 8

阿富汗 1946. 11. 19

阿根廷 1945. 10. 24

阿拉伯利比亚民众国 1955. 12. 14

阿拉伯联合酋长国 1971. 12. 9

阿拉伯叙利亚共和国 1945. 10. 24

阿曼 1971. 10. 7

阿塞拜疆 1992. 3. 2

埃及 1945. 10. 24

埃塞俄比亚 1945. 11. 13

爱尔兰 1955. 12. 14

爱沙尼亚 1991. 9. 17

安道尔 1993. 7. 28

安哥拉 1976. 12. 1

安提瓜和巴布达 1981. 11. 11

奥地利 1955. 12. 14

澳大利亚 1945. 11. 1

B　加入日期

巴巴多斯 1966. 12. 9

巴布亚新几内亚 1975. 10. 10

巴哈马 1973. 9. 18

巴基斯坦 1947. 9. 30

巴拉圭 1945. 10. 24

巴林 1971. 9. 21

巴拿马 1945. 11. 13

巴西 1945. 10. 24

白俄罗斯 1945. 10. 24

保加利亚 1955. 12. 14

比利时 1945. 12. 27

秘鲁 1945. 10. 31

贝宁 1960. 9. 20

冰岛 1946. 11. 19

波兰 1945. 10. 24

波斯尼亚和黑塞哥维那 1992. 5. 22

南斯拉夫社会主义联邦共和国是联合国的创始会员国，于 1945 年 6 月 26

日签署，1945 年 10 月 19 日批准《联合国宪章》，在下列国家成立并随后加入为新会员国后解体：波斯尼亚和黑塞哥维那、克罗地亚共和国、斯洛文尼亚共和国、前南斯拉夫的马其顿共和国、南斯拉夫联盟共和国。

波斯尼亚和黑塞哥维那共和国由大会 1992 年 5 月 22 日 A/RES/46/237 号决议接纳为联合国会员国。

玻利维亚 1945. 11. 14

伯利兹 1981. 9. 25

博茨瓦纳 1966. 10. 17

不丹 1971. 9. 21

布基纳法索 1960. 9. 20

布隆迪 1962. 9. 18

C　加入日期

朝鲜民主主义人民共和国 1991. 9. 17

赤道几内亚 1968. 11. 12

D　加入日期

大不列颠及北爱尔兰联合王国 1945. 10. 24

大韩民国 1991. 9. 17

丹麦 1945. 10. 24

德国 1973. 9. 18

东帝汶 2002. 9. 27

多哥 1960. 9. 20

多米尼加共和国 1945. 10. 24

多米尼克 1978. 12. 18

E　加入日期

俄罗斯联邦 1945. 10. 24

厄瓜多尔 1945.12.21

厄立特里亚 1993.5.28

F 加入日期

法国 1945.10.24

菲律宾 1945.10.24

斐济 1970.10.13

芬兰 1955.12.14

佛得角 1975.9.16

G 加入日期

冈比亚 1965.9.21

刚果 1960.9.20

刚果民主共和国 1960.9.20

哥伦比亚 1945.11.5

格林纳达 1974.9.17

格鲁吉亚 1992.7.31

哥斯达黎加 1945.11.2

古巴 1945.10.24

圭亚那 1966.9.20

H 加入日期

哈萨克斯坦 1992.3.2

海地 1945.10.24

荷兰 1945.12.10

黑山 2006.6.28

南斯拉夫联盟共和国由大会 2000 年 11 月 1 日 A/RES/55/12 号决议接纳为联合国会员国。2003 年 2 月 4 日，南斯拉夫联盟共和国通过并实行了塞尔维亚和黑山共和国宪法，南斯拉夫联盟共和国正式改国名为"塞尔维亚和黑山"。2006 年 6 月 3 日，黑山共和国议会通过了独立宣言。2006 年 6 月 28 日，黑山共和国由大会接纳为联合国会员国。

洪都拉斯 1945. 12. 17

J　加入日期

基里巴斯 1999. 9. 14

吉布提 1977. 9. 20

吉尔吉斯斯坦 1992. 3. 2

几内亚 1958. 12. 12

几内亚比绍 1974. 9. 17

加拿大 1945. 11. 9

加纳 1957. 3. 8

加蓬 1960. 9. 20

柬埔寨 1955. 12. 14

捷克共和国 1993. 1. 19

捷克斯洛伐克是联合国的创始成员，从 1945 年 10 月 24 日起就是会员国。1992 年 12 月 10 日，该国常驻代表写信通知秘书长，捷克和斯洛伐克联邦共和国从 1992 年 12 月 31 日起停止存在，作为继承国的捷克共和国和斯洛伐克共和国将分别申请加入联合国。安全理事会在接到捷克共和国的申请后，于 1993 年 1 月 8 日建议联大接纳该国为会员国。这样，捷克共和国便于 1993 年 1 月 19 日成为联合国会员国。

津巴布韦 1980. 8. 25

K　加入日期

喀麦隆 1960. 9. 20

卡塔尔 1971. 9. 21

科摩罗 1975. 11. 12

科特迪瓦 1960. 9. 20

科威特 1963. 5. 14

克罗地亚 1992.5.22

克罗地亚共和国由大会 1992 年 5 月 22 日 A/RES/46/238 号决议接纳为联合国会员国。

肯尼亚 1963.12.16

L 加入日期

拉脱维亚 1991.9.17

莱索托 1966.10.17

老挝人民民主共和国 1955.12.14

黎巴嫩 1945.10.24

立陶宛 1991.9.17

利比里亚 1945.11.2

列支敦士登 1990.9.18

卢森堡 1945.10.24

卢旺达 1962.9.18

罗马尼亚 1955.12.14

M 加入日期

马达加斯加 1960.9.20

马尔代夫 1965.9.21

马耳他 1964.12.1

马拉维 1964.12.1

马来西亚 1957.9.17

马里 1960.9.28

前南斯拉夫的马其顿共和国 1993.4.8

大会 1993 年 4 月 8 日 A/RES/47/225 号决议决定接纳该国为联合国会员国，在该国国名引起的争端解决之前，该国在联合国内暂时称为"前南斯拉夫的马其顿共和国"。

马绍尔群岛 1991.9.17

毛里求斯 1968.4.24

毛里塔尼亚 1961. 10. 27

美利坚合众国 1945. 10. 24

蒙古 1961. 10. 27

孟加拉国 1974. 9. 17

密克罗尼西亚联邦 1991. 9. 17

缅甸 1948. 4. 19

摩尔多瓦 1992. 3. 2

摩洛哥 1956. 11. 12

摩纳哥 1993. 5. 28

莫桑比克 1975. 9. 16

墨西哥 1945. 11. 7

N　加入日期

纳米比亚 1990. 4. 23

南非 1945. 11. 7

南苏丹 2011. 7. 14

瑙鲁 1999. 9. 14

尼泊尔 1955. 12. 14

尼加拉瓜 1945. 10. 24

尼日尔 1960. 9. 20

尼日利亚 1960. 10. 7

挪威 1945. 11. 27

P　加入日期

帕劳 1994. 12. 15

葡萄牙 1955. 12. 14

R　加入日期

日本 1956. 12. 18

瑞典 1946.11.19

瑞士 2002.9.10

S 加入日期

萨尔瓦多 1945.10.24

萨摩亚 1976.12.15

塞尔维亚 2000.11.1

2006 年 6 月 3 日，黑山共和国议会通过了独立宣言。根据塞尔维亚和黑山宪法宪章第 60 条规定，塞尔维亚共和国将承续塞尔维亚和黑山在联合国、包括联合国系统内所有机构和组织的成员资格。

塞拉利昂 1961.9.27

塞内加尔 1960.9.28

塞浦路斯 1960.9.20

塞舌尔 1976.9.21

沙特阿拉伯 1945.10.24

圣多美和普林西比 1975.9.16

圣基茨和尼维斯 1983.9.23

圣卢西亚 1979.9.18

圣马力诺 1992.3.2

圣文森特和格林纳丁斯 1980.9.16

斯里兰卡 1955.12.14

斯洛伐克 1993.1.19

安全理事会在接到斯洛伐克共和国的申请后，于 1993 年 1 月 8 日建议联大接纳该国为会员国，斯洛伐克共和国于 1993 年 1 月 19 日成为联合国会员国。

斯洛文尼亚 1992.5.22

斯洛文尼亚共和国由大会 1992 年 5 月 22 日 A/RES/46/236 号决议接纳为联合国会员国。

斯威士兰 1968.9.24

苏丹 1956.11.12

苏里南 1975. 12. 4

所罗门群岛 1978. 9. 19

索马里 1960. 9. 20

T　加入日期

塔吉克斯坦 1992. 3. 2

泰国 1946. 12. 16

坦桑尼亚联合共和国 1961. 12. 14

汤加 1999. 9. 14

特立尼达和多巴哥 1962. 9. 18

突尼斯 1956. 11. 12

图瓦卢 2000. 9. 5

土耳其 1945. 10. 24

土库曼斯坦 1992. 3. 2

瓦努阿图 1981. 9. 15

W　加入日期

危地马拉 1945. 11. 21

委内瑞拉 1945. 11. 15

文莱达鲁萨兰国 1984. 9. 21

乌干达 1962. 10. 25

乌克兰 1945. 10. 24

乌拉圭 1945. 10. 24

乌兹别克斯坦 1992. 3. 2

X　加入日期

西班牙 1955. 12. 14

希腊 1945. 10. 25

新加坡 1965. 9. 21

新西兰 1945. 10. 24

匈牙利 1955. 12. 14

Y 加入日期

牙买加 1962. 9. 18

亚美尼亚 1992. 3. 2

也门 1947. 9. 30

伊拉克 1945. 12. 21

伊朗伊斯兰共和国 1945. 10. 24

以色列 1949. 5. 11

意大利 1955. 12. 14

印度 1945. 10. 30

印度尼西亚 1950. 9. 28

约旦 1955. 12. 14

越南 1977. 9. 20

Z 加入日期

赞比亚 1964. 12. 1

乍得 1960. 9. 20

智利 1945. 10. 24

中非共和国 1960. 9. 20

中国 1945. 10. 24

【名单简要说明】

苏维埃社会主义共和国联盟是联合国 5 个创办国之一，其在 1945 年 10 月 24 日成为创始会员国。1991 年 12 月 24 日，俄罗斯总统叶利钦在苏联解体前夕通知联合国秘书长，在独立国家联合体的 11 个会员国支持下，"俄罗斯联邦"将会继承苏联在联合国的席位，包括安理会常任理事国席位。其余的苏联成员目前全部皆是联合国成员：

白俄罗斯和乌克兰都在 1945 年 10 月 24 日加入联合国，皆是联合国创始会员国。至 1991 年重新独立前，两国在联合国的席位分别是白俄罗斯苏维埃社会主义共和国和乌克兰苏维埃社会主义共和国。

爱沙尼亚、拉脱维亚、立陶宛在 1991 年 9 月 17 日加入联合国。

亚美尼亚、阿塞拜疆、哈萨克斯坦、吉尔吉斯、摩尔多瓦、塔吉克、土库曼、乌兹别克在 1992 年 3 月 2 日加入联合国。

格鲁吉亚在 1992 年 7 月 31 日加入联合国。

贝宁在 1975 年改名前使用"达荷美"的名义申请加入联合国。

南斯拉夫在 1945 年 10 月 24 日成为联合国创始会员，代表南斯拉夫民主联盟和更名后的南斯拉夫联邦人民共和国、南斯拉夫社会主义联邦共和国。南斯拉夫社会主义联邦共和国在 1992 年解体，前南斯拉夫的两个加盟共和国塞尔维亚、黑山两国组成南斯拉夫联邦共和国。1992 年 9 月 22 日，联合国大会通过 A/RES/47/1 号决议，认为南斯拉夫联邦共和国（塞尔维亚和黑山）不能够自动继承前南斯拉夫社会主义联邦共和国的会籍，因此决定：南斯拉夫联邦共和国（塞尔维亚和黑山）应申请在联合国的会籍，并且不得参加大会的工作。所有的前南斯拉夫成员目前全部皆是联合国成员：

波斯尼亚和黑塞哥维那、克罗地亚、斯洛文尼亚在 1992 年 5 月 22 日加入联合国。

马其顿共和国因为与希腊的国名争议，以"前南斯拉夫马其顿共和国"的名义在 1993 年 4 月 8 日申请加入联合国。

南斯拉夫联邦共和国在 2000 年 11 月 1 日加入联合国，取代在 2000 年 11 月 1 日以前仍然存在、由前南斯拉夫社会主义联邦共和国所拥有的南斯拉夫席位。2003 年 2 月 4 日，南斯拉夫联邦共和国更改席位名称为塞尔维亚和黑山。由于黑山在 2006 年 6 月 3 日宣布独立，塞尔维亚将会根据塞尔维亚和黑山联邦宪法第 60 条，继承联合国的塞尔维亚和黑山席位。

黑山在 2006 年 6 月 28 日加入联合国。

文莱使用全名"文莱达鲁萨兰国"作为席位名称。

布基纳法索在 1984 年改名前使用"上伏尔塔"的名义申请加入联合国。

喀麦隆在 1961 年与英属喀麦隆合并前使用法语国名"Cameroun"申请加入联合国。

刚果共和国最初以"刚果（布拉柴维尔）"的名义申请加入联合国。

科特迪瓦在 1985 年改名前使用英文意译国名"Ivory Coast"申请加入联合国。

捷克斯洛伐克在 1945 年 10 月 24 日成为联合国创始会员国，席位名称是捷克斯洛伐克共和国、捷克斯洛伐克社会主义共和国、捷克斯洛伐克联邦共和国。1992 年 12 月 10 日，捷克斯洛伐克通知联合国秘书长，该国在 1992 年 12 月 31 日以后将会不复存在，分裂后的捷克共和国和斯洛伐克两国将会各自独立申请会籍。之后，两国在 1993 年 1 月 19 日分别加入联合国。

刚果民主共和国最初以"刚果（利奥波德城）"的名义申请加入联合国，后在 1964 年改名"刚果民主共和国"，又在 1971 年改为"扎伊尔"，最后在 1997 年 5 月 17 日改回现在的名称。

埃及和叙利亚同时在 1945 年 10 月 24 日加入联合国，皆是联合国创始会员国。两国于 1958 年 2 月 21 日的公民投票后，决定合并成为阿拉伯联合共和国，在联合国的席位也合二为一。直到 1961 年 10 月 13 日，叙利亚决定恢复国号为"叙利亚阿拉伯共和国"，在联合国的席位也一分为二。其后，埃及继续在联合国使用"阿拉伯联合共和国"这个名称，直至 1971 年 9 月 2 日改回现在的名称为"埃及阿拉伯共和国"。

德意志民主共和国（东德）和德意志联邦共和国（西德）两国曾经在 1973 年 9 月 18 日分别申请加入联合国，并且都被接纳为会员。1990 年 10 月 3 日，德意志民主共和国合并进入德意志联邦共和国，自此以后，就以一个"德国"席位代表这一个主权国家。

印度尼西亚为了抗议马来西亚获选为安理会非常任理事国，于 1965 年 1 月 20 日曾经短暂退出联合国。1966 年 9 月 19 日，印度尼西亚宣布恢复与联合国的所有合作并参与其活动的意愿，并于 1966 年 9 月 28 日获邀重新加入联合国。

伊朗使用全名"伊朗伊斯兰共和国"作为席位名称。

老挝使用全名"老挝人民民主共和国"作为席位名称。

利比亚使用全名"大阿拉伯利比亚人民社会主义民众国"作为席位名称。

马来西亚最初以"马来亚联合邦"的名义申请加入联合国。1963 年 9 月 16 日，马来亚联合邦改名为"马来西亚"，为一个包含沙巴、砂拉越、新加坡的新联邦国家。新加坡之后在 1965 年 8 月 9 日独立，并于 1965 年 9 月 21 日申请加入联合国。

缅甸（Myanmar）在 1989 年改名前使用英语名称"Burma"申请加入联合国。

菲律宾在 1946 年独立前使用"菲律宾联邦"的名义申请加入联合国。

萨摩亚在 1997 年改名前使用"西萨摩亚"的名义申请加入联合国。

南非在 1961 年成为共和国前使用"南非联盟"的名义申请加入联合国。

斯里兰卡在 1972 年改名前使用"锡兰"的名义申请加入联合国。

泰国在 1949 年改名前使用"暹罗"的名义申请加入联合国。

英国使用全名"大不列颠及北爱尔兰联合王国"作为席位名称。

坦噶尼喀最早在 1961 年 12 月 14 日申请加入联合国，桑给巴尔则在 1963 年 12 月 16 日申请加入联合国。1964 年 4 月 26 日，坦噶尼喀与桑给巴尔联合协定通过后，合并成为一个会员国，并且在 1964 年 11 月 1 日改名为"坦桑尼亚联合共和国"。

美国使用全名"美利坚合众国"作为席位名称。

委内瑞拉使用全名"委内瑞拉玻利瓦尔共和国"作为席位名称。

阿拉伯也门（北也门）最早在 1947 年 9 月 30 日申请加入联合国，代表也门穆塔瓦基利亚王国和接替的阿拉伯也门共和国。民主也门（南也门）则在 1967 年 12 月 14 日以"也门南部"的名义申请加入联合国，代表南也门人民共和国和改名后的也门民主人民共和国。两国在 1990 年 5 月 22 日合并成也门共和国，在联合国的席位亦合并成"也门"，自此以后，就以一个"也门"席位代表这一个主权国家。

中国是联合国的创始国之一。早在 1945 年 4 月，中国就派代表团参加了旧金山会议，中国共产党代表董必武参加了代表团，并在《联合国宪章》上签字。中华人民共和国成立后，由于美国政府的阻挠，台湾当局继续非法占据中国在联合国的席位。从 1961 年 16 届联大以后，许多国家为恢复中国的合法权利作了不懈的努力。1971 年 10 月 25 日，在这具有历史意义的一天，联合国大会第 1976 次会议以 76 票赞成、35 票反对、17 票弃权的压倒多数，通过了阿尔巴尼亚、阿尔及利亚等 23 个国家提出的要求"恢复中华人民共和国在联合国的一切合法权利，立即把蒋介石集团的代表从联合国一切机构中驱逐出去"的提案。26 日，中国代理外交部部长姬鹏飞收到联合国秘书长吴丹发来的正式通知，中华人民共和国在联合国和安理会中被非法剥夺了 20 多年的席位得到恢复。1971 年 11 月 15 日，联合国第 26 届会议召开，五星红旗在纽约东河之滨的联合国大厦飘扬，当乔冠华率中华人民共和国代表团端坐在联合国会场上时，受到世界舆论的关注和各代表团的欢迎。

【观察员和非会员】

除了上述会员国以外，拥有梵蒂冈主权的梵蒂冈是联合国观察员中唯一的主权国家，自 1964 年 4 月 6 日起，教廷即是联合国的常任观察员。观察员国被视为拥有主权的政治实体，随时可以依照自由决断递交请愿书申请成为联合国的正式会员国，例如瑞士在 2002 年 9 月 10 日成为正式会员之前的 1948 年至 2002 年间，亦是联合国的常任观察员。

许多国际组织、非政府组织，以及诸如欧洲联盟、红十字国际委员会、马耳他骑士团等主权地位没有明确定义的政治实体，皆被联合国大会邀请成为观察员。

1974 年 11 月 22 日，联合国大会通过 3237 号决议，赋予巴勒斯坦解放组织观察员席位。在巴勒斯坦解放组织宣称拥有巴勒斯坦国的主权之后，1988 年 12 月 15 日大会依照 A/RES/43/177 号决议将其名称改为"巴勒斯坦"。巴勒斯坦在联合国中的地位是一个"非会员政治实体"。

西撒哈拉的主权争议在摩洛哥和阿拉伯撒哈拉民主共和国之间争持不下，摩洛哥实际上统治大部分西撒哈拉地区，剩下的少部分地区则由阿拉伯撒哈拉民主共和国控制。阿拉伯撒哈拉民主共和国是非洲联盟的会员国，但既不是联合国的会员，也不具观察员身份。

新西兰的自由结合区库克群岛和纽埃拥有完整的自治权利，但是外交事务由新西兰负责，两国都不是联合国会员。[①]

---

① 《联合国成员名单》，http：//blog. sina. com. cn/s/blog_ 6010d3200100ekxm. html，2010 – 09 – 16 最后访问。编著者有更新，增加了南苏丹，2011 年 7 月 14 日加入联合国。

附录二 联合国经济及社会理事会

概 况

《联合国宪章》规定，作为政府间机构，经济及社会理事会接受联合国大会的领导，并就许多领域的事务进行研究、做出建议，其中不仅包括"增进全体人类之人权及基本自由之尊重及维护尊重和履行人权"，还包括"经济、社会、文化、教育、卫生和其他相关问题"。

它还负责协调并在一定程度上组织联合国、常设机构以及各领域独立机构的活动，使其活动合理化。经济及社会理事会在 1946 年和 1948 年间通过了关于人权的许多主要决议。

根据宪章第 68 条，它于 1946 年建立了人权委员会（现已结束使命）。人权委员会的首要职责是阐释国际人权法案。同年，本来授权小组委员会负责的妇女地位及权利问题被交由政府间委员会负责，该委员会直接对理事会负责。经济及社会理事会还处理一系列其他的问题，包括种族灭绝、防止无国籍状态、歧视、保护少数族裔、组织 1948 年新闻自由会议、编写人权年鉴，并与国际劳工组织合作，保护缔结工会自由、防治强迫劳动。

改革历史

联合国经济及社会理事会长时期内只是一个讨论机构，它几乎没有任何采取行动的权利，许多成员认为其作用无几。从 1992 年开始，一些国家开始加强经济及社会理事会在经济、社会以及相关事务，尤其发展事务的责任和权利。这些改革的结果是经济及社会理事会现在对联合国发展项目以及对联合国开发计划署、联合国人口基金会和联合国儿童基金会等机关有监督和设定政策的责任。

除此之外，它在一些交叉领域内，例如麻醉剂控制、人权、克服饥饿和克服艾滋病等有协调各个机关行动的作用。这个改革的一个成果是联合国发展机构在克服天灾人祸时动作更加一致。

经济及社会理事会决定的一个例子是，1994 年决定建立一个联合国克服艾滋病的项目。这个项目将联合国现有的有关资源和经验，例如世界卫生组织、联合国儿童基金会、联合国开发计划署、联合国人口基金会、联合国教育、科学及文化组织和世界银行，联合起来，加强和统一各机关和各成员对艾滋病的斗争。这个项目从 1996 年 1 月开始运行。

主席团

2009 年主席团成员：

主　席：西尔维·卢卡（卢森堡）
副主席：卡门·玛丽亚·加利亚多·埃尔南德斯（萨尔瓦多）
副主席：蒂纳·因泰尔曼（爱沙尼亚）
副主席：哈米顿·阿里（马来西亚）
副主席：索姆杜思·索博伦（毛里求斯）

附属机构

经社理事会职司委员会、联合国森林论坛秘书处、人口与发展委员会、社会发展委员会、科学和技术促进发展委员会、麻醉药品委员会、可持续发展委员会、妇女地位委员会、预防犯罪和刑事司法委员会、统计委员会、经社理事会常设委员会、方案和协调委员会、非政府组织委员会、政府间机构协商委员会、亚洲及太平洋经济社会委员会、经社理事会区域委员会、非洲经济委员会、欧洲经济委员会、西亚经济社会委员会、拉丁美洲和加勒比经济委员会、亚洲及太平洋经济社会委员会。

另外，还有经社理事会特设机构：信息学不限成员名额特设工作组、由政府专家组成的专家机构、国际会计和报告标准政府间专家工作组、联合国地名专家小组、危险货物运输和全球化学品统一分类标签制度专家委员会、成员以个人身份组成的专家机构、公共行政专家委员会、发展政策委员会、土著问题常设论坛、国际税务合作特设专家组、经济、社会和文化权利委员会。

其他有关机构

联合国人口奖委员会、国际麻醉品管制局、提高妇女地位国际研究训练所董事会、联合国艾滋病毒/艾滋病联合规划署方案协调委员会。

主要职能

协调联合国及各专门机构的经济和社会工作；研究有关国际经济、社会、发展、文化、教育、卫生及有关问题；就其职权范围内的事务召开国际会议，并起草公约草案提交联合国大会审议；其他联合国大会建议执行的职能。

其 54 个理事国由联合国大会选举产生，任期 3 年，其席位按地区分配，每年由联大改选其中的三分之一。安理会常任理事国通常能当选为经社理事会理事国。理事会实质性会议每年 7 月举行一次，会期 4 周，在纽约和日内瓦之间交替举行。经社理事会设有 9 个职司委员会、5 个区域性机构以及 5 个常设委员会，处理有关工作。此外，经社理事会还同 14 个有关经济、社会、文化方面的联合国专门机构建立工作关系，以及与四、五百个非政府组织，与各国议会联盟、国际红十字会等，建立咨询关系。

职能架构

联合国经社理事会年度部长级审查是各国元首和政府首脑在 2005 年世界首脑会议上赋予经济及社会理事会的新职能。它的目的是：评估在实现千年发展目标和落实过去 15 年里各主要会议和首脑会议商定的目标和具体目标方面所取得的进展，这些目标和具体目标已列入《联合国发展议程》。

充当拥有广泛参与者的全球高级别论坛，通过论坛交流经验，确认值得发扬的成功做法和举措，从而为扩大和加快实现发展议程行动做出贡献。

年度部长级审查会议包含三项主要内容：对联合国发展议程的全球审查，主题审查，以及若干国家对其国家发展战略的一系列国家自愿发言。

年度部长级审查的参与方有机会通过圆桌讨论、介绍和一般性辩论，向处于领先地位的政策制定者、实践者和学术界学习。年度部长级审查帮助政策制定者确定并交流有效的战略和措施。参与方包括各理事国，联合国系统各组织和其他主要利益有关机构，以及非政府组织，私营部门代表和学术界。

经社理事会在 2007 年 7 月成功地举办了第一次年度部长级审查，审查的重点是消除贫穷和饥饿。2008 年的特别活动为"实现千年发展目标，应对气候变化挑战"。2009 年审查的主题是"落实公共卫生方面国际商定的目标和承诺"。

发展合作论坛

2008 年 6 月 30 日至 7 月 1 日，首次两年一度的发展合作论坛在纽约联合国总部举行。论坛的目标是为联合国经济及社会理事会定位，使之成为就国际发展合作的效力和一致性开展全球对话和政策审查的一个主要论坛。

特色机制

冲突后非洲国家问题特设咨询小组。经济及社会理事会在其第 2002/1 号决议中，为冲突后非洲国家问题特设咨询小组创立了一个框架，用以评估这些国家的人道主义和经济需要，并制订救济与发展相结合的长期资助方案。

在这一框架内，经济及社会理事会应有关国家要求，成立了两个特设咨询小组——几内亚比绍问题特设咨询小组、布隆迪问题特设咨询小组。

咨询小组工作的一个重要方面是它们起着为有关国家代言的作用。以国家当局和国际社会建立伙伴关系的方式为重点，它们重视在动员捐助性援助的同时，鼓励国家当局为获得更多援助创造有利环境。

咨询小组还促成了有关国家发展伙伴之间在三个主要级别上的有力协调：在联合国系统内；在经社理事会与布雷顿森林机构之间；在经社理事会与安全理事会之间。

2006 年 7 月 26 日，鉴于新成立的建设和平委员会为解决布隆迪的需要做出了决定，理事会决定，终止对布隆迪问题特设咨询小组的授权。2007 年 12 月 19 日，几内亚比绍被列入建设和平委员会议程。

海地问题特设咨询小组。经济及社会理事会根据 1999 年 5 月 7 日第 1999/4 号决议，成立了海地问题特设咨询小组，1999 年，咨询小组向海地派遣了一个评估代表团，并在三个月内采取了积极行动。

咨询小组的职责是就如何确保国际社会对海地的援助充分、连贯、协调和有效提出建议。从 2000 年至 2004 年，秘书长每年向经济及社会理事会提交一份关于"对海地的长期资助方案"的报告。

咨询小组的任务是"密切关注海地促进社会经济复兴和稳定长期发展战略，并对此提供咨询意见，特别是需要确保国际社会根据海地长期发展的优先次序，在临时合作框架和即将制定的减贫战略基础上，向海地提供持续不断的支助，并特别注意避免现有机制的重叠与重复"（第 2006/10 号决议）。

2007 年 4 月 18 日，特设咨询小组对海地进行了为期四天的访问，评估海地的经济和社会发展战略。由加拿大常驻联合国代表约翰·麦克尼率领的这个代表团评估海地目前的局势，以及该国冲突后重建工作所面临的挑战。

讨论全球粮食安全问题

2008 年 5 月 20 日，联合国经社理事会就全球粮食安全问题召开会议，与会代表呼吁国际社会尽快采取行动，应对当前粮食短缺和粮价上涨过快等问题。

英国首相布朗在向会议发表的录像讲话中，呼吁各国更加重视全球贫困问题，并针对其根源出台长远的方案。他呼吁发达国家停止农业补贴。他说，发达国家仍在发放巨额农业补贴，造成发展中国家那些最贫穷的农民收入大大减少，这是"不可接受的"。

马拉维总统宾古·瓦·穆塔里卡也向会议发表了录像讲话。他说，要解决粮食安全问题，国际社会必须增加对农业的投入。他呼吁世界银行等国际组织在作出农业领域的决策时，应考虑到发展中国家的实际需要和不同的国情。他还呼吁发达国家把提供紧急粮食援助改为大幅增加农业投资，帮助发展中国家提高农业生产能力。

联合国经社理事会主席莱奥·梅罗雷在会上说，国际社会拥有解决当前粮食危机的知识和技术，但缺乏政治意愿和必要的资源。他呼吁国际社会立即采取行动，在满足短期人道主义需求的同时，确定旨在促进农业生产的长期策略。

中国在其中扮演重要角色

联合国经社理事会共有 54 个成员。中国自 1972 年以来一直是该理事会的成员。1993 年 4 月，中国代表团作为观察员第一次出席了非政府组织委员会会议。1998 年 1 月 29 日，经社理事会决定，给予中国残疾人联合会在该机构的特别咨商地位。2007 年 11 月，中国再次当选为联合国经社理事会成员，任期从 2008 年 1 月 1 日至 2010 年 12 月 31 日。①

---

① 《联合国经社理事会》，http：//baike. boraid. com/doc. asp？ id = 28227，2010 - 10 - 02 最后访问。

附录三　联合国专门机构

联合国专门机构，是指根据特别协定而同联合国建立关系的或根据联合国决定而创设的那种对某一特定业务领域负有国际责任的政府间专门性国际组织。

这些国际组织无论在组织上或者是在活动上都是独立的，它们不是联合国的附属机构，只不过是根据协定与联合国建立了特殊的法律关系。

同联合国建立关系的政府间机构有 18 个，包括 16 个《联合国宪章》所称的"专门机构"、国际原子能机构、关税及贸易总协定。联合国专门机构同联合国不是隶属关系。它们是根据各国政府间的协定而设立，并以特别协定与联合国发生关系的专门性国际组织。它们是自治的组织，各有自己的成员、立法和执行机构、秘书处和预算，其会员国和联合国的会员国不完全相同。它们通过经社理事会的协调机构，同联合国以及它们彼此之间在工作上互相配合和联系。它们与联合国之间得互派代表（无表决权）列席对方会议，经常交换情报和文件。它们每年向经社理事会提交工作报告。

1. 国际劳工组织（International Labour Organization，ILO）

2. 联合国粮食及农业组织（Food and Agriculture Organization of the United Nations，FAO）

3. 联合国教育、科学及文化组织（United Nations Educational, Scientific and Cultural Organization，UNESCO）

4. 世界卫生组织（World Health Organization，WHO）

5. 国际货币基金组织（International Monetary Fund，IMF）

6. 国际开发协会（International Development Association，IDA）

7. 国际复兴开发银行（世界银行）（International Bank for Reconstruction and Development, IBRD）（World Bank）

8. 国际金融公司（International Finance Corporation, IFC）

9. 国际民用航空组织（International Civil Aviation Organization, ICAO）

10. 万国邮政联盟（Universal Postal Union, UPU）

11. 国际电信联盟（International Telecommunication Union, ITU）

12. 世界气象组织（World Meteorological Organization, WMO）

13. 国际海事组织（International Maritime Organization, IMO）

14. 世界知识产权组织（World Intellectual Property Organization, WIPO）

15. 国际农业发展基金会（International Fund for Agricultural Development, IFAD）

16. 联合国工业发展组织（United Nations Industrial Development Organization, UNIDO）

17. 国际原子能机构（International Atomic Energy Agency, IAEA）

18. 世界贸易组织（World Trade Organization, WTO）

附录四　联合国秘书长有关事项及历任秘书长

产生方式

根据《联合国宪章》，安理会在提名联合国秘书长新任人选后，将通过联合国大会的认证程序选举出新任联合国秘书长。

联合国秘书长的产生遵循这样的过程：首先，在现任秘书长卸任前，各参选国向世界各国通报推荐人选。然后，根据通报名单，在经过由五个常任理事国在内的联合国安理会讨论，并获同意的情况下，提交到联合国大会，由联合国所有成员共同投票，获票最多的人，当选下一届联合国秘书长。

这里，还有一条约定俗成的规定，即秘书长人选每10年各大洲轮换一次，可以连选连任。以往的秘书长人选，基本遵循这样的流程。但2007年的秘书长换届，此举受到挑战：按常规，下届秘书长应由亚洲人担任，然而以美国为首的一些国家却提出了新的主张。但最终经过有关国家协商和妥协，决定遵守传统，选举亚洲的韩国人潘基文为新任联合国秘书长。

联合国秘书长还有一条不成文的规定，五大常任理事国（中国、美国、俄罗斯、法国、英国）不得参加联合国秘书长的竞争。

公开竞争

2015年12月15日，联合国正式启动遴选下任秘书长的程序，邀请全部193个会员国提名候选人。这是联合国70年历史上首次以公开竞争方式遴选秘书长，并鼓励各国提名女性候选人。

首次以公开竞争方式遴选

联合国大会主席莫恩斯·吕克托夫特和安理会本月轮值主席、美国常驻联合国代表萨曼莎·鲍尔向各会员国散发一封公开信，启动征求、遴选和任命下任联合国秘书长的程序。

这是联合国 70 年历史上首次以公开竞争方式遴选秘书长。

作为改革，联大 2015 年 9 月通过了一份涉及遴选秘书长事宜的决议，取消了遴选过程中的某些不公开做法，采取类似散发公开信、邀请所有会员国加入相关讨论、允许候选人"自荐"等。

强烈鼓励各国提名女性候选人

联合国现任秘书长潘基文定于 2016 年年底结束任期，下一任秘书长应于 2017 年 1 月 1 日上任，一届任期 5 年。

联合国成立 70 年来，历任 9 任秘书长，均为男性。许多会员国呼吁，联合国应有一位女性秘书长。

面试

2016 年 4 月 12 日，新任联合国秘书长的八位候选人开始接受安理会面试。候选人将与联大会员国对话，陈述其竞选主张。

联合国秘书长 8 名候选人于 2016 年 4 月 12 日至 14 日首次接受联合国会员国"公开面试"，进行自我陈述并回答提问。这是联合国成立 70 年来，候选人首次有机会在公开、透明的平台上做自我展示。

"面试"开始一周，候选人先要提交一份 2000 字以内的愿景说明。每个候选人都有 2 个小时的会议时间，首先是候选人进行 10 分钟的开场白，然后会员国代表提问、候选人回答。

8 名候选人男女各半

细数 8 名候选人的履历不难看出，女性候选人已然顶起"半边天"。她们经各自国家推荐，均具备相当资历。

这4名女性候选人中，联合国教科文组织总干事、保加利亚外交官伊琳娜·博科娃和联合国开发计划署署长、新西兰前总理海伦·克拉克都拥有在联合国系统工作的丰富经验；克罗地亚第一副总理兼外长韦斯娜·普希奇在社会学研究、运营非政府组织等多方面都表现不俗；摩尔多瓦第一副总理兼外长纳塔利娅·盖尔曼则出身政治世家，是摩尔多瓦独立后首位总统米尔恰·斯涅古尔的女儿。

其余4名男性候选人分别是首名宣布参选候选人、马其顿前外长斯尔詹·克里姆；最年轻候选人、39岁的黑山副总理兼外长伊尔戈·卢克希奇；政治履历最丰富的候选人、斯洛文尼亚前总统达尼洛·蒂尔克以及联合国前难民事务高级专员安东尼奥·古特雷斯。

选举原则

1. 地区轮任

联合国成立以来，经历了10任秘书长，其中欧洲5人，非洲2人，亚洲2人，拉丁美洲1人。

2. 唯才是举

秘书长候选人必须有能力，有威望，处理问题能力强，必须懂六种官方语言中的一种。

3. 大国一致

五大常任理事国在秘书长选举中至关重要。如果五国有任何一国反对，候选人就不能当选，就要重新投票。

4. 小国优先

为了避免矛盾，平衡各国利益，选举联合国秘书长一般以中小国家的候选人为主要参考对象。五大国不能提名候选人。

主要职责

要参加联合国各机构的会议，同世界领袖、政府官员和其他人员举行会谈，奔赴世界各地，使成员的人们能清楚地了解联合国日程上值得国际关注的众多事情。每年，秘书长都要作联合国工作报告，评价联合国的工作，指出以后的工作重点。联合国秘书长同时又是行政协调委员会的主席。该委员会由联合国基金会、署及其他专门部门组成，每两年举行一次会议，在联合国体系面临的全部重要事宜和管理事务上谋求进一步的协调与合作。

职责权限

联合国秘书长既是外交官又是代言人，既是公务员又是首席执行官，作为联合国理想的象征，秘书长为全世界人们，尤其是穷人和弱势人群仗义执言。

根据《联合国宪章》规定，秘书长是联合国的"首席行政长官"，他履行行政长官的职务，以及安理会、联合国大会、经济社会理事会和其他联合国组织"所托付之其他职务"。宪章还规定，秘书长有权力"将其所认为可能威胁国际和平及安全之任何事件，提请安全理事会注意"。这些纲领性的原则既明确规定了本职位的权力，又给予其极大的采取行动的自由。如果秘书长不关心成员的利益，他就不称职。但是，他必须要维护联合国的价值观念和道德权威，一言一行都要从和平的角度出发，为此甚至可以不惜经常得罪上述成员。

联合国秘书长的最重要作用之一就是发挥他的"积极职能"，本着独立、公正、诚信的原则，公开或私下里采取措施，防止国际争端的产生、激化和传播。

每任秘书长在其任期中间都会根据当时的时代形势确定自己的工作重点。

任命条件

联合国秘书长应该具备什么条件，这是个很复杂的问题。

一般来说，秘书长必须有着非凡的外交才华和卓越的外交经历，而且，这个人不仅会英语，法语也必须非常熟练。

根据《联合国宪章》，联合国秘书长经安理会推荐由联合国大会任命。《联合国宪章》第 97 条规定："秘书处置秘书长一人及本组织所需之办事人员若干人。秘书长应由大会经安全理事会之推荐委派之。秘书长为本组织之行政首长。"联合国大会 1946 年 1 月 24 日通过的第 11（I）号决议就秘书长的任命和待遇有了较详细论述，主要内容有：

首先，秘书长一职应该由德高望重的人担任。

其次，秘书长应得到足够的待遇，联合国提供官邸、家具等维持和修葺费用。

再次，秘书长的任期为五年，期满后可以连任。

最后，有关秘书长人选的具体要求：关于以后各届秘书长的任期，由大会和安理会根据未来秘书长之经历决定；秘书长在退休后，任何会员国政府不得聘用其担任政府职位，以免因为持有相关情报让其他会员国不安。秘书长也应该拒绝接受这种性质的任命。

确定首任秘书长任期为 5 年，期满时可连任 5 年。根据《联合国宪章》第 18 条和第 27 条的规定，秘书长应由安理会 7 个理事国之可决票（自 1965 年安理会理事国增加到 15 个后，可决票数也相应改为 9 票），包括全体常任理事国之同意票提名，经大会以到会及投票的会员国多数表决任命之，除非大会自行决定需要三分之二多数。

大会应以秘密会议方式讨论（秘书长）提名与任命问题，安理会应尽可能向大会推荐一名候选人，以避免在会上就提名问题进行辩论；无论安理会或大会投票均应采用秘密投票。

大会决议

甄选秘书长的过程应更加透明。

大会应在任命秘书长过程中以及大会议程中题为"任命联合国秘书长"的议程项目下充分运用《联合国宪章》所载的任用权。

秘书长的任期，包括是否一任的问题，均应在任命下一任秘书长前审议。

在甄选和任命秘书长职位的最佳人选时，应继续适当顾及按区域轮换和性别平等。

在无损安全理事会特权的情况下，大会主席得与会员国协商，以查明获会员国赞同的可能人选，并在通知所有会员国协商结果后，得向安全理事会提交这项结果。

为了确保平稳、有效的过渡，秘书长应尽早得到任命，最好不迟于现任秘书长任期结束之日前一个月。

联合国历任秘书长

格拉德温·杰布（英国）（代理）

1945 年至 1946 年在联合国初创阶段担任过代理秘书长。

1. 特里格夫·赖伊（挪威，欧洲）

任期：1946 年 2 月 1 日 – 1952 年 11 月 10 日

1946 年 2 月 1 日当选为联合国首任秘书长。1951 年连任，后因支持联合国对朝鲜战争进行军事干涉，被迫于 1952 年 11 月 10 日辞去联合国秘书长职务。

2. 达格·哈马舍尔德（瑞典，欧洲）

任期：1953 年 4 月 10 日 – 1961 年 9 月 18 日

1953 年 4 月 10 日，年仅 47 岁的哈马舍尔德成为联合国第二任秘书长。1961 年 9 月在非洲北罗得西亚（赞比亚）的飞机失事中殉职（疑为政治谋杀）。

3. 吴丹（缅甸，亚洲）

任期：1961 年 11 月 3 日 – 1971 年 12 月 31 日

1961 年 11 月 3 日，吴丹出任联合国代理秘书长。1962 年 11 月 30 日，他当选为联合国第三任秘书长，1966 年连任。

4. 库尔特·瓦尔德海姆（奥地利，欧洲）

任期：1972 年 1 月 1 日 – 1981 年 12 月 31 日

1971 年 9 月至 1981 年，连任两届秘书长。瓦尔德海姆担任联合国秘书长期间，同中国建立了深厚的友情。瓦尔德海姆于 1972 年、1977 年、1979 年五次访问中国。

5. 哈维尔·佩雷斯·德奎利亚尔（秘鲁，南美洲）

任期：1982 年 1 月 1 日 – 1991 年 12 月 31 日

1981 – 1991 年两任秘书长。在德奎利亚尔领导下，联合国在处理结束两伊战争、结束苏联军队对阿富汗占领、纳米比亚独立、柬埔寨和平协定、黎巴嫩人质事件等大事时表现出色。

6. 布特罗斯·布特罗斯－加利（埃及，非洲）

任期：1992 年 1 月 1 日－1996 年 12 月 31 日

布特罗斯·布特罗斯－加利（Boutros Boutros-Ghali，被简称"加利"）于 1922 年 11 月 14 日出生在埃及开罗的一个基督教科普特教派家庭，他的家族中有一位前埃及首相布特罗斯·加利（埃及首相，1846—1910 年）。加利于 1946 年毕业于开罗大学，并获得了巴黎大学国际法博士的学位，另外还有巴黎政治研究学院的国际关系学的毕业证书。此后直到 1977 年，他是开罗大学的国际法以及国际关系的教授。1975 年，他成为政治战略研究中心主任。1980 年，担任非洲政治研究所主任。1954 年到 1955 年，他成为美国哥伦比亚大学富布赖特研究学者，1963 年至 1964 年，担任海牙国际法学院研究中心主任，1967 年到 1968 年，担任巴黎大学法学院访问教授。

他于 1973 年步入政界。在 1977—1991 年，他担任埃及外交国务部长。自 1980 年开始，为埃及执政的国家民主党书记处成员，他于 1987 年成为埃及议会议员。1991 年 5 月至同年 12 月，担任埃及主管外交事务的副总理。在他就任联合国秘书长职位以前，又担任过社会主义国际的副主席。在其担任外交国务部长期间，在埃及总统安瓦尔·萨达特与以色列总理梅纳赫姆·贝京之间的和平协议签署过程中扮演了重要角色。

1991 年 12 月 3 日，联合国大会任命加利为联合国第六任秘书长，任期五年。成为联合国历史上第一位担任此职务的非洲人。被选为联合国秘书长之后，加利的工作引起了众多争议。人们批评他在 1994 年卢旺达大屠杀中未能发挥联合国的作用，另外在安哥拉内战期间，加利在调停上未能统一联合国的意见。在联合国的作用以及美国在联合国的地位等问题上，加利遭到了更猛烈的质疑。尽管他的支持者们将之归咎于美国对联合国行动的抵制，但加利已渐渐成为空洞的联合国的象征。

以三个非洲国家为首（埃及、几内亚比绍、博茨瓦纳）的 10 个联合国安理会成员提议布特罗斯·布特罗斯－加利留任第二个五年任期直至 2001 年。但是，美国表示反对。尽管英国，波兰，韩国以及意大利起初也支持其留任，但在美国明确表示将行使否决权后，这四个国家就不再支持加利。尽管加利不是第一次被否决的秘书长，但他仍然是联合国历史上首位没能连任两届的秘书长。1996 年 12 月 31 日卸任。

加利的继任者是科菲·安南，这是由于加利没能连任，所以，他的继任者须从其代表的非洲选出。

1997 年 11 月 16 日，加利担任法语国家组织的（La Francophonie）的首任秘书长，任期四年。

加利仍担任埃及国家人权委员会主席。

布特罗斯·布特罗斯－加利出版两本回忆录：

《通往耶路撒冷的埃及之路》（1997 年版，有关以色列和埃及的和平进程）

《不屈不挠：美国——联合国的传奇》（1999 年，有关其担任联合国秘书长）

7. 科菲·安南（加纳，非洲）

任期：1997 年 1 月 1 日－2006 年 12 月 31 日

科菲·安南（Kofi Annan）1938 年 4 月 8 日出生于加纳库马西市，早年就读于加纳库马西理工大学，曾到美国和瑞士留学，先后获美国明尼苏达州麦卡莱斯特学院经济学学士学位和麻省理工学院管理学硕士学位。安南于 1962 年进入联合国工作，先后在联合国非洲经济委员会、联合国总部、联合国日内瓦办事处、联合国难民署和世界卫生组织等部门工作。1974 年中东"十月战争"后，他担任驻开罗的联合国紧急部队民事长官。20 世纪 80 年代初，安南调回联合国总部，先后担任人事和财政部门的领导工作。1986 年升任联合国助理秘书长，负责人事厅的工作。

1990 年海湾战争爆发后，安南负责同伊拉克谈判释放联合国及其他国际组织工作人员的人质问题。此后，他率联合国小组同伊拉克进行了"石油换食品"的谈判。安南 1993 年 3 月出任联合国负责维持和平事务的副秘书长，主管联合国在世界各地的维和行动。曾作为负责前南斯拉夫地区的联合国秘书长特使和赴北约特使，协调有关国家的关系。

1996 年 12 月 17 日，第 51 届联大任命安南为联合国第七任秘书长。1997 年 1 月 1 日，他正式就职，任期 5 年。2001 年 6 月，联大通过安理会提名安南连任秘书长，任期至 2006 年 12 月 31 日。安南担任秘书长期间，曾于 1998

年赴巴格达进行斡旋，化解了伊拉克武器核查危机。2001 年 10 月，安南与联合国同获当年诺贝尔和平奖。2005 年 3 月，由美联储前主席沃尔克领导的独立调查委员会发表报告指出，安南在伊拉克"石油换食品"计划实施过程中没有任何腐败行为。

安南是位经验丰富的外交家，懂英语、法语和几种非洲语言。他讲话温和，性格直率，待人坦诚，头脑冷静，富有幽默感。

安南曾于 1997 年、1998 年、1999 年、2001 年和 2004 年五次访华。

8. 潘基文（韩国，亚洲）

任期：2007 年 1 月 1 日 – 2016 年 12 月 31 日

潘基文（Ban Ki-moon），大韩民国前外交通商部长官、政治家。潘基文 1970 年获国立首尔大学国际关系学士学位。1985 年，获哈佛大学肯尼迪政府学院公共行政硕士学位。

潘基文多次在国家和国际上获奖，被授予各种奖章和荣誉。鉴于他对祖国所做贡献，1975 年、1986 年和 2006 年获颁大韩民国最高勤政勋章。

潘基文生于 1944 年 6 月 13 日。除韩国语外，潘基文还讲英语和法语。

潘基文在当选为秘书长时，其职务是大韩民国外交通商部长官。他在该部长任职期内，先后在新德里、华盛顿和维也纳担任过职务，资深历广，包括总统外交政策顾问、总统首席国家安全顾问、政策企划次官和美洲局局长。在他整个职业生涯中，他的理想是建立一个和平的朝鲜半岛，在促成本地区乃至全世界的和平与繁荣中发挥越来越大的作用。

潘基文同联合国的关系源远流长，一直可以追溯到 1975 年他在外交部联合国处任职之时。此后，他的有关工作经验逐年扩展，从派任纽约大韩民国常驻联合国代表团一秘、外交部首尔总部联合国处处长、到驻维也纳大使。在大使任内，他曾于 1999 年担任全面禁止核试验条约组织筹委会主席。2001 ~ 2002 年，大韩民国担任大会主席，他作为办公室主任促成大会通过此届会议第一项决议，对"9·11"恐怖袭击予以谴责，还采取了一系列旨在加强大会工作的主动行动，从而帮助这一届会议成为通过了若干重要改革的会议。

潘基文积极参与处理朝韩关系问题。继通过具有历史意义的《关于朝鲜半岛无核化的共同宣言》之后，他于 1992 年担任南北联合核管制委员会副主席。2005年9月，作为外长，他发挥主导作用，促成了朝鲜半岛和平与稳定问题上具有里程碑意义的协定，即六方会谈通过的关于解决朝鲜核问题的《共同声明》。

9. 安东尼奥·古特雷斯（葡萄牙，欧洲）

任期：2017年1月1日 – 2021年12月31日

安东尼奥·古特雷斯（António Guterres）于1995~2002年任葡萄牙总理、2005~2015年任联合国难民事务高级专员。

在经过联大组织的"公开面试"、联合国安理会多轮意向性投票后，当地时间2016年10月13日，在位于纽约的联合国总部，第71届联合国大会13日以鼓掌方式通过决议，正式任命葡萄牙前总理、联合国前难民事务高级专员安东尼奥·古特雷斯为下一任联合国秘书长。2017年1月1日正式履新。①

---

① 《联合国秘书长》，https：//baike. baidu. com/item/，最后访问时间：2017 – 09 – 11。

附录五　部分国际组织名称（汉英对照）

按中文名称首字字母顺序排列

字母 A

阿拉伯共同市场 Arab Common Market（ACM）

阿拉伯国家联盟（阿盟）League of Arab States（Arab League；LAS）

阿拉伯货币基金组织 Arab Monetary Fund（AMF）

阿拉伯经济统一委员会 Council of Arab Economic Unity（CAEU）

阿拉伯联盟教科文组织 Arab League Educational，Cultural and Scientific Organization（ALECSO）

阿拉伯马格里布联盟 Union of the Arab Maghreb（UMA）

阿拉伯石油输出国组织 Organization of Arab Petroleum Exporting Countries（OAPEC）

安第斯共同市场 Andean Common Market（ANCOM）

安第斯共同体 Andean Community

安第斯条约组织 Andean Pact Organization（APO）

字母 B

八国集团 Group of Eight（G8）

巴黎俱乐部 Paris Club（Group of Ten）

巴黎联盟（国际保护工业产权联盟）Paris Convention（International Union for the Protection of Industrial Property）

巴黎统筹委员会（巴统）Coordinating Committee on Export Control（COCOM）；Coordinating Committee for Export to Communist Countries

北大西洋公约组织（北约）North Atlantic Treaty Organization（NATO）

北大西洋合作理事会 North Atlantic Cooperation Council

北美自由贸易区 North American Free Trade Area（NAFTA）

北南核控制联合委员会 North-South Nuclear Joint Committee

北欧理事会 Nordic Council

北欧邮政联盟 Nordic Postal Union（NPU）

北太平洋海洋科学组织 North Pacific Marine Science Organization（PICES）

伯尔尼（国际保护文学艺术作品）联盟 Berne Union（for he Protection of Literary and Artistic Works）

不结盟运动 Non-Aligned Movement（NPU）

字母 C

朝鲜半岛能源开发组织 Korea Peninsula Energy Development Organization（KEDO）

船长协会国际联合会 International Federation of Shipmasters' Association（IFSMA）

促进种族平等公民协会 Citizens' Association for Racial Equality

字母 D

大陆架界限委员会 Commission on the Limits of the Continental Shelf

大气科学委员会 Commission of Atmospheric Sciences（CAS）

大气污染管制委员会 Air Pollution Control Commission（APCC）

大气污染控制管理局 Air Pollution Control Administration（APCA）

大赦国际 Amnesty International

大西洋自由贸易区 Atlantic Free Trade Area（AFTA）

第三世界科学院 Academy of Sciences for the Third World

东非共同体 East African Community（EAC）

东加勒比共同市场 East Caribbean Common Market（ECCM）

东加勒比组织 Organization of the Eastern Caribbean States

东盟各国议会组织 ASEAN Inter-Parliamentary Organization

东盟自由贸易区 ASEAN Free Trade Area（AFTA）

东南非共同市场 Common Market for Eastern and Southern Africa（COMESA）

东南亚国家联盟（东盟）Association of Southeast Asian Nations（ASEAN）

字母 F

发展工业产权和有关权利合作常设委员会 Permanent Committee for Development Cooperation Related to Industrial Rights

发展中国家间经济合作委员会 Committee on Economic Cooperation Among Developing Countries

发展著作权和邻接权利合作常设委员会 Permanent Committee for Development Related to Copyright and Neighbouring Rights

法语国家首脑会议 Summit of Francophone Countries

反对原子弹氢弹会议 Conference Against Atomic and Hydrogen Bombs

泛非电信联盟 Pan African Telecommunication Union（PATU）

泛非妇女组织 Pan-African Women's Organization（PAWO）

防止空气污染协会国际联合会 International Union of Air Pollution Prevention Association（IUAPPA）

防止歧视和保护少数小组委员会 Sub-committee on Prevention of Discrimination and Protection of Minorities

防止外层空间军备竞赛特设委员会 Ad Hoc Committee on the Prevention of Arms Race in Outer Space

非殖民化委员会（24 国委员会）Commission on Decolonisation（Committee of 24）

非洲，加勒比和太平洋地区国家集团（非加太集团）Group of African, Caribbean and Pacific Region Countries（ACP Group）

非洲经济共同体 African Economic Community

非洲人权和民族权委员会 African Committee on Human and People's Right

非洲统一组织（非统组织）Organization of African Unity（OAU）

非洲邮政联盟 African Postal Union（APU）

扶轮社国际 Rotary International

字母 G

各国议会联盟 Inter-Parliamentary Union（IPU）

国际奥林匹克委员会 International Olympic Committee（IOC）

国际版权协会 International Copyright Society

国际保护工业产权联盟（巴黎联盟）International Union for the Protection of Industrial Property（Paris Union）

国际保护工业产权协会 International Association for the Protection of Industrial Property（IAPIP）

国际保护知识产权联合局 United International Bureau for the Protection of Intellectual Property（BIRPI）

国际保护自然资源联盟 International Union for Conservation of Nature and Natural Resources（IUCN）

国际笔会（国际诗人，剧作家，编辑，散文家和小说家协会）International PEN（International Association of Poets, Playwrights, Editors, Essayists and Novelists）

国际标准化组织 International Standardization Organization（ISO）

国际标准协会 International Standard Association（ISA）

国际材料物理中心 International Center for Materials Physics（ICMP）

国际船东协会 International Shipping Federation（ISP）

国际船级社协会 International Association of Classification Societies（IACS）

国际纯粹和应用化学联盟 International Union of Pure and Applied Chemistry（IUPAC）

国际纯粹和应用生物物理学联盟 International Union of Pure and Applied Biophysics（IUPAB）

国际大坝委员会 International Commission on Large Dam （ICOLD）

国际大学生体育联合会 Federation Internationale du Sport Universitaire （FISU）

国际地球科学信息网络集团 Consortium for International Earth Science Information Network （CIESIN）

国际地球学联盟 International Geographical Union （IGU）

国际地震中心 International Seismological Centre （ISC）

国际地质大会 International Geological Congress （IGC）

国际地质科学联盟 International Union of Geological Sciences （IUGS）

国际冻土协会 International Permafrost Association （IPA）

国际独立油船东协会 International Association of Independent Tanker Owners （INTERTANKO）

国际度量衡局 International Bureau of Weight and Measurements （IBWM）

国际儿童福利联合会 International Union for Child Welfare （IUCW）

国际法官联合会 International Union of Judges

国际法协会 International Law Association

国际法学家委员会 International Commission of Jurists （ICJ）

国际法学协会 International Association of Legal Science （IALS）

国际纺织学会 International Textile Institute （ITI）

国际辐射防护协会 International Radiation Protection Association （IRPA）

国际妇女同盟 International Alliance of Women （IAW）

国际妇女协会 International Women Society

国际港口协会 International Association of Ports and Harbours （IAPH）

国际公务员协会联合会 Federation of International Civil Servants Associations （FICSA）

国际公务员制度委员会 International Civil Service Commission （ICSC）

国际古生物协会 International Palaeontological Association （IPA）

国际雇主组织 International Organization of Employers （IOE）

国际广播协会 International Association of Broadcasting （IAB）

国际海道测量组织 International Hydrographic Organization （IHO）

国际海底管理局 International Sea-Bed Authority

国际海事卫星组织 International Maritime Satellite Organization （INMARSAT）

国际海运联盟 International Shipping Federation

国际航标协会 International Association of Lighthouse Authorities （IALA）

国际航空科学理事会 International Council of Aeronautical Sciences （ICAS）

国际航空联合会 Aeronautic International Federation （FAI）

国际航空运输协会 International Air Transport Association （IATA）

国际航运会议常设协会 Permanent International Association of Navigation Congresses （PIANC）

国际航运协会 International Chamber of Shipping

国际和平利用原子能会议 International Conference on the Peaceful Use of Atomic Energy

国际和平学会 International Peace Academy （IPA）

国际核数据委员会 International Nuclear Data Committee （INDC）

国际红十字 International Red Cross （IRC）

国际环境法理事会 International Council of Environmental Law

国际环境事务研究所 International Institute for Environmental Affairs

国际计划生育联合会 International Planned Parenthood Federation （IPPF）

国际建筑师协会 International Union of Architects （IUA）

国际救济联合会 International Relief Union （IRU）

国际军事体育理事会 International Military Sports Council （IMSC）

国际开发委员会 Commission on International Development （CID）

国际科学基金会 International Foundation of Sciences （IFS）

国际科学联盟理事会 International Council of Scientific Unions （ICSU）

国际空间研究委员会 International Committee on Space Research （ICSR）

国际空运协会 International Air Transport Association （IATA）

国际理论和应用力学联盟 International Union of Theoretical and Applied Mechanics

国际理论物理中心 International Centre for Theoretical Physics （ICTP）

国际律师协会 International Bar Association （IBA）

国际毛纺组织 International Wool Textile Organization （IWTO）

国际民主妇女联合会 Women's International Democratic Federation （WIDF）

国际难民组织 International Refugee Organization （IRO）

国际能源机构 International Energy Agency （IEA）

国际殴亚科学院 International Academy for Europe and Asia （IAEA）

国际清算银行 Bank for International Settlements （BIS）

国际人口问题科学研究联合会 International Union for the Scientific Study of Population （IUSSP）

国际人权法院 International Court of Human Rights

国际人权联合会 International Federation of Human Rights

国际人与生物圈保护区网络 International Man and Biosphere Reserve Network

国际商会 International Chamber of Commerce （ICC）

国际商事仲裁协会 International Commercial Arbitration Association

国际商业仲裁会 International Council for Commercial Arbitration

国际生态学协会 International Association for Ecology

国际生物化学与分子生物学联盟 International Union of Biochemistry and Molecular Biology （IUBMB）

国际生物科学联合会 International Union of Biological Sciences （IUBS）

国际圣经协会 International Bible Society （IBS）

国际世界语协会 Universal Esperanto Association （UEA）

国际数学联盟 International Mathematical Union （IMU）

国际水资源协会 International Water Resources Association （IWRA）

国际丝绸协会 International Silk Association （ISA）

国际体操联合会 International Federation of Gymnastics （FIG）

国际天文学联合会 International Astronomical Union （IAU）

国际通讯卫星组织 International Telecommunications Satellite Organization （INTELSAT）

国际投资银行 International Investment Bank（IIB）

国际土壤协会 International Society of Soil Science（ISSS）

国际细胞生物学联合会 International Federation for Cell Biology（IFCB）

国际心理科学联盟 International Union of Psychological Science

国际新闻工作者协会 International Federation of Journalists

国际信息和文献联合会 International Federation for Information and Documentation

国际刑法协会 International Association of Penal Law（IAPL）

国际刑警组织 International Criminal Police Organization（INERPOL；ICPO）

国际刑事学会 International Association of Criminal Science

国际宣教协会 International Missionary Council（IMC）

国际学生联合会 International Union of Student（IUS）

国际移民组织 International Organization for Migration（IOM）

国际遗传学联合会 International Genetics Federation（IGF）

国际译联 International Federation of Translators

国际音乐埋事会 International Music Council（IMC）

国际应用心理学协会 International Association of Applied Psychology（IAAP）

国际有线发行联盟 International Alliance for Distribution by Cable

国际宇航科学院 International Academy of Astronautics（IAA）

国际植物生理学家协会 International Association for Plant Physiologists（IAPP）

国际竹藤组织（International Network for Bamboo and Rattan，INBAR）

国际自动控制联合会 International Federation of Automatic Control（IFAC）

国际自由工会联合会（自由工联）International confederation of Free Trade Union（ICFTU）

国际足球联合会 International Football Federation（FIFA）

字母 H

海湾（阿拉伯国家）合作委员会 Cooperation Council for the Arab States of the Gulf；Gulf Cooperation Council（GCC）

海洋研究科学委员会 Scientific Committee on Oceanic Research（SCOR）

海洋研究气象委员会 Commission on Maritime Meteorology（CMM）

海洋资源研究咨询委员会 Advisory committee on Marine Resources Research

和平利用外层空间委员会 Committee of Peaceful Uses of Outer Space

和平利用原子能国际会议咨询委员会 Advisory Committee of the International Conference on the Peaceful Uses of Atomic Energy

和平利用原子能委员会 Committee on the Use of Atomic Energy for Peaceful Purposes（CUAEPP）

红十字与红月会国际联合会 International Federation of Red Cross and Red Crescent Societies（IFRCS）

环境问题科学委员会 Scientific Committee on Problems of the Environment（SCOPE）

环境与发展国际研究中心（环发中心）Centre for International Research of Environment and Development（CIRED）

环太平洋论坛 Pacific Rim Forum（PRF）

字母 J

基督教女青年会 Young Women's Christian Association（YWCA）

基督教青年会 Young Men's Christian Association（YMCA）

计划生育－世界人口组织 Planned Parenthood-World Population

加勒比共同体和共同市场 Caribbean community and Common Market（CARICOM）

经济合作与发展组织（经合组织）Organization for Economic Cooperation and Development（OECD）

字母 K

孔塔多拉集团 Contadora Group

字母 L

拉丁美洲共同市场 Latin America Common Market（LACM）

拉丁美洲和加勒比禁止核武器组织 Organization for the Prohibition of Nuclear Weapons in Latin America and the Caribbean

拉丁美洲货币同盟 Latin American Monetary Union

拉丁美洲经济体系 Latin American Economic System（LAES）

拉丁美洲经济委员会 Economic Commission of Latin America（ECLA）

拉丁美洲发展金融机构协会 Latin American Association of Development of Financing Institutions

拉丁美洲能源组织 Latin American Energy Organization（OLAE）

拉丁美洲社会学会 Association of Latin American Sociology（ALAS）

拉丁美洲协调特别委员会 Special Committee on Latin American Coordination

拉丁美洲一体化协会 Latin American Integration Association（LAIA）

拉丁美洲自由贸易区 Latin American Free Trade Area（LAFTA）

拉丁美洲自由贸易市场 Latin American Free Trade Market

拉丁美洲自由贸易协会 Latin American Free Trade Association

联合国协会世界联合会 World Federation of United Nations Associations（WFUNA）

伦敦核供应国俱乐部 London Suppliers' Club

字母 M

马格里布联盟 Union du Maghreb（UMA）

美洲出口贸易促进中心 Inter-American Export Promotion Centre

美洲储蓄和贷款银行 Inter-American Saving and Loans Banks

美洲国家间人权委员会 Inter-American Commission on Human Rights

美洲国际组织 Organization of American States（OAS）

美洲经济及社会理事会 Inter-American Economic and Social Council

美洲开发银行 Inter-America Development Bank

美洲人权委员会 Inter-America Commission on Human Rights（IACHR）

字母 N

南北协调委员会 North-South Coordinating committee

南部非洲发展共同体 Southern African Development Community（SADC）

南部非洲关税同盟 Southern African Customs Union（SACU）

南方共同市场 South Common Market

南南会议 South-South Conference

南太平洋论坛 South Pacific Forum（SPF）

南亚区域合作联盟 South Asian Association for Regional Cooperation（SAARC）

字母 O

欧洲安全与合作组织（欧安组织，原欧洲安全与合作会议）Organization for Security and Cooperation in Europe（OSCE，formerly known as Conference on Security and Cooperation in Europe）

欧洲裁军会议 Conference on Disarmament in Europe（CDE）

欧洲复兴开发银行 European Bank of Reconstruction and Development

欧洲经济合作组织 Organization for European Economic Cooperation（OEEC）

欧洲联盟（欧盟）European Union（EU）

欧洲人权法院 European Court of Human Rights

欧洲人权委员会 European Commission of Human Rights

欧洲原子能委员会 European Atomic Commission（EAC）

欧洲原子能学会 European Atomic Energy Society（EAES）

欧洲自由贸易联盟 European Free Trade Association（EFTA）

字母 Q

七国集团 Group of Seven（G7）

七十七国集团 Group of 77

区域合作发展组织 Regional Cooperation Organization for Development（RCOD）

字母 S

三边委员会（日美欧委员会）Trilateral Commission of Japan, North America and Europe（TC）

上海合作组织（Shanghai Cooperation Organization, SCO）

社会党国际 Socialist International

石油输出国组织（欧佩克）Organization of Petroleum Exporting Countries（OPEC）

世界残疾人组织理事会 Council of World Organizations Interested in the Handicapped（CWOIH）

世界动物保护联合会 World Federation for the Protection of Animals

世界佛教徒联谊会 World Fellowship of Buddhists（WFB）

世界工会联合会（世界工联）World Federation of Trade Unions（WFTU）

世界海关组织 World Customs Organization

世界和平理事会 World Peace Council（WPC）

世界基督教联合会 World Council of Churches（WCC）

世界教师工会协进会 World Federation of Teachers' Unions

世界科学工作者联合会 World Federation of Scientific Worker（WFSW）

世界劳工联合会 World Confederation of Labour（WCL）

世界旅游组织 World Tourism Organization（WTO）

世界贸易组织 World Trade Organization（WTO）

世界穆斯林大会 World Muslim Congress

世界穆斯林联盟 Muslim World League（MWL）

世界青年大会 World Assembly of Youth （WAY）

世界人权大会 World Conference on Human Rights

世界野生动物基金会 World Wildlife Fund （WWF）

世界伊斯兰大会 World Islamic Congress

世界医学学会 World Medical Association

世界艺术与科学学会 World Academy of Art and Science

世界犹太人大会 World Jewish Congress

世界幼儿教育组织 World Organization for Early Children's Education

世界针灸学会联合会 World Federation of Acupuncture and Moxibustion
Societies

世界自然保护联盟 World Conservation Union

世界宗教和平大会 World Conference on Religion and Peace （WCRP）

字母 T

太平洋经济合作理事会 Pacific Economic Cooperation Council （PECC）

字母 X

西方七国首脑会议 Seven-Nation Economic Summit；Group of Seven Summit
（G7 Summit）

西非国际经济共同体 Economic Community of West African States
（ECOWAS）

西欧联盟 Western European Union （WEU）

字母 Y

亚非法律协商委员会 Asian-African Legal Consultative Committee （AALCC）

亚非会议 Asian-African Conference

亚非拉人民团结组织 Organization of Solidarity of the Peoples of Africa，Asia
and Latin America （OSPAALA）

亚非人民团结组织 Afro-Asian People's Solidarity Organization （AAPSO）

亚非新闻工作者协会 Afro-Asian Journalists' Association （AAJA）

亚欧合作理事会 Council for Asia-Europe Cooperation （CAEC）

亚欧环境技术中心 Asia-Europe Environmental Technology Center

亚太安全合作理事会 Council on Security Cooperation in Asia and Pacific Region （CSCAP）

亚太经合组织 Asia-Pacific Economic Cooperation （APEC）

亚太空间技术应用多边合作会议 Asia-Pacific Conference on Multilateral Cooperation in Space Technology and Applications （APC-MCSTA conference）

亚太大洋洲邮政联盟 Asian-Oceanic Postal Union （AOPU）

亚洲化学学会联合会 Federation of Asian Chemical Societies （FACS）

亚洲环境问题协会 Asian Environmental Society （AES）

亚洲基础设施投资银行 （Asian Infrastructure Investment Bank，AIIB）

亚洲基督教会议 Christian Conference of Asia （CCA）

亚洲及太平洋和平与裁军区域中心 Regional Centre for Peace and Disarmament in Asia and the Pacific

亚洲及太平洋理事会 Asian and Pacific Council （ASPAC）

亚洲开发银行 Asian Development Bank （ADB）

亚洲科学联合会 Federation of Asian Scientific Academies and Societies

亚洲青年理事会 Asian Youth Council （AYC）

亚洲生产力组织 Asian Productivity Organization

亚洲太平洋广播联盟 Asian-Pacific Broadcasting Union （ABU）

亚洲－太平洋通讯社组织 Organization of Asia－Pacific News Agencies （OANA）

亚洲－太平洋邮政联盟 Asian-Pacific Postal Union

亚洲遥感协会 Asian Association on Remote Sensing （AARS）

伊斯兰会议组织 Organization of the Islamic Conference （OIC）

伊斯兰教事务最高理事会 Supreme Council for Islamic Affairs

印度洋特设委员会 Ad Hoc Committee on the Indian Ocean

英联邦 British Commonwealth of Nations （Commonwealth）

字母 Z

中非国家经济共同体 Economic Community of Central African States (CEEAC)

中非国家联盟 Union of Central African States（UEAC）

中美洲共同市场 Central American Common Market

中美洲国家组织 Organization of Central American States

附录六　中国人在国际组织的任职情况（三篇媒体文章）

当今，有多少中国人站在世界关键组织的最高处

2016 年 1 月 12 日，中国财政部官员杨少林，被世界银行任命为世界银行的副行长。

有外媒随后梳理了近年中国人在世界主要经济组织中担任高管的人员名单，并以《更多中国人掌舵国际组织》为题予以报道。

然而，任命一名中国人担任世界主要经济组织的高管，其实对于"任命者"和"被任命者"来说，都并非易事。2 月即将赴任世界银行的杨少林，是由国际猎头公司进行了专业筛选之后，由世界银行遴选委员会进行公开面试，再经历一系列程序之后才最终胜出。

2008 年 2 月出任世界银行首席经济学家兼发展经济学的高级副行长的林毅夫，早在 2007 年 11 月就接到了即将离任的世行首席经济学家布吉尼翁的电话，对方想推荐林毅夫接任。世界银行在遴选重要官员的时候先成立遴选委员会，并列出候选人名单。在林毅夫就此事进行考虑的时候，当时的世界银行行长佐利克来中国访问，对林毅夫进行了"面试"，之后才决定将林毅夫列入推举名单，次年 1 月 16 日，林毅夫才被正式提名为世行首席经济学家兼高级副行长。

2007 年 11 月，中国人张月姣被世贸组织选为七名大法官之一，2006 年世贸组织在全球寻找这一适合人选时，张月姣被中国政府推荐为两个候选人之一。2007 年 9 月世贸组织总干事以及总理会主席、争端解决机构主席等主要高管组成的遴选委会员对张月姣进行了面试，面试的内容涉及各种专业而深入的问题，张月姣回答准确，甚至比提问题者了解的还要多。

不过，通过"考试"只是程序性事务，而入选国际经济组织高层管理职位，也并非只靠"应试"表现。

比如，杨少林1992年就开始在世界银行担任职位，还曾代表中国在世界银行任职。世界银行行长金墉对杨少林作出的评价是，欢迎杨少林回到世界银行，并认为杨少林经验丰富，对世行有充分了解。

现任国际货币基金组织副总裁朱民在获得任命之前就有多年世界银行的职业经历，2013年8月任职世贸组织副总干事的易小准除拥有丰富的专业经验外，还被派驻世贸组织任代表和特命使全权大使。

然而，一个敏感的问题是：从一个中国人突然转变为一个"世界人"，他们的利益重心该如何进行调整？

朱民就此说过：我将以个人名义成为一个国际公务员，而不是去国际货币基金组织代表中国。

林毅夫在接受采访的时候则这样措辞：在国内的话，站在中国的立场，想中国的问题、世界的问题；但在这个地方（世界银行），考虑问题都必须以全球的视角来考虑问题。

张月姣在宣誓就任后也说，她将本着世贸组织规则的精神，公正独立地处理好上诉案件，为完善和加强以规则为基础的多边贸易体制作出贡献。

至于朱民，自进入国际货币基金组织以后，他就在美国频繁参加讨论活动，除了阐述国际货币基金组织的立场态度，更向美国学者和决策者讲述、解释中国的政策取向和效果。他是这样演绎一个"世界人"的角色：他负责90多个国家的年度宏观经济报道，要进行审和批，要经常跟90个国家的总统、总理、财政部部长、央行行长交流。工作面广，出差频繁。他认为自己是在不断流动中工作的：提着行李不停地在机场和会场中转换，日程很紧张，而且要在流动中不断处理各种各样的邮件。

如今，进入世界组织的中国人越来越多，但是一组数据表明，在"绝对数量"方面我们还是远远不够。截至2013年，在国际组织中担任职务的中国人有11人，低于美国48人，法国18人，日本14人，英国19人，德国17人。[1]

---

① 佚名："当今，有多少中国人站在世界关键组织的最高处"，载《环球时报》2016年1月24日。

国际组织中担任中高层职位的中国人不断增多

2015年2月17日，中国常驻联合国日内瓦办事处和瑞士其他国际组织代表吴海龙在日内瓦举行的新春招待会上说，在国际组织中担任中高层职位的中国人不断增多，目前任国际组织一把手的中国籍人士已有三位。

三位国际组织一把手分别是世界卫生组织总干事陈冯富珍、联合国工业发展组织总干事李勇和去年刚当选的国际电信联盟秘书长赵厚麟。此外，来自中国的王彬颖女士2014年10月成功连任总部设在日内瓦的世界知识产权组织副总干事。

据新华社记者了解，目前还有一位中国籍人士将参加3月举行的国际民航组织秘书长职位竞选。届时有可能出现第四位担任国际组织一把手的中国人。

吴海龙在致辞中说，在过去一年里，世界知识产权组织在北京设立了办事处，使中国和这一组织的关系得到进一步提升。同时，自西非埃博拉疫情暴发以来，中国代表团与联合国和驻日内瓦的世界卫生组织密切沟通协调，向西非三国提供了7.5亿元人民币的物资和现金援助，派出了1000多人次的医务人员。

"过去一年，面对世界经济陷入低速增长的严峻形势，我们发挥发展中贸易大国的影响力，全力参与国际经贸规则重构，协助打破多哈回合多边贸易谈判僵局重归正轨，深入参与贸易争端解决，在多边贸易舞台上展现了中国智慧和中国气派。"吴海龙说。

在刚刚过去的马年，中国代表团在日内瓦万国宫成功举办了"中国象形文字展"、"中国小摄影家走进联合国摄影展"等大型公共外交活动。

即将到来的羊年不但是世界反法西斯战争胜利70周年，还是联合国成立70周年和总部设在日内瓦的世贸组织成立20周年，2015年后国际发展议程、气候变化谈判、世贸组织第10届贸易部长会议等多边进程也将迎来重要节点。①

---

① 聂晓阳、施建国："国际组织中担任中高层职位的中国人不断增多"，载 http://news.xinhuanet.com/2015-02/18/c_1114403894.htm，最后访问时间：2017-10-01。

活跃在国际组织的中国法学家

中国法律人获得连任，表明了世界各国日益高度重视中国在国际事务中的地位和作用，也体现了各国政府和法律界对中国法律人综合能力的充分认可和肯定。

作为一名法学家，中国人民大学证据学教研室主任何家弘总是被同行笑称"私活"太多，他既是"孜孜布道于杏坛的法学家"，又是"声名远著于海外的小说家"。而如今，他更是多了一个身份——国际足联道德委员会调查庭委员。

巴林当地时间 2017 年 5 月 11 日上午，中国足协主席蔡振华、常务副主席兼秘书长张剑、专职执委林晓华一行在巴林首都麦纳麦参加第 67 届国际足联代表大会。当天，经大会投票表决，中国足协道德与公平竞赛委员会主任何家弘当选国际足联道德委员会调查庭委员，任期 4 年。

这是继 2017 年 1 月中国国际贸易经济合作研究院副院长赵宏之后，又一名中国法律人登上了国际组织的舞台。近年来，有越来越多的中国法律人登上国际舞台，在各个国际组织中任职，他们通过自己的工作来向世界展示着中国法律人的风采。

足球之缘的"推手"

如果说创作侦探小说、翻译编写法律英语教材还算是与自己的法律工作沾边的话，这次进入国际足联，则让很多不太了解何家弘的人有点"看不懂了"。

一个法学家"跨界"似乎毫不沾边的国际足联，这不得不让有些人"怀疑"，何家弘的背后肯定有"幕后推手"。

"我和足球的缘分可能就是那个'推手'。"每每谈及这个话题，何家弘总会如此开玩笑地表示。

在何家弘的家里，如今还珍藏着一份 20 多年前的荣誉——一张被装裱在玻璃框内、已经有些微微泛黄的奖状，上书"首届法律公正杯业余足球联赛最佳运动员"。

那是 1992 年何家弘在中国人民大学任教时以"五场独中八球"的成绩荣获的奖项，自幼喜爱足球的何家弘曾经将这个含金量相当于"金靴奖"的奖状视为自己在球场上最为辉煌的时刻。

工作的繁忙加之年龄的增长令何家弘逐渐在足球场上力不从心，开始将重心转移到羽毛球上的他可能不会想到，自己和足球的缘分还远没有结束。

何家弘第一次听说"道德与公平竞赛委员会"这个专业名词是在 2014 年夏天的一个早上。当中国足协常务副主席张剑在电话中告诉他，中国足协要成立"道德与公平竞赛委员会"并希望他能担任主任时，他毫不犹豫地答应了，尽管当时的他还并不太了解这是一个什么样的机构。

通过"补课"，何家弘才了解到中国建立足联道德委员会是为了响应国际足联道德委员会的号召，而后者，这个 2006 年成立的机构也来头不小，作为国际足联三大司法机构之一，它可以对每一位国际足联官员进行惩罚，此前国际足联主席布拉特的"禁足令"就是由这个部门宣布的。

"道德委员会并不是针对球赛中发生的裁判误判等这些专业内容进行裁决，而是处理全球范围内与足球有关的腐败、种族歧视、操纵比赛等问题。"何家弘认为，这相当于国际足联中的纪检部门。

"由此可见，这项工作其实是和我的法学专业有交集的。"何家弘曾于 2006 年至 2008 年在最高人民检察院挂职担任渎职侵权检察厅副厅长，他认为足联道德委的工作其实与检察官工作有着不少共通之处，比如，接到某足协高官可能存在权钱交易等贪腐问题的线索之后，要通过证据搜集、梳理事实，举证质证来确定其是否真的存在问题。

"进军"国际足联

研究起草《中国足球协会道德与公平竞赛委员会工作规则（试行）》并对 9 名委员的工作制订计划。尽管目前中国足协道德与公平竞赛委员会的工作还处在起步阶段，但这却为何家弘带来了更进一步的机会。

2017 年春节刚过，何家弘便从中国足协综合部主任沈睿打来的电话中得知国际足联要补选一些委员会成员，中国足协决定推荐他去参选。

"推荐离当选还很遥远。"在提交了个人简历后,何家弘对此并未抱有多大信心。直到 5 月 5 日傍晚,他接到了一通来自国际足联的电话,在半个小时的交谈中,何家弘向对方介绍了自己从事法学研究工作以及担任中国足协道德委员会主任的情况。对方也告诉他,这项工作不会占用太多时间,除非有特别重大的案件,一年大概只开一两次会议。

当天晚饭时,何家弘告诉家人,自己可能真的要去国际足联了。

比朋友们的祝福略晚,5 月 20 日,何家弘收到了国际足联秘书长法蒂玛·萨穆拉(Fatma Samoura)的来信,正式通知他当选为国际足联道德委员会调查庭委员。

"国际足联道德委员会的工作是调查与裁决相分离的。"何家弘向法治周末记者介绍,目前该委员会共有 16 名委员,调查庭与裁决庭各 8 人。这些成员基本都是国际知名的法学家,比如,负责调查庭的主席为瑞士律师考奈尔,负责裁决庭的主席为德国法官埃克尔特。

这让何家弘欣喜异常,因为能够加入其中不仅代表着自身能力的被肯定,和这些国际法学精英共事更能让他的阅历和专业水平得到新的提升。

"不同于处理国内案件,国际足联面对的都是牵涉多国的复杂案情,这不仅要求法学知识过硬,更要懂得外交之道,协调处理各国间的关系。"何家弘准备通过工作来提升自己这方面的能力。

与目前在国际足联任职的竞赛委员会委员孙雯和球员身份委员会委员刘永灼不同,作为半个"圈外人",何家弘算得上是首个进军国际足联的中国法律人。

"在足球专业知识上我需要不断补强,法律理论、反腐调查等方面则是我的优势。"目前,何家弘还没有真正参与国际足联道德委员会的相关工作,但他已做好准备,要在这项工作中展现中国法律人的风采与能力。

事实上,除了何家弘外,当前有一些中国法律人正在他们所任职的国际组织中"崭露头角"。

他们成为国际大法官

辩护人迈克尔·卡尔纳瓦什一跃而起,措辞激烈,指责起诉人在萨布拉尼察大屠杀后所做的调查有失公允，没有核实一位目击证人当初提供给波斯尼亚警察的证词。

"必须让他闭嘴！"起诉人彼得·麦克洛斯基则暴跳如雷，厉声反驳，"这是蔑视法庭，没有规矩就会一塌糊涂"……

这是 2002 年在前南斯拉夫问题国际刑事法庭（以下简称前南国际刑庭）上发生的一幕，当时正在审理的是萨布拉尼察案，这个名不见经传的波黑小镇，在 20 世纪末由于种族灭绝事件成为世界的焦点。

"这是法庭，不是真相调查委员会。当事人双方必须尊重证人并作为法庭的同事相互尊重。如果这种情况继续出现，我们将不得不采取其他措施了。"面对法庭上的争斗，身着红黑相间法官袍服的首席法官，双手合十，平静的言语中又透露着威严，这是一张亚洲人的面孔——来自中国的法官刘大群。

由于在前南地区发生的严重违反国际人道主义法的罪行激起了国际社会的义愤，联合国于 1993 年 5 月 25 日通过 827 号决议成立了前南国际刑庭。

平日里有着彬彬有礼的态度和维持和谐的信念，在法庭上能以亚洲人的沉着、冷静和意味深长的幽默化解无数次激烈的争执，刘大群已经被不少人视为前南国际刑庭的支柱。

事实上，从年龄和任期来看，1950 年出生的刘大群也算得上这个法庭的"元老"之一。

自从 2000 年被联合国秘书长提名作为前南国际刑庭法官来接替任期未满、因病辞职的中国法官王铁崖，到 2015 年 11 月 17 日正式担任前南国际刑庭副庭长，至今刘大群已经在这个法庭工作了 17 年，主审过多起重大案件。

而截至目前，前南国际刑庭共起诉了 161 人，所有被起诉者全部被缉拿归案，成为国际上最有效率的国际刑事审判机构。

同样作为"50 后"，1955 年出生的联合国国际海洋法法庭法官高之国的发展之路与刘大群有着不少相似之处。

为了填补中国法官许光健因身体原因辞职而出现的空缺，2008 年 1 月 30 日，在联合国总部举行的国际海洋法法庭法官补缺选举中，中国政府提名的候选人高之国以 136 票赞成、1 票弃权的表决结果被补选为法庭法官，接替许光健的职务。

成立于 1996 年的国际海洋法法庭是《联合国海洋法公约》设立的解决有关公约解释和适用争端的重要司法机构。法庭由 21 名独立法官组成，均要求是在海洋法领域内具有公认资格的人士。

彼时，作为中国国家海洋局海洋发展战略研究所所长，高之国是国内外同行公认的国际能源法、环境法和海洋法专家。

在 2011 年 6 月 16 日举行的第 21 次《联合国海洋法公约》缔约方会议上，高之国在 149 个投票缔约方中，以 141 票的高票成功获得连任联合国国际海洋法法庭法官。

在"双重的男人世界"里，"我将光荣地、忠诚地、公正地、尽责地履行我作为法官的职责，行使我作为法官的权力。"

在荷兰海牙当地时间 2010 年 9 月 13 日上午 10 时，来自中国的身穿黑色法官长袍的薛捍勤在荷兰海牙和平宫现场约一百名各国外交官、国际法学专家及来宾的注视下庄重宣誓，成为国际法院继史久镛之后的又一位中国籍女法官。

当日，美国籍女法官琼多诺霍同时宣誓就职，这是自 1946 年国际法院成立以来，首次有两位女性法官同时任职。在薛捍勤看来，有越来越多的女性加入到主要国际司法机构的工作中，是社会文明的进步。

事实上，在就任国际法院法官的 4 个月前，薛捍勤刚刚当选为联合国国际法委员会第 62 届会议主席，成为该委员会历史上第一位女主席。

作为一名中国女性，薛捍勤在国际组织中锋芒尽显，这主要得益于其在外交部条约法律司的长期工作实践，曾任外交部条约法律司司长的她出席过许多重要的国际会议，主持过很多双边、多边国际谈判。

因此，在国际法院前首位中国院长、法官史久镛于 2010 年 5 月 28 日辞职留下空缺后，薛捍勤就成为最佳人选。

自宣誓就职后接下格鲁吉亚诉俄罗斯联邦这第一起案件，不到两年的时间薛捍勤便参与了 9 个案子的判决。与国内法院法官审理案件不同，"国际法院经常会三四个案子同时进行，且案子之间并无交集，一会儿是边界问题，一会儿是主权豁免问题，要看的卷宗都是一摞一摞的"。

除此之外，依照工作流程，当事国提交书面陈述之后要进行口头辩论，辩论之后的每一关，法官都要亲自写出自己对此的意见，工作量很大。

薛捍勤也因此被媒体冠以"铁娘子""女强人"等称号。但其实她本人并不喜欢这些称呼。她曾幽默地表示，外交官和法学专家在常人看来应以男性为主，自己则处在这样一个"双重的男人世界"。

WTO"龙女"

当前处在"双重男人世界"里的中国女法学家并不只薛捍勤一人。

2017 年 1 月 25 日，中国国际贸易经济合作研究院副院长赵宏在瑞士日内瓦宣誓就任世界贸易组织（WTO）争端解决机构上诉机构成员，成为当前WTO 上诉机构 7 名成员中唯一的一名女性。

值得一提的是，赵宏所接替的，在 2016 年 10 月结束 8 年工作任期的WTO 上诉机构首位中国法官张月姣，同样是女性。

世贸组织上诉机构有着世界贸易"最高法院"之称，世贸组织成员之间发生贸易争端并提请世贸组织立案解决时，上诉机构报告作为"终审判决"具有强制执行力。

在世界贸易迅猛发展的当下，这一位置无疑具有强大的吸引力，因此，与赵宏一起"竞争"上岗的还有来自日本、尼泊尔、澳大利亚等国的 6 位候选人。

最终赵宏能够脱颖而出，除了有曾在中国外经贸部、反垄断局、世界贸易组织司等单位任职经历外，更重要的是她是个敢于为发展中国家发声、善于运用规则捍卫中国及发展中国家权益的"Dragon Lady"（龙女）。

这个名号缘于一件轰动 WTO 圈的事情。

2006 年，美国、日本发起《反盗版贸易协定》，到 2010 年已有 39 个国家就协定文本达成一致，但其谈判却是秘密进行，因为与现行 WTO《与贸易有关的知识产权协定》相比，它有更强硬的知识产权保护标准，关系众多发展中国家的利益。

在该文本列入 WTO 与贸易有关的知识产权理事会的议程后，作为中国常驻 WTO 代表团公使衔参赞的赵宏代表中国做了 40 多分钟的演讲，其中引用世贸组织关于贸易政策透明度的规则，指出该协议是秘密谈判，且涉及众多成员利益，并从世贸规则的角度逐条评论了该协议违背或超出世贸规则的内容及后果。

最终，这个协议在欧盟议会的讨论中被否决，敢于发声并维护发展中国家利益的赵宏也因此一举成名。

这一次历经 40 多次面试才最终入选，赵宏在欣喜之余更是深感责任重大。

工作的第一年，赵宏就赶上了"案件海啸"之年，去年 WTO 上诉机构一共作出了 6 个报告，而 2017 年预计约有 20 个报告上诉到上诉机构。

根据规定，上诉机构成员采取轮流方式处理案件，每一个案件由其中 3 位法官处理，3 人对案件审理负全责，每一个报告的作出，都需要与其他几位法官沟通。因此，在日内瓦除了每周要工作 7 天，平时还要审阅大量的案件材料。

不过，在赵宏看来，裁决案件要依照法律，秉持独立公正和法治的精神，每一份裁决都要经得起历史的检验，这也是不断提高自身能力的过程。

个人能力与经验

纵览这几位当前活跃在各国际组织的中国法学家的履历背景，除了赵宏没有找到明确的年龄信息外，其余几位均属"50 后"。

对于这样的年龄层次，何家弘分析指出，"在国际组织任职，需要丰富的阅历和积累，更要在其专业领域有比较深刻的研究，具有一定的国际影响力，因此，年龄会相对偏大"。

不同于在国内机构工作，就职于国际组织不仅相关工作要以外语为主，更需要任职者熟知国际法律关系。

法治周末记者注意到，上述几位法学家均有在国外留学深造的经历，且大多有在外交部等涉及国际事务的政府部门工作的经历。

比如，刘大群与薛捍勤就都曾在外交部条约法律司任职。何家弘虽未在相关国际部门任职，但也有着多年在美国、英国、法国等海外讲学交流的经历。

这些在国际组织任职所需的"标配"，却恰恰是当前很多中国法律人所欠缺的。

国际法院每年都要招实习生和助手，这一难得的工作学习机会自然面临巨大竞争，往往是几百人争七八个位子。但薛捍勤却遗憾地发现，中国人往往在第一关就被刷掉了，因为有些中国学者虽然有过硬的理论知识，但英文的写作能力、调研能力却相对差一些。

"中国学者和企业在对外交流中语言能力不高，对外国的文化特点、法律环境一知半解，已成为一大短板。"薛捍勤直言，这对于中国"走出去"的战略发展是不利的。

张月姣对此也深有体会。如何培养更多的国内法律人才，让他们站上国际舞台？张月姣认为，应在提高法律、国际关系、国际政治经济等多领域知识的同时，注重培养他们的语言能力、抗辩能力、分析能力等综合素质。

"作为世界第一贸易大国，在上诉机构中理应有中国的代表。"当选 WTO 上诉机构成员后，赵宏的这一番话深刻表明了能够在国际组织中任职，不仅代表着个人荣誉，彰显的更是国家的实力和地位。

同样，在担任国际法院法官的工作中，薛捍勤曾针对审理的案件发表过几次个人反对意见，这其实是需要很大勇气和决心的，因为公布出来后所有的国际法学界都会研究这一意见。尽管挑战很大，但薛捍勤觉得"作为中国法官，我们的讲话在国际上有分量是相当自豪的"。

在前南斯拉夫问题国际刑事法庭多年的工作中，刘大群结合实际案例提出了共同犯罪组合的第三种类型不应适用在要求有特殊犯意的罪行中，继任指挥官应承担刑事责任以及弹劾法官的标准等一系列法律创新。突出的工作成绩也帮助其在 2001 年和 2004 年获得连任，并最终当选副庭长。

事实上，上述法学家中除了新近当选的何家弘与赵宏外，其余几位都在其国际组织岗位上获得过"连任"。在何家弘看来，中国法律人获得连任，表明了世界各国日益高度重视中国在国际事务中的地位和作用，也体现了各国政府和法律界对中国法律人综合能力的充分认可和肯定。

"在国际法院等重要国际司法机构中有中国法官任职，更是极大地提升了中国乃至众多发展中国家在国际问题上的话语权。"何家弘说。

作为现任国际海洋法法庭法官中 5 位亚洲法官之一的高之国就曾表示，自己的这一席位不仅代表了中国，在一定程度上也代表着发展中国家。

何家弘曾到过很多国家考察交流，近年来他越发感觉到，有越来越多的国外学者愿意主动和中国学者交流甚至学习，这说明中国的国际影响力在不断地提升，而这些在国际组织中任职的中国精英功不可没。

国家实力和国际地位的上升，同样有助于助力更多国人加入到国际组织中。

"我的成功连任与国家长期支持和投入密不可分。"连任联合国国际海洋法法庭法官后，高之国将其更多归功给了自己背后的强大"靠山"——祖国，"正是这个负责任的、不断上升中的大国为我提供了当选的台阶。"①

---

① 赵晨熙："活跃在国际组织的中国法学家"，载《中国法律》2017 年第 3 期，第 118 ~ 125 页。

附录七　第一个总部设在中国的国际组织——国际竹藤协会

国际竹藤组织是第一个总部设在中国的、独立的、非盈利性政府间国际组织，是唯一一家针对竹和藤这两种非木质林产品的国际发展机构。国际竹藤组织（International Network for Bamboo and Rattan，INBAR）是 1997 年 11 月 6 日，由中国、加拿大、孟加拉国、印度尼西亚、缅甸、尼泊尔、菲律宾、秘鲁和坦桑尼亚等 9 国共同发起而签署的《国际竹藤组织成立协定》而成立。总部设在北京，是第一个总部落户中国的国际组织。

INBAR 的宗旨是，在竹藤资源可持续的前提下，促进竹藤生产者和使用者的福利。INBAR 通过开创新的竹藤应用，在环境和生态保护、扶贫与促进全球公平贸易方面发挥着独特的作用。截至 2014 年 9 月，INBAR 成员数量达到 40 个，广泛分布在全球各地。INBAR 的全球合作伙伴网络把政府部门、私有部门和非政府组织联合起来，共同制定和实施竹藤促进包容性绿色发展的全球战略。

INBAR 的成立和发展受到东道国——中国政府的一贯大力支持。中国政府为 INBAR 专门成立中方协调领导小组，建造了总部办公大楼，并成立了国际竹藤中心（ICBR）支持 INBAR 开展研究、国际交流和培训等活动，为促进 INBAR 的顺利运作和发展发挥了至关重要的作用。

2017 年 11 月 6 日，巴西正式加入国际竹藤组织（INBAR），成为该组织的第 43 个成员。

附录八　《联合国宪章》

联合国宪章

【题注】本宪章于 1945 年 6 月 26 日签订于旧金山，1945 年 10 月 24 日生效。

序　言

我联合国人民同兹决心

欲免后世再遭今代人类两度身历惨不堪言之战祸，

重申基本人权，人格尊严与价值，以及男女与大小各国平等权利之信念，

创造适当环境，俾克维持正义，尊重由条约与国际法其他渊源而起之义务，久而弗懈，

促成大自由中之社会进步及较善之民生，并为达此目的

力行容恕，彼此以善邻之道，和睦相处，

集中力量，以维持国际和平及安全，

接受原则，确立力法，以保证非为公共利益，不得使用武力，

运用国际机构，以促成全球人民经济及社会之进展，用是发愤立志，务当同心协力，以竟厥功。

爰由我各本国政府，经齐集金山市之代表各将所奉全权证书，互相校阅，均属妥善，议定本联合国宪章，并设立国际组织，定名联合国。

第一章　宗旨及原则

第一条

联合国之宗旨为：

一、维持国际和平及安全；并为此目的：采取有效集体办法、以防止且消除对于和平之威胁，制止侵略行为或其他和平之破坏；并以和平方法且依正义及国际法之原则，调整或解决足以破坏和平之国际争端或情势。

二、发展国际以尊重人民平等权利及自决原则为根据之友好关系，并采取其他适当办法，以增强普遍和平。

三、促成国际合作，以解决国际属于经济、社会、文化及人类福利性质之国际问题，且不分种族、性别、语言，或宗教、增进并激励对于全体人类之人权及基本自由之尊重。

四、构成一协调各国行动之中心，以达成上述共同目的。

第二条

为求实现第一条所述各宗旨起见，本组织及其会员国应遵行下列原则：

一、本组织系基于各会员国主权平等之原则。

二、各会员国应一秉善意，履行其依本宪章所担负之义务，以保证全体会员国由加入本组织而发生之权益。

三、各会员国应以和平方法解决其国际争端，避免危及国际和平、安全及正义。

四、各会员国在其国际关系上不得使用威胁或武力，或以与联合国宗旨不符之任何其他方法，侵害任何会员国或国家之领土完整或政治独立。

五、各会员国对于联合国依本宪章规定而采取之行动，应尽力予以协助，联合国对于任何国家正在采取防止或执行行动时，各会员国对该国不得给予协助。

六、本组织在维持国际和平及安全之必要范围内，应保证非联合国会员国遵行上述原则。

七、本宪章不得认为授权联合国干涉在本质上属于任何国家国内管辖之事件，且并不要求会员国将该项事件依本宪章提请解决；但此项原则不妨碍第七章内执行办法之适用。

第二章 会　员

第三条

凡曾经参加金山联合国国际组织会议或前此曾签字于 1942 年 1 月 1 日联

合国宣言之国家，签订本宪章，且依宪章第一百一十条规定而予以批准者，均为联合国之创始会员国。

第四条

一、凡其他爱好和平之国家，接受本宪章所载之义务，经本组织认为确能并愿意履行该项义务者，得为联合国会员国。

二、准许上述国家为联合国会员国，将由大会经安全理事会之推荐以决议行之。

第五条

联合国会员国，业经安全理事会对其采取防止或执行行动者，大会经安全理事会之建议，得停止其会员权利及特权之行使。此项权利及特权之行使，得由安全理事会恢复之。

第六条

联合国之会员国中，有屡次违犯本宪章所载之原则者，大会经安全理事会之建议，得将其由本组织除名。

第三章　机　　关

第七条

一、兹设联合国之主要机关如下：大会、安全理事会、经济及社会理事会、托管理事会、国际法院及秘书处。

二、联合国得依本宪章设立认为必需之辅助机关。

第八条

联合国对于男女均得在其主要及辅助机关在平等条件之下，充任任何职务，不得加以限制。

第四章　大　　会

组　　织

第九条

一、大会由联合国所有会员国组织之。

二、每一会员国在大会之代表，不得超过五人。

职　权

第十条

大会得讨论本宪章范围内之任何问题或事项，或关于本宪章所规定任何机关之职权；并除第十二条所规定外，得向联合国会员国或安全理事会或兼向两者，提出对各该问题或事项之建议。

第十一条

一、大会得考虑关于维持国际和平及安全之合作之普通原则，包括军缩及军备管制之原则；并得向会员国或安全理事会或兼向两者提出对于该项原则之建议。

二、大会得讨论联合国任何会员国或安全理事会或非联合国会员国依第三十五条第二项之规定向大会所提关于维持国际和平及安全之任何问题；除第十二条所规定外，并得向会员国或安全理事会或兼向两者提出对于各该项问题之建议。凡对于需要行动之各该项问题，应由大会于讨论前或讨论后提交安全理事会。

三、大会对于足以危及国际和平与安全之情势，得提请安全理事会注意。

四、本条所载之大会权力并不限制第十条之概括范围。

第十二条

一、当安全理事会对于任何争端或情势，正在执行本宪章所授予该会之职务时，大会非经安全理事会请求，对于该项争端或情势，不得提出任何建议。

二、秘书长经安全理事会之同意，应于大会每次会议时，将安全理事会正在处理中关于维持国际和平及安全之任何事件，通知大会；于安全理事会停止处理该项事件时，亦应立即通知大会，或在大会闭会期内通知联合国会员国。

第十三条

一、大会应发动研究，并做成建议：

（子）以促进政治上之国际合作，并提倡国际法之逐渐发展与编纂。

（丑）以促进经济、社会、文化、教育及卫生各部门之国际合作，且不分种族、性别、语言，或宗教，助成全体人类之人权及基本自由之实现。

二、大会关于本条第一项（丑）款所列事项之其他责任及职权，于第九章及第十章中规定之。

第十四条

大会对于其所认为足以妨害国际公共福利或友好关系之任何情势，不论其起源如何，包括由违反本宪章所载联合国之宗旨及原则而起之情势，得建议和平调整办法，但以不违背第十二条之规定为限。

第十五条

一、大会应收受并审查安全理事会所送之常年及特别报告；该项报告应载有安全理事会对于维持国际和平及安全所已决定或施行之办法之陈述。

二、大会应收受并审查联合国其他机关所送之报告。

第十六条

大会应执行第十二章及第十三章所授予关于国际托管制度之职务，包括关于非战略防区托管协定之核准。

第十七条

一、大会应审核本组织之预算。

二、本组织之经费应由各会员国依照大会分配限额担负之。

三、大会应审核经与第五十七条所指各种专门机关订定之任何财政及预算办法，并应审查该项专门机关之行政预算，以便向关系机关提出建议。

投 票

第十八条

一、大会之每一会员国，应有一个投票权。

二、大会对于重要问题之决议应以到会及投票之会员国三分之二多数决定之。此项问题应包括：关于维持国际和平及安全之建议，安全理事会非常任理事国之选举，经济及社会理事会理事国之选举，依第八十六条第一项（寅）款所规定托管理事会理事国之选举，对于新会员国加入联合国之准许，会员国权利及特权之停止，会员国之除名，关于施行托管制度之问题，以及预算问题。

三、关于其他问题之决议，包括另有何种事项应以三分之二多数决定之问题，应以到会及投票之会员国过半数决定之。

第十九条

凡拖欠本组织财政款项之会员国，其拖欠数目如等于或超过前两年所应缴纳之数目时，即丧失其在大会投票权。大会如认拖欠原因，确由于该会员国无法控制之情形者，得准许该会员国投票。

程　序

第二十条

大会每年应举行常会，并于必要时，举行特别会议。特别会议应由秘书长经安全理事会或联合国会员国过半数之请求召集之。

第二十一条

大会应自行制定其议事规则。大会应选举每次会议之主席。

第二十二条

大会得设立其认为于行使职务所必需之辅助机关。

第五章　安全理事会

组　织

第二十三条

一、安全理事会以联合国十五会员国组织之。"中华民国"、法兰西、苏维埃社会主义共和国联邦、大不列颠及北爱尔兰联合王国及美利坚合众国应为安全理事会常任理事国。大会应选举联合国其他十会员国为安全理事会非常任理事国，选举时首宜充分斟酌联合国各会员国于维持国际和平与安全及本组织其余各宗旨上之贡献，并宜充分斟酌地域上之公匀分配。

二、安全理事会非常任理事国任期定为二年。安全理事会理事国自十一国增至十五国后第一次选举非常任理事国时，所增四国中两国之任期应为一年。任满之理事国不得即行连选。

三、安全理事会每一理事国应有代表一人。

职　权

第二十四条

一、为保证联合国行动迅速有效起见，各会员国将维持国际和平及安全之主要责任，授予安全理事会，并同意安全理事会于履行此项责任下之职务时，即系代表各会员国。

二、安全理事会于履行此项职务时，应遵照联合国之宗旨及原则。为履行此项职务而授予安全理事会之特定权力，于本宪章第六章、第七章、第八章及第十二章内规定之。

三、安全理事会应将常年报告、并于必要时将特别报告、提送大会审查。

第二十五条

联合国会员国同意依宪章之规定接受并履行安全理事会之决议。

第二十六条

为促进国际和平及安全之建立及维持，以尽量减少世界人力及经济资源之消耗于军备起见，安全理事会借第四十七条所指之军事参谋团之协助，应负责拟具方案，提交联合国会员国，以建立军备管制制度。

投　票

第二十七条

一、安全理事会每一理事国应有一个投票权。

二、安全理事会关于程序事项之决议，应以九理事国之可决票表决之。

三、安全理事会对于其他一切事项之决议，应以九理事国之可决票包括全体常任理事国之同意票表决之；但对于第六章及第五十二条第三项内各事项之决议，争端当事国不得投票。

程　序

第二十八条

一、安全理事会之组织，应以使其能继续不断行使职务为要件。为此目的，安全理事会之各理事国应有常驻本组织会所之代表。

二、安全理事会应举行定期会议，每一理事国认为合宜时得派政府大员或其他特别指定之代表出席。

三、在本组织会所以外，安全理事会得在认为最能便利其工作之其他地点举行会议。

第二十九条

安全理事会得设立其认为于行使职务所必需之辅助机关。

第三十条

安全理事会应自行制定其议事规则，包括其推选主席之方法。

第三十一条

在安全理事会提出之任何问题，经其认为对于非安全理事会理事国之联合国任何会员国之利益有特别关系时，该会员国得参加讨论，但无投票权。

第三十二条

联合国会员国而非为安全理事会之理事国，或非联合国会员国之国家，如于安全理事会考虑中之争端为当事国者，应被邀参加关于该项争端之讨论，但无投票权。安全理事会应规定其所认为公平之条件，以便非联合国会员国之国家参加。

第六章　争端之和平解决

第三十三条

一、任何争端之当事国，于争端之继续存在足以危及国际和平与安全之维持时，应尽先以谈判、调查、调停、和解、公断、司法解决、区域机关或区域办法之利用，或各该国自行选择之其他和平方法，求得解决。

二、安全理事会认为必要时，应促请各当事国以此项方法，解决其争端。

第三十四条

安全理事会得调查任何争端或可能引起国际摩擦或惹起争端之任何情势，以断定该项争端或情势之继续存在是否足以危及国际和平与安全之维持。

第三十五条

一、联合国任何会员国得将属于第三十四条所指之性质之任何争端或情势，提请安全理事会或大会注意。

二、非联合国会员国之国家如为任何争端之当事国时，经预先声明就该争端而言接受本宪章所规定和平解决之义务后，得将该项争端，提请大会或安全理事会注意。

三、大会关于按照本条所提请注意事项之进行步骤，应遵守第十一条及第十二条之规定。

第三十六条

一、属于第三十三条所指之性质之争端或相似之情势，安全理事会在任何阶段，得建议适当程序或调整方法。

二、安全理事会对于当事国为解决争端业经采取之任何程序，理应予以考虑。

三、安全理事会按照本条做成建议时，同时理应注意凡具有法律性质之争端，在原则上，理应由当事国依国际法院规约之规定提交国际法院。

第三十七条

一、属于第三十三条所指之性质之争端，当事国如未能依该条所示方法解决时，应将该项争端提交安全理事会。

二、安全理事会如认为该项争端之继续存在，在事实上足以危及国际和平与安全之维持时，应决定是否当依第三十六条采取行动或建议其所认为适当之解决条件。

第三十八条

安全理事会如经所有争端当事国之请求，得向各当事国做成建议，以求争端之和平解决，但以不妨碍第三十三条至第三十七条之规定为限。

第七章 对于和平之威胁、和平之破坏及侵略行为之应付办法

第三十九条

安全理事会应断定任何和平之威胁、和平之破坏，或侵略行为之是否存在，并应做成建议或抉择依第四十一条及第四十二条规定之办法，以维持或恢复国际和平及安全。

第四十条

为防止情势之恶化，安全理事会在依第三十九条规定做成建议或决定办法以前，得促请关系当事国遵行安全理事会所认为必要或合宜之临时办法，此项临时办法并不妨碍关系当事国之权利、要求，或立场。安全理事会对于不遵行此项临时办法之情形，应予适当注意。

第四十一条

安全理事会得决定所应采武力以外之办法，以实施其决议，并得促请联合国会员国执行此项办法。此项办法得包括经济关系、铁路、海运、航空、邮、电、无线电及其他交通工具、之局部或全部停止，以及外交关系之断绝。

第四十二条

安全理事会如认第四十一条所规定之办法为不足或已经证明为不足时，得采取必要之空海陆军行动，以维持或恢复国际和平及安全。此项行动得包括联合国会员国之空海陆军示威、封锁及其他军事举动。

第四十三条

一、联合国各会员国为求对于维持国际和平及安全有所贡献起见，担任于安全理事会发令时，并依特别协定，供给为维持国际和平及安全所必需之军队、协助及便利，包括过境权。

二、此项特别协定应规定军队之数目及种类，其准备程度及一般驻扎地点，以及所供便利及协助之性质。

三、此项特别协定应以安全理事会之主动，尽速议订。此项协定应由安全理事会与会员国或由安全理事会与若干会员国之集团缔结之，并由签字国各依其宪法程序批准之。

第四十四条

安全理事会决定使用武力时，于要求非安全理事会会员国依第四十三条供给军队以履行其义务之前，如经该会员国请求，应请其派遣代表，参加安全理事会关于使用其军事部队之决议。

第四十五条

为使联合国能采取紧急军事办法起见，会员国应将其本国空军部队为国际共同执行行动随时供给调遣。此项部队之实力与准备之程度，及其共同行动之计划，应由安全理事会以军事参谋团之协助，在第四十三条所指之特别协定范围内决定之。

第四十六条

武力使用之计划应由安全理事会以军事参谋团之协助决定之。

第四十七条

一、兹设立军事参谋团，以便对于安全理事会维持国际和平及安全之军事需要问题，对于受该会所支配军队之使用及统率问题，对于军备之管制及可能之军缩问题，向该会贡献意见并予以协助。

二、军事参谋团应由安全理事会各常任理事国之参谋总长或其代表组织之。联合国任何会员国在该团未有常任代表者，如于该团责任之履行在效率上必需该国参加其工作时，应由该团邀请参加。

三、军事参谋团在安全理事会权力之下，对于受该会所支配之任何军队，负战略上之指挥责任；关于该项军队之统率问题，应待以后处理。

四、军事参谋团，经安全理事会之授权，并与区域内有关机关商议后，得设立区域分团。

第四十八条

一、执行安全理事会为维持国际和平及安全之决议所必要之行动，应由联合国全体会员国或由若干会员国担任之，一依安全理事会之决定。

二、此项决议应由联合国会员国以其直接行动及经其加入为会员之有关国际机关之行动履行之。

第四十九条

联合国会员国应通力合作，彼此协助，以执行安全理事会所决定之办法。

第五十条

安全理事会对于任何国家采取防止或执行办法时，其他国家，不论其是否为联合国会员国，遇有因此项办法之执行而引起之特殊经济问题者，应有权与安全理事会会商解决此项问题。

第五十一条

联合国任何会员国受武力攻击时，在安全理事会采取必要办法，以维持国际和平及安全以前，本宪章不得认为禁止行使单独或集体自卫之自然权利。会员国因行使此项自卫权而采取之办法，应立即向安全理事会报告，此项办法于任何方面不得影响该会按照本宪章随时采取其所认为必要行动之权责，以维持或恢复国际和平及安全。

第八章 区域办法

第五十二条

一、本宪章不得认为排除区域办法或区域机关、用以应付关于维持国际和平及安全而宜于区域行动之事件者；但以此项办法或机关及其工作与联合国之宗旨及原则符合者为限。

二、缔结此项办法或设立此项机关之联合国会员国，将地方争端提交安全理事会以前，应依该项区域办法，或由该项区域机关，力求和平解决。

三、安全理事会对于依区域办法或由区域机关而求地方争端之和平解决，不论其系由关系国主动，或由安全理事会提交者，应鼓励其发展。

四、本条绝不妨碍第三十四条及第三十五条之适用。

第五十三条

一、安全理事会对于职权内之执行行动，在适当情形下，应利用此项区域办法或区域机关。如无安全理事会之授权，不得依区域办法或由区域机关采取任何执行行动；但关于依第一百零七条之规定对付本条第二项所指之任何敌国之步骤，或在区域办法内所取防备此等国家再施其侵略政策之步骤，截至本组织经各关系政府之请求，对于此等国家之再次侵略，能担负防止责任时为止，不在此限。

二、本条第一项所称敌国系指第二次世界大战中为本宪章任何签字国之敌国而言。

第五十四条

关于为维持国际和平及安全起见，依区域办法或由区域机关所已采取或正在考虑之行动，不论何时应向安全理事会充分报告之。

第九章 国际经济及社会合作

第五十五条

为造成国际以尊重人民平等权利及自决原则为根据之和平友好关系所必要之安定及福利条件起见，联合国应促进：

（子）较高之生活程度、全民就业及经济与社会进展。

（丑）国际经济、社会、卫生及有关问题之解决；国际文化及教育合作。

（寅）全体人类之人权及基本自由之普遍尊重与遵守，不分种族、性别、语言或宗教。

第五十六条

各会员国担允采取共同及个别行动与本组织合作，以达成第五十五条所载之宗旨。

第五十七条

一、由各国政府间协定所成立之各种专门机关，依其组织约章之规定，于经济、社会、文化、教育、卫生及其他有关部门负有广大国际责任者，应依第六十三条之规定使与联合国发生关系。

二、上述与联合国发生关系之各专门机关，以下简称专门机关。

第五十八条

本组织应做成建议，以调整各专门机关之政策及工作。

第五十九条

本组织应于适当情形下，发动各关系国间之谈判，以创设为达成第五十五条规定宗旨所必要之新专门机关。

第六十条

履行本章所载本组织职务之责任，属于大会及大会权力下之经济及社会理事会。为此目的，该理事会应有第十章所载之权力。

第十章　经济及社会理事会

组　织

第六十一条

一、经济及社会理事会由大会选举联合国二十七会员国组织之。

二、除第三款所规定外，经济及社会理事会每年选举理事九国，任期三年。任满之理事国得即行连选。

三、经济及社会理事会理事国自十八国增至二十七国后第一次选举时，除选举理事六国接替任期在该年年终届满之理事国外，应另增选理事九国。增选之理事九国中，三国任期一年，另三国任期二年，依大会所定办法。

四、经济及社会理事会之每一理事国应有代表一人。

职　权

第六十二条

一、经济及社会理事会得做成或发动关于国际经济、社会、文化、教育、卫生及其他有关事项之研究及报告；并得向大会、联合国会员国及关系专门机关提出关于此种事项之建议案。

二、本理事会为增进全体人类之人权及基本自由之尊重及维护起见，得做成建议案。

三、本理事会得拟具关于其职权范围内事项之协约草案，提交大会。

四、本理事会得依联合国所定之规则召集本理事会职务范围以内事项之国际会议。

第六十三条

一、经济及社会理事会得与第五十七条所指之任何专门机关订立协定，订明关系专门机关与联合国发生关系之条件。该项协定须经大会之核准。

二、本理事会，为调整各种专门机关之工作，得与此种机关会商并得向其提出建议，并得向大会及联合国会员国建议。

第六十四条

一、经济及社会理事会得取适当步骤，以取得专门机关之经常报告。本理事会得与联合国会员国及专门机关，商定办法俾就实施本理事会之建议及大会对于本理事会职权范围内事项之建议所采之步骤，取得报告。

二、本理事会得将对于此项报告之意见提送大会。

第六十五条

经济及社会理事会得向安全理事会供给情报，并因安全理事会之邀请，予以协助。

第六十六条

一、经济及社会理事会应履行其职权范围内关于执行大会建议之职务。

二、经大会之许可，本理事会得应联合国会员国或专门机关之请求，供其服务。

三、本理事会应履行本宪章他章所特定之其他职务，以及大会所授予之职务。

投 票

第六十七条

一、经济及社会理事会每一理事国应有一个投票权。

二、本理事会之决议，应以到会及投票之理事国过半数表决之。

程 序

第六十八条

经济及社会理事会应设立经济与社会部门及以提倡人权为目的之各种委员会，并得设立于行使职务所必需之其他委员会。

第六十九条

经济及社会理事会应请联合国会员国参加讨论本理事会对于该国有特别关系之任何事件，但无投票权。

第七十条

经济及社会理事会得商定办法使专门机关之代表无投票权而参加本理事会及本理事会所设各委员会之讨论，或使本理事会之代表参加此项专门机关之讨论。

第七十一条

经济及社会理事会得采取适当办法，俾与各种非政府组织会商有关于本理事会职权范围内之事件。此项办法得与国际组织商定之，并于适当情形下，经与关系联合国会员国会商后，得与该国国内组织商定之。

第七十二条

一、经济及社会理事会应自行制定其议事规则，包括其推选主席之方法。

二、经济及社会理事会应依其规则举行必要之会议。此项规则应包括因理事国过半数之请求而召集会议之条款。

第十一章 关于非自治领土之宣言

第七十三条

联合国各会员国，于其所负有或承担管理责任之领土，其人民尚未臻自治之充分程度者，承认以领土居民之福利为至上之原则，并接受在本宪章所建立之国际和平及安全制度下，以充分增进领土居民福利之义务为神圣之信托，且为此目的：

（子）于充分尊重关系人民之文化下，保证其政治、经济、社会及教育之进展，予以公平待遇，且保障其不受虐待。

（丑）按各领土及其人民特殊之环境及其进化之阶段，发展自治；对各该人民之政治愿望，予以适当之注意；并助其自由政治制度之逐渐发展。

（寅）促进国际和平及安全。

（卯）提倡建设计划，以求进步；奖励研究；各国彼此合作，并于适当之时间及场合与专门国际团体合作，以求本条所载社会、经济及科学目的之实现。

（辰）在不违背安全及宪法之限制下，按时将关于各会员国分别负责管理领土内之经济、社会及教育情形之统计及具有专门性质之情报，递送秘书长，以供参考。本宪章第十二章及第十三章所规定之领土，不在此限。

第七十四条

联合国各会员国公同承诺对于本章规定之领土，一如对于本国区域，其政策必须以善邻之道奉为圭臬；并于社会、经济及商业上，对世界各国之利益及幸福，予以充分之注意。

第十二章 国际托管制度

第七十五条

联合国在其权力下，应设立国际托管制度，以管理并监督凭此后个别协定而置于该制度下之领土。此项领土以下简称托管领土。

第七十六条

按据本宪章第一条所载联合国之宗旨，托管制度之基本目的应为：

（子）促进国际和平及安全。

（丑）增进托管领土居民之政治、经济、社会及教育之进展；并以适合各领土及其人民之特殊情形及关系人民自由表示之愿望为原则，且按照各托管协定之条款，增进其趋向自治或独立之逐渐发展。

（寅）不分种族、性别、语言，或宗教，提倡全体人类之人权及基本自由之尊重，并激发世界人民互相维系之意识。

（卯）于社会、经济及商业事件上，保证联合国全体会员国及其国民之平等待遇，及各该国民于司法裁判上之平等待遇，但以不妨碍上述目的之达成，且不违背第八十条之规定为限。

第七十七条

一、托管制度适用于依托管协定所置于该制度下之下列各种类之领土：

（子）现在委任统治下之领土。

（丑）因第二次世界大战结果或将自敌国割离之领土。

（寅）负管理责任之国家自愿置于该制度下之领土。

二、关于上列种类中之何种领土将置于托管制度之下，及其条件，为此后协定所当规定之事项。

第七十八条

凡领土已成为联合国之会员国者，不适用托管制度；联合国会员国间之关系，应基于尊重主权平等之原则。

第七十九条

置于托管制度下之每一领土之托管条款，及其更改或修正，应由直接关系各国、包括联合国之会员国而为委任统治地之受托国者，予以议定，其核准应依第八十三条及第八十五条之规定。

第八十条

一、除依第七十七条、第七十九条，及第八十一条所订置各领土于托管制度下之个别托管协定另有议定外，并在该项协定未经缔结以前，本章任何规定绝对不得解释为以任何方式变更任何国家或人民之权利，或联合国会员国个别签订之现有国际约章之条款。

二、本条第一项不得解释为对于依第七十七条之规定而订置委任统治地或其他领土于托管制度下之协定，授以延展商订之理由。

第八十一条

凡托管协定均应载有管理领土之条款，并指定管理托管领土之当局。该项当局，以下简称管理当局，得为一个或数个国家，或为联合国本身。

第八十二条

于任何托管协定内，得指定一个或数个战略防区，

包括该项协定下之托管领土之一部或全部，但该项协定并不妨碍依第四十三条而订立之任何特别协定。

第八十三条

一、联合国关于战略防区之各项职务，包括此项托管协定条款之核准及其更改或修正，应由安全理事会行使之。

二、第七十六条所规定之基本目的，适用于每一战略防区之人民。

三、安全理事会以不违背托管协定之规定且不妨碍安全之考虑为限，应利用托管理事会之协助，以履行联合国托管制度下关于战略防区内之政治、经济、社会及教育事件之职务。

第八十四条

管理当局有保证托管领土对于维持国际和平及安全尽其本分之义务。该当局为此目的得到用托管领土之志愿军、便利及协助，以履行该当局对于安全理事会所负关于此点之义务，并以实行地方自卫，且在托管领土内维持法律与秩序。

第八十五条

一、联合国关于一切非战略防区托管协定之职务，包括此项托管协定条款之核准及其更改或修正，应由大会行使之。

二、托管理事会于大会权力下，应协助大会履行上述之职务。

第十三章　托管理事会

组　织

第八十六条

一、托管理事会应由下列联合国会员国组织之：

（子）管理托管领土之会员国。

（丑）第二十三条所列名之国家而现非管理托管领土者。

（寅）大会选举必要数额之其他会员国，任期三年，俾使托管理事会理事国之总数，于联合国会员国中之管理托管领土者及不管理者之间，得以平均分配。

二、托管理事会之每一理事国应指定一特别合格之人员，以代表之。

职　权

第八十七条

大会及在其权力下之托管理事会于履行职务时得：

（子）审查管理当局所送之报告。

（丑）会同管理当局接受并审查请愿书。

（寅）与管理当局商定时间，按期视察各托管领土。

（卯）依托管协定之条款，采取上述其他行动。

第八十八条

托管理事会应拟定关于各托管领土居民之政治、经济、社会及教育进展之问题单；就大会职权范围内，各托管领土之管理当局应根据该项问题单向大会提出常年报告。

投　票

第八十九条

一、托管理事会之每一理事国应有一个投票权。

二、托管理事会之决议应以到会及投票之理事国过半数表决之。

程　序

第九十条

一、托管理事会应自行制定其议事规则，包括其推选主席之方法。

二、托管理事会应依其所定规则，举行必要之会议。此项规则应包括关于经该会理事国过半数之请求而召集会议之规定。

第九十一条

托管理事会于适当时，应利用经济及社会理事会之协助，并对于各关系事项，利用专门机关之协助。

第十四章　国际法院

第九十二条

国际法院为联合国之主要司法机关，应依所附规约执行其职务。该项规约系以国际常设法院之规约为根据，并为本宪章之构成部分。

第九十三条

一、联合国各会员国为国际法院规约之当然当事国。

二、非联合国会员国之国家得为国际法院规约当事国之条件，应由大会经安全理事会之建议就个别情形决定之。

第九十四条

一、联合国每一会员国为任何案件之当事国者，承诺遵行国际法院之判决。

二、遇有一造不履行依法院判决应负之义务时，他造得向于安全理事会申诉。安全理事会如认为必要时，得做成建议或决定应采办法，以执行判决。

第九十五条

本宪章不得认为禁止联合国会员国依据现有或以后缔结之协定，将其争端托付其他法院解决。

第九十六条

一、大会或安全理事会对于任何法律问题得请国际法院发表咨询意见。

二、联合国其他机关及各种专门机关，对于其工作范围内之任何法律问题，得随时以大会之授权，请求国际法院发表咨询意见。

第十五章　秘书处

第九十七条

秘书处置秘书长一人及本组织所需之办事人员若干人。秘书长应由大会经安全理事会之推荐委派之。秘书长为本组织之行政首长。

第九十八条

秘书长在大会、安全理事会、经济及社会理事会及托管理事会之一切会议，应以秘书长资格行使职务，并应执行各该机关所托付之其他职务。秘书长应向大会提送关于本组织工作之常年报告。

第九十九条

秘书长得将其所认为可能威胁国际和平及安全之任何事件，提请安全理事会注意。

第一百条

一、秘书长及办事人员于执行职务时，不得请求或接受本组织以外任何政府或其他当局之训示，并应避免足以妨碍其国际官员地位之行动。秘书长及办事人员专对本组织负责。

二、联合国各会员国承诺尊重秘书长及办事人员责任之专属国际性，决不设法影响其责任之履行。

第一百零一条

一、办事人员由秘书长依大会所定章程委派之。

二、适当之办事人员应长期分配于经济及社会理事会、托管理事会、并于必要时，分配于联合国其他之机关。此项办事人员构成秘书处之一部。

三、办事人员之雇用及其服务条件之决定，应以求达效率、才干及忠诚之最高标准为首要考虑。征聘办事人员时，于可能范围内，应充分注意地域上之普及。

第十六章　杂项条款

第一百零二条

一、本宪章发生效力后，联合国任何会员国所缔结之一切条约及国际协定应尽速在秘书处登记，并由秘书处公布之。

二、当事国对于未经依本条第一项规定登记之条约或国际协定，不得向联合国任何机关援引之。

第一百零三条

联合国会员国在本宪章下之义务与其依任何其他国际协定所负之义务有冲突时，其在本宪章下之义务应居优先。

第一百零四条

本组织于每一会员国之领土内，应享受于执行其职务及达成其宗旨所必需之法律行为能力。

第一百零五条

一、本组织于每一会员国之领土内，应享受于达成其宗旨所必需之特权及豁免。

二、联合国会员国之代表及本组织之职员，亦应同样享受于其独立行使关于本组织之职务所必需之特权及豁免。

三、为明定本条第一项及第二项之施行细则起见，大会得做成建议，或为此目的向联合国会员国提议协约。

第十七章　过渡安全办法

第一百零六条

在第四十三条所称之特别协定尚未生效，因而安全理事会认为尚不得开始履行第四十二条所规定之责任前，1943 年 10 月 30 日在莫斯科签订四国宣言之当事国及法兰西应依该宣言第五项之规定，互相洽商，并于必要时，与联合国其他会员国洽商，以代表本组织采取为维持国际和平及安全宗旨所必要之联合行动。

第一百零七条

本宪章并不取消或禁止负行动责任之政府对于在第二次世界大战中本宪章任何签字国之敌国因该次战争而采取或受权执行之行动。

第十八章　修　　正

第一百零八条

本宪章之修正案经大会会员国三分之二表决并由联合国会员国三分之二，包括安全理事会全体常任理事国，各依其宪法程序批准后，对于联合国所有会员国发生效力。

第一百零九条

一、联合国会员国，为检讨本宪章，得以大会会员国三分之二表决，经安全理事会任何九理事国之表决，确定日期及地点举行全体会议。联合国每一会员国在全体会议中应有一个投票权。

二、全体会议以三分之二表决所建议对于宪章之任何更改，应经联合国会员国三分之二、包括安全理事会全体常任理事国、各依其宪法程序批准后，发生效力。

三、如于本宪章生效后大会第十届年会前，此项全体会议尚未举行时，应将召集全体会议之提议列入大会该届年会之议事日程；如得大会会员国过半数及安全理事会任何七理事国之表决，此项会议应即举行。

第十九章　批准及签字

第一百一十条

一、本宪章应由签字国各依其宪法程序批准之。

二、批准书应交存美利坚合众国政府。该国政府应于每一批准书交存时通知各签字国，如本组织秘书长业经委派时，并应通知秘书长。

三、一俟美利坚合众国政府通知已有"中华民国"、法兰西、苏维埃社会主义共和国联邦、大不列颠及北爱尔兰联合王国、与美利坚合众国以及其他签字国之过半数将批准书交存时，本宪章即发生效力。美利坚合众国政府应拟就此项交存批准之议定书并将副本分送所有签字国。

四、本宪章签字国于宪章发生效力后批准者，应自其各将批准书交存之日起为联合国之创始会员国。

第一百一十一条

本宪章应留存美利坚合众国政府之档库，其中、法、俄、英及西文各本同一作准。该国政府应将正式副本分送其他签字国政府。

为此联合国各会员国政府之代表谨签字于本宪章，以昭信守。

公历 1945 年 6 月 26 日签订于旧金山市。

主要参考文献

1. 王铁崖主编：《国际法》，法律出版社 1995 年版。

2. 邵津主编：《国际法》，北京大学出版社、高等教育出版社 2000 年版，2014 年版。

3. 饶戈平主编：《国际组织法》，北京大学出版社 2000 年版。

4. 梁西：《国际组织法（总论)》，武汉大学出版社 2002 年版。

5. 杨泽伟：《宏观国际法史》，武汉大学出版社 2002 年版。

6. 曾令良、饶戈平主编：《国际法》，法律出版社 2005 年版。

7. 葛勇平、孙珺：《欧洲法析论》，法律出版社 2008 年版。

8. 梁西：《梁著国际组织法》，杨泽伟修订，武汉大学出版社 2011 年版。

9. 马呈元主编：《国际法》，中国人民大学出版社 2003 年版，2012 年版。

10. 葛勇平编著：《国际关系理论与实践》，哈尔滨工业大学出版社 2014 年版。

后记（致谢）

笔者一人无法完成本书《国际组织法》的全部工作。在此，衷心感谢所有直接和间接为本书的撰写与出版做出贡献的人，包括被我引用的文献的作者们。

衷心感谢我的博士生导师 Gilbert Gornig 教授（我给他起了个中文名字：高内阁）。没有他的言传身教和鼓励，我难以获得德国马尔堡大学的国际法学博士学位；没有这个学位，我将不能在厦门大学、哈尔滨工业大学、河海大学的法学院教授国际法；没有他无私提供的部分书稿，本书的总论将不够系统和深入。Gornig 教授提供了德文的国际组织及联合国的基本理论。21 世纪以来，Gornig 教授几乎每年都来中国讲学，并到我工作的城市和学校与我会面，在讲座和促膝谈心中，良师成了良师益友。

衷心感谢厦门大学的陈安教授，2001 年，他热情邀请我的妻子和我到厦门大学法学院工作。衷心感谢时任院长廖益新教授和教学院长陈晓明教授，2004 年，安排我为在职法律硕士生讲授国际组织法课程。

衷心感谢武汉大学的梁西教授，他撰写的教材《国际组织法》质量非常高，我引用了许多处。我没有见过梁老本人，但认识他的一些学生，例如修订《梁著国际组织法》的杨泽伟教授，借每年的国际法、海洋法、欧洲法等学术年会，我从梁老的学生那里受益良多。杨老师近日给我发微信：梁老今年 94 岁，思路清晰，能上下四楼。闻之甚幸！

衷心感谢武汉大学的杨泽伟教授，他的学术著作《宏观国际法史》和《国际法析论》开阔了我的眼界。

衷心感谢北京大学的饶戈平教授，他主编的教材《国际组织法》质量非常高，还有其他学术论文，我引用了许多处。饶戈平老师对我的研究和教学工作非常关心，并进行了许多有益的指导和帮助，我在 2015 年出版的拙作《一个中国原则下两岸关系和平发展法律问题研究》中向他致谢，仍感觉很不足以表达我的敬意和谢意。

衷心感谢哈尔滨工业大学法学院的首任院长、后就职于国家法官学院的赵海峰教授，2005 年，他安排我为本科生讲授国际组织法课程。

衷心感谢武汉大学的黄德明教授，他一直关心我的学术研究，编辑审定了拙文《论欧盟成员国资格的取得标准与丧失》，发表在《法学评论》2009 年第 5 期，预见了欧盟成员的退出，例如英国。黄老师的发表在《法学评论》1998 年第 6 期的论文《略论欧洲共同体与欧洲联盟的法律人格》对我很有启发。

衷心感谢河海大学校长助理、法学院前任院长邢鸿飞教授、法学院现任院长杨春福教授、副院长陈广华教授、副院长晋海教授、国际法和比较法研究所所长孙珺教授对本书的指导和支持。

本书第二编和第三编的部分资料或初稿出自各届学生参与课程的部分作业，衷心感谢他们，特别是周俊伟、李运辰、崔佳怡、郭有利、王相臣、武术、孙淼淼、孟璐、于焕等女士和先生们。第四编所列的教学实例是在授课过程中与学生们密切互动的成果，当年上《国际组织法》课程时，许多学生配合我的课程安排，积极参与其中。如果那些如今已经工作的学生读到本书，还会在第四编模拟会谈"联合国安理会改革新闻发布会"和模拟谈判"南海六国七方会谈"及学生感想部分看到自己的影子，勾起一些校园青春的回忆。

衷心感谢河海大学法学院研究生苏铭煜、田雪协助收集资料。

衷心感谢责任编辑彭小华先生，他认真细致高效的工作态度令我非常钦佩。

最后，衷心感谢我的父母，特别是我的父亲，葛步桃，今年 81 岁，近乎疯狂地喜爱阅读我的国际法学、国际关系学著作，不论质量如何。2008 年出版的《欧洲法析论》把他折磨得够呛，也激发了他对欧盟的兴趣。2014 年出版的《国际关系理论与实践》获得他的称赞，他说他读懂了，并认为教学实践很棒。

2015 年，我父亲通过阅读和学习发现了问题：世界太乱。他分析了问题，认为根本原因是：个人私欲无法受到有效控制，导致各国政府（领导人）片面追求本国利益，忽视国际社会的整体利益。为了解决问题，他常常思考。在自我否定了"基因控制法"后，他郑重向我建议，以后联合国、各国领导人上任前，应该先经过国际法考试，合格后宣誓依据国际法工作才行。我说，"我帮你转达联合国啊。"后来，他多次提及此事，念念不忘。附录四介绍了联合国秘书长有关事项及历任秘书长，并提及"2016 年 4 月 12 日，新任联合国秘书长的八位候选人开始接受安理会面试。候选人将与联大会员国对话，陈述其竞选主张。"对于联合国秘书长选任制度的改革，我父亲或许会以为，他的合理化建议被部分采纳了。

有如此关心国际大事和国际法的父亲，夫复何求！

那么多人指导我、扶持我，使我终生受益，我却无以回报。只能心存感激，努力做好自己的本职工作，教书和做研究。

葛勇平

河海大学法学院教授

2018 年 4 月于南京